地方治理法治化研究

——规范立法和创新制度

崔 红◎著

知识产权出版社

全国百佳图书出版单位

图书在版编目（CIP）数据

地方治理法治化研究：规范立法和创新制度/崔红著 .—北京：知识产权出版社，2016.8

ISBN 978-7-5130-4402-8

Ⅰ.①地… Ⅱ.①崔… Ⅲ.①地方政府—行政管理—法治—研究—中国 Ⅳ.①D922.104

中国版本图书馆CIP数据核字（2016）第200357号

内容提要

地方治理是国家治理体系的一部分，法治对于国家治理现代化具有根本意义和决定作用，地方治理的法治化是地方治理的目标。本文围绕地方立法、地方政府治理和地方社会治理三个领域，以规范立法和创新制度为视角，运用法治思维，提出实现地方治理法治化的制度对策：地方制定良法、地方政府治理的制度创新和地方社会自治法治化的制度创新。

责任编辑：栾晓航	责任校对：谷　洋
装帧设计：邵建文	责任出版：卢运霞

地方治理法治化研究
——规范立法和创新制度

崔红　著

出版发行：知识产权出版社有限责任公司	网　　址：http://www.ipph.cn
社　　址：北京市海淀区西外太平庄55号	邮　　编：100081
责编电话：010-82000860转8382	责编邮箱：luanxiaohang@cnipr.com
发行电话：010-82000860转8101/8102	发行传真：010-82000893/82005070/82000270
印　　刷：北京中献拓方科技发展有限公司	经　　销：各大网上书店、新华书店及相关专业书店
开　　本：720mm×1000mm　1/16	印　　张：14.25
版　　次：2016年8月第1版	印　　次：2016年8月第1次印刷
字　　数：230千字	定　　价：48.00元
ISBN 978-7-5130-4402-8	

出版权专有　侵权必究

如有印装质量问题，本社负责调换。

目 录

绪　论 …………………………………………………………………（1）

第一编　地方人大立法的创新研究

第一章　设区的市地方立法权及其行使 ……………………………（9）
　　引　言 ………………………………………………………………（9）
　　　　（一）研究的背景和意义 ……………………………………（9）
　　　　（二）研究的现状 ……………………………………………（10）
　　　　（三）研究的设想 ……………………………………………（11）
　　一、设区的市立法权的基本理论 …………………………………（11）
　　　　（一）设区的市立法权的理论依据 …………………………（11）
　　　　（二）设区的市立法权的制度演进 …………………………（13）
　　　　（三）设区的市立法权的概念及其法律定性 ………………（14）
　　　　（四）设区的市立法权的授权性和地方性 …………………（17）
　　二、设区的市立法权限的界定 ……………………………………（18）
　　　　（一）设区的市立法权限的范围 ……………………………（19）
　　　　（二）设区的市与相关立法主体的立法权限划分 …………（20）
　　三、设区的市立法权的其他限制 …………………………………（26）
　　　　（一）设区的市立法的程序 …………………………………（26）
　　　　（二）设区的市立法的评估 …………………………………（27）
　　　　（三）设区的市立法的监督 …………………………………（28）
　　四、设区的市立法权行使中的问题预测及其解决
　　　　——以辽宁省较大市为例 …………………………………（28）
　　　　（一）设区的市立法权的行使原则 …………………………（28）

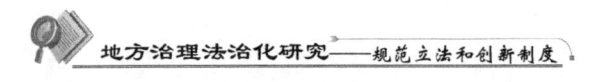

（二）国务院批准较大市立法权行使中的经验和不足 …………（29）
　　（三）设区的市立法权行使中的其他问题及其解决 …………（31）
　结　语 ……………………………………………………………（35）

第二章　地方立法要素的逻辑构成及其适用规则
　　——以循环经济法及其地方立法为例 …………………（38）
　引　言 ……………………………………………………………（38）
　一、循环经济立法要素的逻辑分析 ……………………………（39）
　　（一）法的"三要素说"的确定 ………………………………（39）
　　（二）《循环经济促进法》的要素构成逻辑解析 ……………（41）
　二、地方立法对中央立法的要素与规范要素的落实
　　——以大连市、山西省和江苏省循环经济立法为例 …（47）
　　（一）地方立法对《循环经济促进法》的概念和
　　　　　原则落实分析 ………………………………………（47）
　　（二）地方立法对《循环经济促进法》立法规范
　　　　　要素的落实分析 ………………………………………（48）
　三、地方立法要素逻辑构成的内在要求和具体规则 …………（53）
　　（一）地方立法对概念和原则的内在要求 …………………（53）
　　（二）地方立法的法律规范的三个要素 ……………………（54）
　结　语 ……………………………………………………………（60）

第三章　地方立法后评估指标体系的论证与设计 …………（63）
　引　言 ……………………………………………………………（63）
　一、建立地方立法后评估指标体系的必要性 …………………（65）
　　（一）是中央文件和立法法修改的要求 ……………………（65）
　　（二）是地方立法制度的一部分 ……………………………（66）
　　（三）地方立法后评估缺乏实质正义的评估标准 …………（66）
　二、地方立法评估指标的确定 …………………………………（68）
　　（一）地方立法的良法实体标准的指标确定和论证 ………（69）
　　（二）地方立法良法的形式标准的指标确定和论证 ………（77）
　三、地方立法后评估指标体系的构建 …………………………（79）

（一）地方立法后评估指标体系理性分析 …………………… （79）
　　（二）地方立法后评估指标体系的设计 ………………………… （81）
　　（三）地方立法后评估指标体系量化的评分确定 ……………… （82）
结　　语 …………………………………………………………………… （85）

第二编　地方政府治理法治化的新制度研究

第四章　简政放权背景下的地方政府权力清单制度 …………………… （91）
引　　言 …………………………………………………………………… （91）
　　（一）研究的背景 ………………………………………………… （91）
　　（二）研究的现状 ………………………………………………… （93）
　　（三）研究的设想 ………………………………………………… （93）
一、政府权力清单定性、分类和制度的本质 …………………………… （94）
　　（一）制度化的政府权力清单的法律定性与分类 ……………… （94）
　　（二）政府权力清单制度的本质 ………………………………… （97）
二、政府权力清单制度的行政法理基础 ………………………………… （100）
　　（一）以行政自我规制理论为基础 ……………………………… （100）
　　（二）以有限政府理论为基础 …………………………………… （101）
三、权力清单制度的政策取向 …………………………………………… （102）
　　（一）深入推进依法行政，建设法治政府 ……………………… （102）
　　（二）促进政府简政放权 ………………………………………… （103）
　　（三）强化行政权的自我制约和监督机制 ……………………… （104）
四、政府权力清单制度合法化的具体要求 ……………………………… （104）
　　（一）政府权力清单制度应遵守合法行政的原则 ……………… （104）
　　（二）强化政府权力清单上行政权的自我监督和制约机制 …… （106）
　　（三）地方政府权力清单制定的具体要求 ……………………… （108）
五、地方政府权力清单制度的实施和推进 ……………………………… （113）
　　（一）地方政府权力清单制度实施的时间表和路线图 ………… （113）
　　（二）进一步推进与完善地方政府权力清单制度的建议 ……… （117）
结　　语 …………………………………………………………………… （118）

第五章 合作治理（PPP）中的政府购买服务的范围与方式、纠纷解决机制和政府担保责任 (121)

引　言 (122)

（一）以合作治理为研究背景 (122)

（二）政府购买服务的正当性 (122)

（三）法治化研究的必要 (124)

一、政府购买服务的法律定性、内涵与分类 (125)

（一）政府购买服务的法律定性 (125)

（二）《管理办法》中政府购买的内涵 (128)

（三）政府购买服务的分类及其意义 (131)

二、政府购买服务的界限 (132)

（一）法学界对民营化界限的主要观点 (132)

（二）中央行政规范性文件对政府购买服务范围的规定 (134)

（三）本文关于确定政府购买服务范围的观点 (136)

三、政府购买服务的基本方式 (137)

（一）我国政府购买服务方式的现状与问题 (137)

（二）统一我国政府购买服务方式 (139)

四、我国政府购买服务纠纷解决机制和政府担保责任 (143)

（一）我国政府购买服务合同纠纷相关立法的解读 (143)

（二）政府购买服务纠纷中的政府担保责任 (145)

结　语 (148)

第六章 区域"一体化"发展规划的编制与实施中政府合作及其协调机制 (150)

引　言 (151)

（一）区域"一体化"发展的研究背景 (151)

（二）区域"一体化"发展政府合作的法学研究现状 (152)

一、区域"一体化"发展与政府合作的主要范畴 (153)

（一）区域"一体化"发展的内涵和特征 (153)

（二）区域"一体化"发展政府合作内涵与法律定性 (156)

（三）区域"一体化"发展规划的法律定性 (157)

目　录

　　二、区域"一体化"发展规划编制的程序与协调机制 …………… (158)
　　　　（一）区域"一体化"发展规划编制的程序 ………………… (158)
　　　　（二）区域"一体化"发展规划编制的协调与衔接机制 …… (159)
　　三、区域"一体化"发展政府合作的协调机制与政府协议 ……… (160)
　　　　（一）区域"一体化"发展政府合作中的协调机制 ………… (160)
　　　　（二）区域"一体化"发展政府合作中的行政协议 ………… (162)
　结　语 ……………………………………………………………………… (166)

第三编　地方社会自治法治化的制度创新研究

第七章　城市社区自治的法治化演进逻辑和监督与救济制度的创新 ………………………………………………… (171)

　引　言 ……………………………………………………………………… (171)
　一、城市社区自治的法理基础与立法成就 ……………………………… (172)
　　　（一）城市社区自治的理论基础 ………………………………… (172)
　　　（二）城市社区的立法形成了以宪法为基础的制度体系 ……… (173)
　二、城市社区公共行政主体地位的确定 ………………………………… (176)
　　　（一）城市社区立法中行政主体定位的缺失及后果 …………… (176)
　　　（二）公务法人和行政公法人主体地位理论与制度的借鉴 …… (179)
　　　（三）我国借鉴公务法人和行政法人制度的法理和立法基础 …… (182)
　三、城市社区自治中的监督
　　　——以沈阳市城市社区为例 ………………………………… (183)
　　　（一）城市社区有待监督的自治管理权分类 …………………… (184)
　　　（二）对城市社区国家监督的方式 ……………………………… (186)
　四、司法对城市社区自治领域的介入 …………………………………… (189)
　　　（一）司法介入的必要性和可行性 ……………………………… (189)
　　　（二）行政诉讼介入的理由 ……………………………………… (192)
　　　（三）司法审查权的限制 ………………………………………… (194)
　结语和展望 ………………………………………………………………… (197)

第八章　权力和权利视角下的村民自治的困境与法治化出路 (199)

引　言 (199)

一、村民自治权基本理论 (200)
- （一）对自治的理解 (200)
- （二）村民自治权的法律定性 (202)
- （三）作为权利的村民自治权的实现 (204)
- （四）作为权力的自治权的法治化运行 (206)

二、村民自治体内的行为规范与立法的冲突与调适 (207)
- （一）自治的行为规范与法律的统一 (207)
- （二）完善审查村民自治规范的合法性的法律监督机制 (208)

三、村民自治的困境 (209)
- （一）作为权利的村民自治权的不能实现及其原因 (210)
- （二）村民自治权得不到救济 (212)

四、村民自治的出路：法治化逻辑与制度创新 (213)
- （一）完善立法，构建村民自治法律规范体系 (214)
- （二）规范乡镇政府的指导、支持、帮助与村民委员会的协助关系 (214)
- （三）村民自治适度引入司法监督 (215)
- （四）解决村民自治内部纠纷适用正当程序 (216)

结　语 (217)

后　记 (219)

绪 论

一、地方治理法治化的解读

（一）地方治理是多元主体的治理

党的十八届三中全会通过的《中共中央关于全面深化改革若干重大问题的决定》确定了全面深化改革的总目标："完善和发展中国特色社会主义制度，推进国家治理体系和治理能力现代化。"党的十八届四中全会通过的《中共中央关于全面推进依法治国若干重大问题的决定》（以下简称四中全会《决定》）提出："坚持法治国家、法治政府、法治社会一体建设，实现科学立法、严格执法、公正司法、全民守法，促进国家治理体系和治理能力现代化。"法治与国家治理的关系成为法学研究的时代性重大课题。其代表性的观点："法治与国家治理体系和治理能力有着内在的联系和外在的契合。法治是国家治理的基本方式。现代法治为国家治理注入良法的基本价值，提供善治的创新机制，法治对于国家治理现代化具有根本意义和决定作用。""法治化是国家治理现代化的必由之路。"[1] 上述精辟论述深刻地揭示了法治与国家治理的关系，即法治是国家治理的基本方式。

地方治理是国家治理体系的一部分，历来是国家治理的重点和难点环节，甚至可以说，地方治理状况决定着国家治理的状况，只有实现地方治理的现代化才能推动国家治理的现代化。[2] 自 20 世纪 80 年代起，伴随着地方治理运动的兴起和我国改革开放的展开，地方治理理论取得了很多成果。[3] 但是，有学者认为："国内有关地方治理的理论多从国外引入，没有形成一套适合我国

---

[1] 张文显. 法治与国家治理现代化 [J]. 中国法学，2014 (4).
[2] 王堃. 地方治理法治化的困境、原则与进路 [J]. 政治与法律，2015 (5).
[3] 李俏，张大为. 当代地方治理研究：回顾与展望 [J]. 内蒙古大学学报（哲学社会科学版），2014 (1).

国情、地方实情的地方治理理论，并且在研究中也出现滥用'地方治理'概念的情况，存在不少研究的空白地带，缺乏本土的理论层面的较为完善的创新等相关问题。"❶

对概念的认识是理论研究的基础，地方治理概念的界定是本书的逻辑起点。梳理学界关于地方治理的概念，较被认同的是孙柏瑛教授在《当代地方治理——面向21世纪的挑战》一书中的观点：地方治理是"在一定的贴近公民生活的多层次的地理空间内，依托于政府组织、民营组织、社会组织和民间组织等各种组织化的网络体系，应对地方的公共问题，共同完成和实现公共服务和社会事务的改革与发展过程。"上述定义概括了地方治理的内涵：一是主张治理主体的多元化。这符合四中全会《决定》强调的"推进多层次多领域依法治理"，其中多领域的治理主体包括政府和社会。政治学的治理理论强调，国家（政府）和公民双方的角色均要发生改变，国家能力将主要体现在整合、动员、把握进程和管制等方面，公民则不再是消极被动的消费者，而是积极的决策参与者、公共事务的管理者和社会政策的执行者；在公民参与中，政府成为主要的组织。❷ 二是强调多元主体共同完成治理，即社会共治或协同治理。三是治理范围和内容包括地方的公共服务和社会事务，解决地方的公共问题。

就地方治理的中国情境而言，地方治理主要是以地方政府为治理中心的"地方政府治理"。因而，中国学者特别强调政府在治理中的作用和贡献。❸ 比较有代表性的观点：中国地方政府治理有两种的典型模式，即强政府治理的苏南模式❹、市场先行和社会参与的浙江模式❺。前一种是政府单一治理的模式，后一种模式是多元治理模式。治理主体多元化的多中心合作治理是治

---

❶ 曹剑光．国内地方治理研究述评 [J]．东南学术，2008（2）．
❷ 王瑞雪．治理语境下的多元行政法 [J]．行政法学研究，2014（4）．
❸ 戴长征．中国政府的治理理论与实践 [J]．中国行政管理，2002（2）．
❹ 熊觉．模式、特色与趋势：中国地方治理中的政府与社会 [J]．四川行政学院学报，2013（6）．苏南模式，通常是指江苏省苏州、无锡和常州（有时也包括南京和镇江）等地区通过发展乡镇企业实现非农化发展的方式。主要表现为以下几个特点：地方政府拥有绝对的权威，对市场和社会进行超强干预和控制；市场发育依赖于地方政府推进而非自我扩张；公民参与和社会组织发展受到限制，参与治理难以实现。
❺ 熊觉．模式、特色与趋势：中国地方治理中的政府与社会 [J]．四川行政学院学报，2013（6）．以温州、义乌市场发展为代表的浙江模式，其特点主要有：地方政府坚持民营化和市场化的基本取向，对市场干预较少；地方政府扮演与市场经济发展要求相适应的管理者和服务者角色；社会自主性中介组织发展迅速，公民参与基础良好。

理理论的核心主张，地方政府正努力致力于构建多中心治理结构。随着我国中央政府的放权于市场和放权于社会的政策主张日益明确，我国地方政府正致力于打破传统政府单一治理主体状况，构建多中心的治理结构：一方面，地方政府治理是主导。"尽管地方治理理论强调'多中心'"，"但是地方政府在地方治理中，扮演着'元治理'的重要角色。也就是说，地方政府承担着建立指导社会组织行为主体的发展方向和行为准则的重任"。❶ 另一方面，社会共治。四中全会《决定》提出"社会的自我调节，居民自治的良性互动"，即除了政府治理还要社会自治。

（二）地方治理的法治化是一个过程

"法治化是国家治理现代化的必由之路"❷ 那么何为法治化？法治化（Governed by Law Rule），是强调法治的状态和程度。从程度上说，实现了法治就是法治化；从发展的规律上看，法治化是一个过程；从状态上说，法治建设的过程就是法治化的过程。法治化是法治的应有之意，如果不能法治化，那只是形式上的法治，而不是实质上的法治。四中全会提出"全面推进依法治国"，并在四中全会《决定》中9处提到"法治化"一词，如要求4个"推进"，包括"国家和社会生活法治化才能有序推进""推进社会主义民主政治法治化""推进公共安全法治化""推进基层治理法治化"；要求2个"实现"，包括"实现公民权利保障法治化""努力实现国家各项工作法治化"；以及2个"提高"要求"提高社会治理法治化水平"，"提高国防和军队建设法治化水平"。另外，要求"把信访纳入法治化轨道"。上述法治化的要求都是对法治状态和程度的要求。由此，地方治理的法治化，是一个过程。是一个不断"纳入"、不断"推进"和不断"提高"的动态过程。"法治化"和"法治"，虽然一字之别，但是"法治化"更能体现地方治理法治的实现过程和结果。

（三）地方治理法治化的实现

地方治理法治化与地方法治不同。地方法治是指在整个国家实现法治的前提下，各个地方以良法来治理地方和管理社会，各种权力得到限制和制约，

---

❶ 丁煌. 西方公共行政管理理论精要 [M]. 北京：中国人民大学出版社，2004：19.
❷ 丁煌. 西方公共行政管理理论精要 [M]. 北京：中国人民大学出版社，2004：19.

各种权利得到确认和保护的一种和谐、理想的状态。❶ 地方法治是法治化的静态后果。而地方治理法治化，更强调多元治理主体的良性互动过程。是将地方治理各方主体的地位职能、行动规则、相互关系逐步规范化，并在治理过程中予以严格贯彻实施的动态过程。❷ 据此，地方治理法治化具有以下两个基本特点：一是整体性。将地方治理法治化视为一个系统，地方多元治理主体分别是系统中的子系统主体，子系统包括地方立法机关、政府、社会和司法机关等子系统，地方治理法治化的实现需要各子系统共同努力。二是关联性。是指地方多元主体的共同治理，不能缺少一个主体的治理环节。地方治理法治化地实现包括地方制定良法、地方政府治理的法治化和地方社会自治的法治化，三者缺一不可。

二、本书的主要内容及其创新

（一）以良法之治为目的的地方立法的创新研究

我国地方治理的法治化程度很低，首先表现在地方立法上。地方政府立法与地方人大立法除了立法权性质、权限有别，在立法要素和立法质量上的要求是相同的，所以本书以地方人大立法为例研究地方立法的规范化。根据我国《立法法》规定的立法应当遵循宪法的基本原则、立法权限法定的原则、科学合理地设置权力与责任、法律规范应当明确、具体，以及具有针对性和可执行性等基本原则。对地方立法的规范化研究包括：第一，关于地方立法权。由于大量地方事务和问题都由红头文件调整，因而地方红头文件的泛滥与失控，已成为地方政治乱象的表现形式。为改变这一状况，我国 2015 年修正的《立法法》赋予地方设区的市立法权，设区的市立法权的界限和行使成为本书研究地方立法的切入点。不仅对设区的市立法权的基本理论进行了研究，还比照较大市立法存在的问题进行前瞻性研究，并提出设区的市行使立法权的具体措施。第二，关于地方立法质量的立法后评估。为了和中央法保持一致，大多数地方立法不得不在中央法后面亦步亦趋，甚至完全照搬照抄中央法的内容，出现了相当突出的"重复立法"现象，因此，进行立法后评估十分必要。立法后评估指标体系研究以良法善治为价值导向，探讨符合地

---

❶ 陈柳裕，王坤，汪江连. 论地方法治的可能性 [J]. 浙江省会科学，2006 (2).
❷ 王堃. 地方治理法治化的困境、原则与进路 [J]. 政治与法律，2015 (5).

方法治化要求的评估标准和指标。第三，关于地方立法要素的理论与适用。有人说，地方立法不像法，不具有规范性、操作性，与地方立法的执行性的目的完全不符，这是立法技术上的问题。本书以法的要素构成理论和法律规范要素构成理论为基础，以循环经济的中央立法和地方立法为例，分析归纳法的要素和法律规范要素的内在逻辑，总结地方立法的要素和法律规范要素的内在要求和适用规则。

(二) 地方政府治理法治化的新制度研究

多年来，我国地方政府治理的法治化程度较高，但是，地方政府治理中出现了新的行政现象。如党的十八届二中全会提出新一轮简政放权、转变政府职能，2015年国务院推行的地方政府权力清单制度；合作治理（PPP）背景下的政府购买服务；以及国家区域发展战略的不断调整，带来的区域"一体化"发展中的政府合作。选择研究上述三个研究对象，在内容上，突出了一个"新"字。在研究视角上，主要采用法政策学的研究视角，具体而言，运用法政策学的视角包括两个方面，即对法律和政策的双重审视：从政策的视角审视法律如何顺利实现政策追求的目标，着眼于法律的工具性和合目的性；从法律的视角审视政策是否适合或有必要转换为法律，重心在于政策的合法性、正当性以及可行性。[1] 这三个主题的共同逻辑研究模式，首先，研究法律定性；其次，结合政策的内容研究相关法律的适用；以"最好的法律是能顺利达成政策目的的法律"为旨归，最后提出完善立法的建议。

(三) 地方社会自治法治化的制度创新研究

地方社会自治是地方治理最薄弱的一环。目前"我国社会组织自身发育不完全，不适应参与基层社会治理的要求"。[2] 村民自治和居民自治的制度在实践上已经运行，并积累了一定的经验，本书只选择了居民（村民）自治的研究（其他社会组织的自治以后做专项研究）。地方社会自治的法治关键是，协调自治与法治的关系。法治与自治不是相对应和对立的概念，法治是就治理的方式而言的，而自治是就治理的主体而言的。在法治社会，法治与自治并不矛盾，自治与法治在逻辑上表现是具有一致性的。社会自治法治化的研究重点，一是从权力制约的角度，着重研究城市社区自治权的监督与救济制度；二是从权利

---

[1] 陈铭祥：法政策学 [M]．台北：元照出版公司，2011：5.
[2] 池慧灵．社会组织参与探索与思考 [J]．现代商贸工业，2015（12）．

的实现的角度，研究村民自治中权利的（村委会之外）救济制度。

三、本书的特色和研究方法

本书中的创新是指四个方面的创新：新背景、新角度、新逻辑和新的研究方法。地方立法的创新，是指为应对2015年修正的《立法法》带来的地方立法的挑战，对设区的市立法权、地方立法技术中的要素规则以及立法后质量评估指标体系的创新研究；地方政府治理的制度创新，是指以党的十八届二中全会、三中全会、四中全会提出的简政放权、转变政府职能为背景，对地方政府治理中的新制度，包括地方政府权力清单、公私合作（PPP）中的政府购买服务和区域"一体化"发展的政府合作等新制度的研究，特别是这部分采用了法政策学的全新研究视角；地方社会自治的创新，是指以提高社会治理水平为目的，运用法治思维对城市社区自治和村民委员会自治法治化的制度创新。

本书的写作特色：第一，逻辑通顺。本书三个部分（三编），能够形成逻辑上的衔接，即地方人大立法、地方政府治理和地方社会自治的法治化。从逻辑上，是对地方治理体系的研究。第二，主题独立，内容丰富。每个部分是一篇独立的论文，每个部分都要求不同的主题。第三，理论基础的深厚和科学性。研究中重视经济学、社会学、行政管理学和政治学的研究成果，虽然角度不同，但是有些成果是法学研究的基础。法学研究以多学科理论成果为基础，研究成果才会有新的高度。

在研究方法上，采用了法学的多种研究方法。尤其是在制度研究上运用了历史性的研究方法，研究制度的沿革；在问题的解决上运用比较的研究方法，国外和我国台湾地区的成果是反思的参照；在概念的研究上运用了文义研究的方法；其他普遍运用的研究方法：社会调查法、逻辑分析法、定量分析法等。

但是，因为篇幅所限在社会自治编中，没有研究行业协会等社会组织的自治是个缺憾。又因为作者水平和精力有限，本书行文中肯定还存有一定的表述和理论上的问题，请读者见谅。

第一编

地方人大立法的创新研究

第一册

第一章 设区的市地方立法权及其行使[1]

> **本章摘要**：2015年修正的《立法法》赋予设区的市立法权，是"法理学上的授权立法"和地方性立法，于此，设区的市立法权具有授权性和地方性。合理界定设区的市立法权限是行使立法权的基础，设区的市立法权限包括纵向上与中央立法和省级地方立法的界限，以及横向上设区的市权力机关立法与行政机关立法的界限、人大与其常委会的立法权界限。设区的市立权行使还要接受程序的规范、立法的评估和立法的监督。本文针对辽宁省设区的市具体情况，提出辽宁省设区的市行使立法权的具体措施。
>
> **关键词**：设区的市；设区的市立法权；设区的市立法权限；设区的市立法权行使

引　言

（一）研究的背景和意义

赋予所有设区的市都享有地方立法权是党的政策导向。2013年11月12日，党的十八届三中全会通过《中共中央关于全面深化改革若干重大问题的决定》（以下简称三中全会《决定》），提出要"逐步增加有地方立法权的较大的市数量"。2014年10月23日，党的十八届四中全会通过《中共中央关于全面推进依法治国若干重大问题的决定》（以下简称四中全会《决定》），进一步明确要"依法赋予设区的市地方立法权"。

根据2015年修正的《立法法》第72条第二款规定："设区的市的人民代

---

[1] 辽宁省人大理论研究会课题 LNRDYJ201547 项目研究成果。

表大会及其常务委员会可以制定地方性法规"；第82条第三款规定："设区的市政府可以制定政府规章"。据此，将过去享有的地方立法权的49个较大市扩大至284个设区的市。这对于新形势下完善以宪法为核心的中国特色社会主义法律体系，更好地发挥立法的引领和推动作用，建设社会主义法治国家，具有重要意义。地方立法主体扩容，是促进国家治理体系和治理能力现代化的内在需求，具有重要且长远的意义，是我国地方立法体制的重大变革，必将带来广泛而又深刻的影响。❶它改变了过去18个较大的市的地方立法权直接源自国务院批准其为"较大的市"这一扭曲立法与行政关系并在学理上广受质疑的做法。❷授予设区的市部分地方立法权，有利于设区的市更好地运用法治思维和法治方式解决本行政区域改革发展的重大问题，正像马怀德教授所说，这是为了防止地方政府在立法过程中的"任性"，即滥用立法权，把原来以红头文件形式规范的政府行为上升为由法规、规章来规范。

扩大地方立法主体范围将带来地方法制繁荣，但是，也带来一系列有待于研究的问题：设区的市立法权的合宪性、合理性；设区的市立法权作为国家公权力，在国家法制统一的大背景下，如何得到规制和监督，以避免较大市立法权行使中的问题；如何提升地方立法的科学性、民主性和提高立法质量，等等。

（二）研究的现状

本文以中国知网为平台，对相关学术研究的成果进行归纳。第一，以"设区的市立法权"为主题，在中国学术期刊网络出版总库内搜索，结果是共9篇文章，主要集中在2015年发表（只有一篇是2014年发表）；在中国博士学位论文全文数据库和中国优秀硕士学位论文全文数据库内，皆没有搜索到"以设区的市立法权"为主题的文献。第二，以"设区的市地方立法权"为关键词，在中国学术期刊网络出版总库内搜索的结果是共41篇文章，主要集中在2015年发表（2014年发表只有3篇，2010年发表只有1篇）；在中国博士学位论文全文数据库内只有1篇，遗憾的是该篇博士论文中没有关于设区的市地方立法权的论述，在中国优秀硕士学位论文全文数据库内，没有搜索到以"设区的市立法权"为关键词的文献。可见，学界关于设区的市立法权的研究属于初始阶段，可以借鉴文献并不多。

---

❶ 王春业. 论赋予设区市的地方立法权 [J]. 北京行政学院学报, 2015 (3).

❷ 庞凌. 依法赋予设区的市立法权应注意的若干问题 [J]. 学术交流, 2015 (4).

由于《立法法》于2015年3月15日起施行，本文集中对2015年的文献进行归纳和研究。发现学界主要关注两个方面的问题：一方面是设区的市立法权的意义，由于2015年修正后的《立法法》对设区的市立法权的肯定，学界对这方面的质疑走向平静；另一方面是关于设区的市立法权的行使，已成为学界关注的热点。有机遇就有挑战，设区的市人大及其常委会和政府如何合法、合理行使立法权，如何稳妥地推进立法工作，是学术研究理论界和实务界共同面临的问题。

（三）研究的设想

本文预以稳妥地推进扩大地方立法权为出发点，运用立法权的基本理论及内在法治逻辑，对设区的市立法权进行法律定性，依据修正后的《立法法》和相关立法的规定，对设区的市立法权限、程序和监督制度做概括性阐释。以辽宁省的国务院批准较大市立法中的经验和教训，针对辽宁省其他设区的市行使过程中可能出现的问题，提出可行性建议。

一、设区的市立法权的基本理论

（一）设区的市立法权的理论依据

立法权是在立法背后的东西，研究立法应该首先研究其背后的权力。立法权是立法体制的核心。我国立法权的研究起步晚，也较落后。我国内地第一本将立法作为专门学科来研究的教科书，是1988年著名学者周旺生的《立法学》。本文直接引用以下几个学界公认的理论，不再做论证。

1. 关于立法权相关理论

（1）分权学说

分权学说的代表是三位资产阶级经典理论家，从洛克到孟德斯鸠，再到汉密尔顿，共同主张实施分权，分权说当然认为是立法权与行政权、司法权的分别行使。认为立法权属于人民，应该由民意代表机构来行使。马克思认为，立法机关要"使法律成为人民意志的自觉表现。也就是说，它应该同人民的意志一起产生并由人民的意志所创立"。[1]可见，马克思也没有反对立法

---

[1] 马克思恩格斯全集（第一卷）[M]. 北京：人民出版社，1995：184，394，674.

权、司法权和行政权的单独行使。

分权说也是授权立法的基础。立法权是立法背后的东西，有时研究立法权得先研究立法。授权立法是与职权立法相对应的概念，职权立法是指由宪法赋予的立法主体制定规范性法律文件活动，职权立法强调立法权来源于宪法。在单一制国家，职权立法是指中央的民意代表机构制定法律的活动，在我国是指人民代表大会及其常委会制定法律的活动；与之相对应，授权立法是指立法主体原本没有此种立法权，经过法定方式授权的立法活动。授权立法在现代社会极为普遍，无论是严格奉行三权分立原则的西方国家，还是以"议行合一"为原则的社会主义国家，概莫能外❶。

本文所指的授权立法称为"法理上的授权立法"❷，是指立法主体没有宪法上的立法权，其立法权来源于其他法律的授权。授权立法行使的立法权具有授权性。传统的立法理论认为，单一制国家不存在分权问题，"地方权力来源于中央的授予，地方没有固有的立法权，地方立法是授权立法，而非职权立法"❸。

（2）集权与分权模式说

一般认为，国家结构形式决定着国家权力的分配方式及其分配原则，中央与地方立法权限的划分模式，取决于在国家生活中一定的国家机关对某一方面公共事务的最终的决定权。联邦制与单一制的中央与地方分权的模式不同，联邦制采用"分权集权模式"，单一制采用"集权分权模式"。联邦制国家适用"分权集权模式"，立法权由联邦与各邦共同行使，联邦立法决定国家的主权、领土、军事、外交等，而各邦主要在联邦立法之外根据本地情况进行立法事项。各邦在不能违背联邦宪法的前提下进行自主立法，对联邦未尽立法事项进行立法以适应地方需要。如在美国，州的立法权对联邦的立法权具有相对的独立性，各州都有自己的宪法，各州的立法权有相当一部分来自联邦的保留权力或默示权力。❹

我国是单一制国家，采用"集权分权模式"。该模式在我国表现为，立法机关就是全国人民代表大会及其常委会，是唯一的国家立法机关。地方立法权虽然具有相对的独立性，但是要严格履行上报批准和备案审查程序。我国

---

❶ 袁明圣. 行政立法权扩张的现实之批 [J]. 法商研究, 2006（2）.
❷ 本文将授权立法称为"法理上的授权立法"是为了与《立法法》的授权立法相区别。
❸ 崔卓兰, 赵静波. 中央与地方立法权力关系的变迁 [J]. 吉林大学社会科学学报, 2007（2）.
❹ 戚渊, 论立法权 [M]. 北京：中国法制出版社, 2002：138, 139.

《宪法》《立法法》等法律顾及单一制理念没有使用"地方立法权"这一语词，但在《立法法》中有大量关于地方立法权的规范是不争的事实。地方立法权是我国立法权的重要组成部分，自1979年7月五届人大二次会议上以立法形式赋予省级人大及其常委会行使地方立法权开始，地方立法权和地方立法活动经历了37年的发展历程。在此期间，地方立法活动逐步走向科学化、民主化和规范化，地方性法规、规章成为地方治理的重要依据。"集权分权模式说"是我国地方立法的理论基础。

(3) 地方不能享有专属立法权的学说

在单一制国家，"不能有国家立法权与地方立法权之分"，❶ "单一制的本质决定了地方立法权不是原始取得的或固有的权力"，❷ "而是中央委托或者授予的"，❸ 因其从属于中央，并受中央的严格控制，所以，地方立法分权，进而地方的专有立法权是不可能的；地方专属立法权是实行"双重主权"原则的联邦制国家的州的特例，"就现代各国立法实践而言，凡单一制下的地方皆无专有立法权"；❹ 我国地方立法机关不能享有专属立法权的观点一直受到众多学者的青睐。原因无非是我国是单一制国家，地方受中央统一领导，如果给予地方专有立法权，这种统一领导和管理就会受到破坏；而且，我国尚未形成完善的立法体制，地方立法处于不断变革中，范围还很难确定，地方享有专属立法权的时机还不成熟。❺

(二) 设区的市立法权的制度演进

从新中国成立到2015年《立法法》修订之前，设区的市的地方立法权经历了三个不同的时期，即有立法权、无立法权和部分地区有立法权。如表1-1所示：

---

❶ 龚祥瑞. 比较宪法与行政法 [M]. 北京：法律出版社，2003：372.
❷ 陈端洪. 论我国的地方立法 [D]. 北京：中国社会科学院，1993：40.
❸ 李步云，汪永清. 中国立法的基本理论和制度 [M]. 北京：中国法制出版社，1998：221.
❹ 徐向华. 中国立法关系论 [M]. 杭州：浙江人民出版社，1999：59.
❺ 孙波. 论地方专属立法权 [J]. 当代法学，20089 (2).

表1-1 我国设区的市立法权发展历程

时间段	设区的市立法权状态	立法依据	立法种类
1949—1954 年	全部都有立法权	政务院通过的《省、市、县人民政府组织通则》	市人民政府委员会可以"拟定与市政有关的暂行法令条例，报告上级人民政府批准施行"
1954—1979 年	无立法权	54 宪法	无
1979—2015 年	部分地区有立法权	《地方各级人民代表大会和地方各级人民政府组织法》《立法法》	省级人民政府所在地的市和国务院批准的较大市的人大可制定地方性法规和地方政府规章
2015 年 3 月 15 日以后	全部都有立法权	修正的《立法法》	设区的市可制定地方性法规和地方政府规章

依表1-1显示，从立法依据上看，设区的市立法权逐渐走入法治轨道；从立法种类上看，设区的市立法权从地方权力机关的立法权开始，发展到政府的行政立法权；从权力特殊性上看，地方立法权包括地方性法规制定权与地方人民政府规章制定权，二者是一直没有分离的两个方面；深圳市、厦门市、汕头市、珠海市等经济特区，以及国务院批准的较大市立法的都是由全国人大常委会特别授权而产生；2015 年修改的《立法法》赋予全国设区的市都享有立法权，有的学者称这是实现地方立法权的平等。

(三) 设区的市立法权的概念及其法律定性

1. 设区的市立法权的概念

(1) 设区的市立法权的外延与内涵

关于设区的市立法权的外延。学界一般是从主体、行为、结果三个主要因素的逻辑相加对权力外延做出判断。设区的市立法权的外延，是指设区的市人大及其常委会依法制定地方性法规和设区的市政府依法制定地方政府规章的权力。其中立法主体是最重要的要素，在《立法法》中，不同的主体立法权限、立法适用范围、立法的事项以及立法的定性皆不同。设区的市立法权的主体是地方权力机关和地方行政机关，这决定了设区的市的立法权是制定地方性法规和地方政府规章的权力。

关于设区的市立法权的内涵。内涵是对一个事物是什么的概括。设区的市立法权的内涵概括为：一是具有立法权的性质，立法权限和立法程序法定；二是国家立法权的一部分，是国家立法活动，应当遵守《立法法》的基本原则和立法规范；三是地方立法权的一部分，地方立法权包括省、自治区和直辖市的立法权，以及设区的市的立法权；四是从立法权的来源看，具有授权性的特征；五是行使的主体虽然都是地方国家机关，但是制定地方性法规权的主体是地方权力机关，制定地方政府规章权的主体是地方行政机关，因此二者的立法权性质和权限不同，适用的立法规则不同，法律文件的效力不同，立法的监督不同。

(2) 与设区的市立法权相关的概念

第一，国务院批准较大市立法权。从1984年到1993年，国务院根据地方组织法的规定批准了19个市享有地方立法权，包括1984年的唐山市、大同市、包头市、大连市、鞍山市、抚顺市、吉林市、齐齐哈尔市、无锡市、淮南市、青岛市、洛阳市、重庆市，1988年的宁波市，1992年的淄博市、邯郸市、本溪市，以及1993年的徐州市、苏州市。❶ 到2000年《立法法》规定国务院批准较大市可制定地方性法规和地方政府规章。但是，国务院批准较大市的立法权一直遭受"国务院对较大市审批标准不合理"和"地方立法权不平等"等质疑；在国务院批准较大市的立法实践中，表现出一些问题，也积累了市级地方立法的经验。2015年修正《立法法》时，回应了上述质疑，将市级地方立法权，由国务院批准较大市扩展到设区的市均享有立法权，实现了地方立法权的均等。

第二，省级人民政府所在地的市的立法权。依据2000年的《立法法》，省级人民政府所在地的市享有制定地方性法规和地方政府规章的权力。2015年修正《立法法》第72条第二款和第82条规定，设区的市立法权只有在省级人民政府所在地的市的立法没有规定的情况下行使。省级人民政府所在地的市也是设区的市，行使设区的市立法权。

第三，经济特区市的立法权。经济特区的立法权是以特别授权的方式获得。深圳市人大及其常务委员的地方性法规和深圳市政府的规章的制定权，是来源于1992年7月1日，七届全国人大常委会通过了《关于授权深圳市人民代表大会及其常务委员会和深圳市人民政府分别制定法规和规章在深圳经

---

❶ 1997年，重庆市由隶属于四川省的较大市升格为直辖市，其所享有的地方立法权自然也由较大的市的地方立法权转化为省级地方立法权。

济特区实施的决定》，同样的方式，厦门市、汕头市、珠海市人大及其常委会和政府的地方立法权分别于1994年3月22日、1996年3月17日获得，此项地方立法权2000年得到了《立法法》的确认。但是省级人民政府所在地的市的立法权不同，2015年修正《立法法》规定，对这种的特别授权，不适用设区的市的一般立法规则。

2. 设区的市立法权的分类

分类研究有利于揭示事物的本质，把握事物的特征属性。根据2015年的《立法法》第72条第二款规定，将设区的市立法分为地方性法规和地方政府规章，本文以设区的市立法权的主体不同为标准划分，设区的市立法权分为地方人大立法权和地方政府立法权，前者制定设区的市地方性法规的立法权性质是地方权力机关立法，后者设区的市制定地方政府规章的立法权性质属于行政立法范畴。因此，二者同在设区的市立法权这一统一体中，但是具有不同的本质和属性，必须分别研究。

（1）设区的市地方权力机关的立法权

设区的市地方权力机关立法权是指设区的市人大及其常委会依法制定规范性文件的权力。对上述概念的理解应该包括以下几个方面：

一是制定主体是设区的市人大和常委会两个主体。两个主体同为地方立法机关，因此，我国制定设区的市地方性法规权属于地方权力机关立法的性质。二是设区的市人大与常委会具有不同的法律地位，这就决定了二者的立法权限和效力的不同。

（2）设区的市地方行政立法权

设区的市地方行政立法权是指设区的市政府依法制定地方政府规章的权力。行政立法权与权力机关立法权的区别是主体不同和权力性质的不同，设区的市的地方行政立法权主体是市政府，其立法权性质是行政权，由于其具有立法权的特征，也具有行政权的特征，称其为行政立法权。

上述两种立法权，由于立法权主体的不同，二者的权限和效力皆不同。地方权力机关立法在效力上要高于同类行政立法，行政立法不能与同类权力立法相抵触。由于立法权性质不同，地方权力机关立法行使的是立法权，地方行政立法行使的是行政权，前者的效力要高于后者。

(四) 设区的市立法权的授权性和地方性

1. 设区的市立法权的授权性

根据传统立法学中的分权说，设区的市立法是"法理上的授权立法"，是修正后的《立法法》的授权，在这个意义上说，设区的市立法权具有授权性。

授权立法与职权立法行使的立法权不同在于，被授予的立法权受到限制。我国对授权立法的限制，是通过两种方式，一是立法权保留，二是立法监督。我国修正后的《立法法》规定了设区的市立法批准和备案制度，这正是立法监督的一种形式。

美国是立法监督最严格的国家，1946年美国的《行政程序法》制定了专门的对授权立法监督的规定，授权立法必须履行三个程序，一是必须履行通知的义务，即将要制定法规的一般性通知，要刊登在联邦公报上；二是要给利害关系人参加听证会的机会；三是公布，即将行政机关制定的法规或适用法规的解释，要公开刊登在联邦公告上。[1] 上述三个程序，缺一即可构成程序上的非法而导致所制定之法规不能生效或无效。美国对授权立法的监督值得借鉴，其中最具有民主性的是听证制度，听证制度是公众民主参与的重要方式，应该广泛运用到设区的市立法过程中。

2. 设区的市立法权的地方性

就我国而言，地方立法权应该包括一般地方立法权和特殊地方立法权。后者是指经济特区和民族自治地方的地方立法权。前者则指省、自治区人大及其常委会、人民政府的立法权，设区的市的人大及其常委会、人民政府的立法权。设区的市立法权属于一般地方立法权，而且从属于中央和省级行政区的立法权，也是一般地方立法权中最为基础的一个层次。确定设区的市地方立法权的内容，就应当按照中央和地方的合理分权以及公正科学地配置立法资源的原则要求，将设区的市地方立法向地方的自我治理方向侧重，在维系法制统一、服从中央统一宏观协调的前提下，充分发挥地方自主性和能动性，主要通过制定地方性法规和规章的方式来进行地方治理。[2]

设区的市立法权是地方立法权无疑。学界将设区的市立法权称为"地方立法权的扩展"。在我国单一制国家的集权分权模式下，关于地方立法权的首

---

[1] 周少青. 论授权立法的合法性 [J]. 河北法学, 2003 (6).
[2] 汤唯, 毕可志, 等. 地方立法的民主化与科学化构想 [M]. 北京：北京大学出版社, 2002：297.

要问题是地方立法的权限。一般认为，地方立法权限具有以下特征：

第一，立法权不具有完整性，只是"半个立法权"或"准立法权"。[1] 其中主要理由是"经批准生效"制度。依据2015年修正后的《立法法》规定，设区的市立法权需要批准生效。

第二，立法权的地方事务性。由于立法主体是地方国家机关，其立法权限也限定于"地方事务"。依据2015年修正的修正后的《立法法》规定，省、自治区、直辖市的人民代表大会及其常务委员会根据本行政区域的具体情况和实际需要制定地方性法规，该规定充分体现地方性法规立法权的地方性，设区的市的立法权被限定为具体的地方事务。

第三，立法权界限和行使的原则、规则的缺失。从法制统一的原则出发，地方立法权属于宪法规制的基本范畴。综观各国宪法典，不论单一制国家还是联邦制国家，几乎都无一例外地牵涉地方立法权问题。[2] 我国是单一制国家，宪法典应该对地方立法权做具体的和严格的规制，实际上恰恰相反。我国《立法法》对地方立法权只做一些基本规定，但是对于地方立法权的行使规范仍然具有原则性、概括性的特征。

二、设区的市立法权限的界定

四中全会《决定》提出："明确地方立法权限和范围，依法赋予设区的市地方立法权。"立法权限的划分一直是我国学界研究的热点和难点。一般包括中央与地方之间立法权限的划分和地方省与市之间立法权限的划分，关于前者的研究成果较多，后者一直被忽视，主要原因是2015年修正后的《立法法》修正前，较大的市数量有限，省与市之间的立法权限划分问题并不紧迫，学界的关注不多。但是2015年修正后的《立法法》赋予了设区的市立法权，设区的市立法权限问题，随着省级人大常委会确权工作的开展，行使立法权的设区的市的数量会逐渐增多，其分布格局也会由"点"及"面"。厘清立法权限成为防止立法权滥用和越权的关键。

解决设区的市立法权限这一"元问题"包括两个不同方面：一是设区的市自身的立法权限范围问题；二是省与设区的市之间立法权限划分的问题。

---

[1] 宓雪军.半个立法权辨析[J].现代法学，1991(6).
[2] 张淑芳.宪法规制地方立法权研究[J].河南省政法管理干部学院学报，2009(6).

两者密切相关，而且第二个方面的解决远比第一方面要困难得多。❶

（一）设区的市立法权限的范围

1. 对设区的市立法权范围的分析

根据修正后的《立法法》的相关规定，尊重设区的市立法权具有地方性和授权性的性质。对设区的市立法权的范围做如下理解：

第一，设区的市立法权的范围受地方性的限制，作为地方立法权必须就地方性事务进行立法。地方的范围是本行政区划内。包括设区的市人大及其常委会对地方事务的管理权和设区的市政府对地方事务的管理权。

第二，设区的市立法权的内容是地方经济与社会发展的事务。修正后的《立法法》第72条第二款界定为"城乡建设与管理、环境保护、历史文化保护等方面的事项"。可见，设区的市立法权比2000年的《立法法》赋予较大市立法权限要小得多。值得一提的是，较大市立法权限，今后也与其他设区的市立法权限一样，仅限于"城乡建设与管理、环境保护、历史文化保护等方面的事项"。

第三，设区的市立法权在同宪法、法律、行政法规和本省、自治区直辖市的地方性法规和政府规章不抵触的情况下行使，这体现了法制统一的原则。"地方立法与中央立法相比，处于相对次要的地位，一般要以中央法律、法规为依据，或不能与其相抵触"❷。

2. 对概括性立法条文的理解

修正后的《立法法》第72条第二款规定，设区的市可以对城乡建设与管理、环境保护、历史文化保护等方面的事项制定地方性法规。学界对上述列举兼概括性的阐述普遍存在担忧，例如"城市建设与管理""环境保护"和"历史文化的保护"的含义具有不确定性的特征，为立法权的行使带来理解上的困难。但是，本文认为修正后的《立法法》对设区的市立法权的范围，不宜规定太细。一是修正后的《立法法》是宪法性法律，对法律、行政法规的立法权限也是做了概括性规定；二是立法的前瞻性特征也要求法律规范的包容性，否则很难保证立法的稳定；三是地方性事务本身在任何一部立法中都没有具体化，如中央事权和地方事权的立法界定并没有定论。也就是说地方

---

❶ 程庆栋. 论设区的市的立法权：权限范围与权力行使 [J]. 政治与法律, 2015 (8).
❷ 韩忠伟，等. 中国立法原理论 [M]. 兰州：甘肃民族出版社, 2008：157.

性事权没有确定，客观上制约了设区的市立法权限的明确化；四是具体事权的界定，我国一贯的做法是由单行立法解决。如环境保护是通过《环境保护法》界定的，该法第2条规定，本法所称环境，是指影响人类生存和发展的各种天然的和经过人工改造的自然因素的总体，包括大气、水、海洋、土地、矿藏、森林、草原、湿地、野生生物、自然遗迹、人文遗迹、自然保护区、风景名胜区、城市和乡村等。"城市建设与管理"和"历史文化的保护"的含义有待于单行法界定。

（二）设区的市与相关立法主体的立法权限划分

设区的市被赋予立法权后，中央、省、市三级将都有立法权，在实施过程中要防止重复立法和越权，现实中，不少地方立法过程中越权立法、借法扩权现象盛行；同时，地方立法权的不断扩张侵蚀了中央立法权。设区的市立法权在行使过程中也不可避免越权的情形。从修正后的《立法法》看，包括进一步厘清地方政府权力的边界，在对宪法、法律、法规、规章的位级体系的尊重的同时，对不同种类的立法权限进行了原则性界定。为了理清顺序，本文对立法权限进行分类，从纵向上看，是指中央与地方立法权限的划分，从横向上看，包括人大与政府的权限划分以及人大与常委会权限的划分。

1. 设区的市立法权与中央立法权的界限

综上所述，设区的市立法权是地方立法权，因此，设区的市立法权与法律、行政法规等立法权的关系是：地方立法与中央立法的关系，二者的权限划分是属于中央与地方立法权限的划分。当然设区的市立法权与中央立法权的关系，只有在没有省、自治区、直辖市立法的情况下才涉及。

（1）党的十八届三中全会和四中全会对中央和地方事权的划分

由于我国《宪法》在中央与地方关系上只做了"在中央统一领导下充分发挥地方积极性、主动性"的原则性规定，因此，地方立法权与中央立法权的界定上没有立法依据。三中全会《决定》多次提到中央与地方的事权划分，如"国防、外交、国家安全、关系全国统一市场规则和管理等作为中央事权；部分社会保障、跨区域重大项目建设维护等作为中央和地方共同事权，逐步理顺事权关系；区域性公共服务作为地方事权"。四中全会《决定》也提到中央与地方的事权划分，如"强化中央政府宏观管理、制度设定职责和必要的执法权，强化省级政府统筹推进区域内基本公共服务均等化职责，强化市县政府执行职责"。从上述两个中央文件看，党中央对中央和地方事权划分精神是：一是三中全会针对整体事权的划分，中央事权包括国防、外交、国家安全、关系全国统一市场规则和管理，以及部分社会保障、跨区域重大项目建设维护等作为中央和地方共同事权；而地方事权是指区域性公共服务。二是四中全会专对政府事权划分，中央政府宏观管理、制度设定职责和必要的执法权；而地方是省级政府统筹推进区域内基本公共服务均等化职责，强化市县政府执行职责，由此把省级与市级事权分别划分。另外，修正后的《立法法》进行了否定性限制，第73条第四款强调，制定地方性法规，对上位法已经明确规定的内容，一般不作重复性规定。

（2）地方立法的权限归纳

首先，宏观层面地方立法权限的把握。

在宏观层面，根据《立法法》的精神，地方立法权限的把握，首先，必须坚持两大原则，一是不越权，不得针对法律专属立法权的事项进行地方立法；❶ 二是不抵触，不得与宪法、法律、行政法规等上位法相抵触。❷ 其次，地方性法规的制定权限是根据地方的"具体情况和实际需要"进行，具体而言，可以为执行法律、行政法规的规定，针对需要根据地方的"实际情况作具体规定的事项"以及"属于地方性事务需要"的事项来制定地方性法规。而地方政府规章的制定权限是可以"为执行法律、行政法规、地方性法规的规定需要"以及属于地方的"具体行政管理事项"来制定。❸ 单纯从上述规定来看，似乎意味着只要不侵犯《立法法》第8条规定的法律专属立法权，且不与上位法相抵触，便可以进行地方立法。因为所谓"具体情况""实际需要"，纯属弹性把握，没有细致的界定；而所谓"地方性事务"实际上包罗万象，涉及地方的经济、教育、科学、文化、卫生、环境和资源保护、民政、民族等方方面面。

2008年9月，全国人大常委会副秘书长、法律委员会副主任委员乔晓阳在《加强地方立法维护国家法制统一》对地方立法权限的原则把握问题进行了论述。该报告明确提出"严格依照地方立法权限立法，是维护国家法制统一的核心问题"，指出地方立法应限于三个方面的内容，"一是执行性的，即为执行法律、行政法规的规定，需要根据本行政区域的实际情况作具体规定

---

❶ 《立法法》第8条。
❷ 《立法法》第63条第一款和第二款。
❸ 《立法法》第64条和第73条。

的事项；二是纯地方事务的事项，对这类事项中央不可能专门为某个地方立法，只能由地方自己立法；三是专属立法权事项之外国家尚未制定法律、行政法规的"。可见，按照地方立法权限，地方立法分为实施性、自主性和创新性这三大类。这意味着，除执行上位法需要外，属于地方性事务需要的立法事项应当有两种：一是只能由地方进行立法的事项，比如本地城市规划、本地事务管理（犬类管理、烟花爆竹燃放管理等）、本地文化古迹、风景区、河流、水库管理等。二是某些尚无上位法规范而地方可以先行立法的事项，比如弱势群体保护、奖励和保护见义勇为等。

其次，实践层面地方立法权限的具体把握。

在地方立法实践中，立法项目的选择和具体条文的设置除了应当体现地方特色之外，更重要的是维护国家法制统一，也就是不能突破地方立法权限。从这一角度来说，实践中地方立法不能突破"纵向"与"横向"这双向的"网格化"规制。"纵向"规制，即不越权，地方不能对《立法法》第8条规定的十项法律专属立法事项进行立法。主要是立法项目的选择不能触及这一"红线"，当然具体条文的设置也不能突破该"红线"。"横向"规制，即不抵触，地方立法不得与宪法、法律、行政法规等上位法抵触。地方立法不仅不能与直接依据的部门法律、行政法规相抵触，在设置公民、法人和其他组织权利义务相关的条文时，还要注意不能与三大行政法的规定相抵触，而这是地方立法实践的难点。根据先后出台的行政处罚法（1996年）、行政许可法（2003年）和行政强制法（2011年）这三大行政法的规定，地方立法对相关行为进行规定时其权限还要受到一系列的限制。行政处罚法设专章"第二章 行政处罚的种类和设定"，对地方立法设置行政处罚作出了限制：地方性法规除不能设定法律专属立法权中的限制人身自由的行政处罚外，还不得设定吊销企业营业执照的行政处罚。同时，上位法已对违法行为作出行政处罚规定，地方性法规的具体规定必须限制在上位法给予行政处罚的行为、种类和幅度的范围内。地方政府规章则只能在法律、法规规定的给予行政处罚的行为、种类和幅度的范围内作出具体规定，尚未制定法律、法规的只能设定警告与罚款。

（3）设区的市地方性法规和政府规章的权限

为了明确设区的市地方性法规和政府规章的权限，本文采用列表的方式分别进行归纳（见表1-2和表1-3）。

表1-2 相关法律对设区的市地方性法规的限制性规定

	设区的市的地方性法规可以设定	设区的市地方性法规不得设定
行政处罚法	第11条：警告、罚款、没收违法所得、没收非法财物、责令停产停业、暂扣或吊销许可证、暂扣或吊销企业营业执照	第8条：法律、行政法规规定的其他行政处罚； 第11条第一款：行政拘留、吊销企业营业执照； 第11条第二款：法律、行政法规对违法行为已经做出行政处罚规定，地方性法规需要做出具体规定的，必须在法律、行政法规规定的给予行政处罚的行为、种类和幅度的范围内规定
行政许可法	第12条：尚未制定法律、行政法规的设区的市地方性法规	第12条第六款：法律、行政法规规定可以设定行政许可的其他事项； 第15条第二款：应当由国家统一确定的公民、法人或者其他组织的资格、资质的行政许可；企业或者其他组织的设立登记及其前置性行政许可。限制其他地区的个人或者企业到本地区从事生产经营和提供服务，限制其他地区的商品进入本地区市场； 第62条第二款：行政机关根据法律、行政法规的规定，对直接关系公共安全、人身健康、生命财产安全的重要设备、设施进行定期检验。对检验合格的，行政机关应当发给相应的证明文件； 第16条第四款：法规、规章对实施上位法设定的行政许可做出的具体规定，不得增设行政许可；对行政许可条件作出的具体规定，不得增设违反上位法的其他条件
行政强制法	第9条：查封场所、设施或者财物，扣押财物	第9、10条：限制公民人身自由、冻结存款或汇款，以及其他行政强制措施； 第13条：行政强制执行由法律设定； 第11条：法律对行政强制措施的对象、条件、种类作了规定的，行政法规、地方性法规不得做出扩大规定；法律中未设定行政强制措施的，行政法规、地方性法规不得设定行政强制措施。但是，法律规定特定事项由行政法规规定具体管理措施的，行政法规可以设定除本法第9条第（一）项、第（四）项和应当由法律规定的行政强制措施以外的其他行政强制措施

表1-3 相关法律对设区的市地方性法规的限制性规定

	设区的市政府规章可以设定	设区的市政府规章不得设定
行政处罚法	第8、11条：警告或者一定数量罚款的行政处罚。罚款的限额由省、自治区、直辖市人民代表大会常务委员会规定	
行政许可法	无设定权	第16条第三款：法规、规章对实施上位法设定的行政许可做出的具体规定，不得增设行政许可；对行政许可条件做出的具体规定，不得增设违反上位法的其他条件

2. 设区的市立法权与上一级地方立法权的界限

设区的市立法权与上一级地方立法权的界限包括设区的市人大及其常委会与省级人大地方性法规制定权的界限、设区的市政府和省级政府规章制定权的界限。我国修正后的《立法法》尊重法制统一的基础上，规定了设区的市地方性法规和规章的立法事项，这些事项如果有上位法规范，就依上位法，如果没有上位法规范，才可以进行地方立法。

（1）设区的市人大及其常委会与省级人大制定的地方性法规权限

设区的市立法与省级地方立法同属于地方立法，但是立法权限仍然不同。根据修正后的《立法法》第73条第一款规定，省级人大及其常委会制定的地方性法规，可以就下列事项作出规定：（一）为执行法律、行政法规的规定，需要根据本行政区域的实际情况作具体规定的事项；（二）属于地方性事务需要制定地方性法规的事项。其中第一项中的"具体事项"和第二项中的"地方性事务"立法没有进一步细化的规定，根据十八届三中全会和四中全会的精神，"具体事项"和"地方性事务"表现在事权上，是指省级行政区域内的公共服务的权能。但是，根据修正后的《立法法》第73条第二款对此进一步限定，设区的市可以对"城乡建设与管理、环境保护、历史文化保护等方面的事项制定地方性法规"。

（2）设区的市政府与省级政府制定地方政府规章的权限

设区的市政府与省级政府制定地方政府规章都属于政府的行政立法权，

行政立法权既具有行政权的属性又有立法权的属性。在两级政府立法权也应体现省级对市级立法权的领导关系。

根据修正后的《立法法》的规定，两个规章的立法权限也不同。第82条第一款规定，省级地方政府规章可以就下列事项作出规定：（一）为执行法律、行政法规、地方性法规的规定需要制定规章的事项；（二）属于本行政区域的具体行政管理事项。同样，立法对省级地方性的立法事项也没有细化的规定。第82条第六款规定，没有法律、行政法规、地方性法规的依据，地方政府规章不得设定减损公民、法人和其他组织权利或者增加其义务的规范。

根据中央十八届三中全会、四中全会文件的规定，省政府和市县政府的事权分工，前者是省级行政区划范围内的"区域性事务"，后者是"强化市县政府执行职责"。

修正后的《立法法》第82条第三款规定，设区的市制定政府规章仅限于"城乡建设与管理、环境保护、历史文化保护等方面的事项"。

3. 设区的市人大立法权与政府立法权的界限

根据修正后的《立法法》第72条第二款和第82条第三款的规定，看似设区的市人大立法权与政府立法权在立法权上是相同的，即对"城乡建设与管理、环境保护、历史文化保护等方面的事项"行使立法权。但是第72条第二款对设区的市人大立法权的阐述使用"可以"一词，第82条第三款对设区的市政府立法权的阐述使用"仅限于"一词。同时，设区的市人大及其常委会是权力机关，设区的市人民政府是人大的执行机关，并接受人大的监督。修正后的《立法法》第82条第五款规定，应当制定地方性法规但条件尚不成熟的，因行政管理迫切需要，可以先制定地方政府规章。规章实施满两年需要继续实施规章所规定的行政措施的，应当提请本级人民代表大会或者其常务委员会制定地方性法规。这表明，法规与规章的权限在特定情形下具有共享空间，但这种共享的空间是有条件的。第一个条件是，制定规章是基于行政管理的迫切需要；第二个条件是，规章实施满两年后需继续实施的，应当制定法规。❶

4. 设区的市人大立法权与常委会立法权的界限

设区的市人大与常委会同为地方立法机关，常委会是人大的常设机关，但是分别享有立法权，修正后的《立法法》对立法权限、程序、审查和监督

---

❶ 全国人大常委会. 中华人民共和国立法法 [M]. 北京：法律出版社, 2015：13.

进行分别规定。第76条规定："本行政区域特别重大事项的地方性法规，应当由人民代表大会通过。"但是，何为"本行政区域特别重大事项"，需要配套立法。

三、设区的市立法权的其他限制

地方立法权扩容，在放的同时也要扎紧制度的篱笆。地方立法权作为公权力必须受到限制，对立法权力的限制，除了通过对立法权限的限制，还包括通过严格的立法程序以及立法监督。

（一）设区的市立法的程序

立法的程序是指立法的方式、方法、顺序、步骤和时限的总和。其含义是：第一，立法程序是立法机关制定一个规范性法律文件的程序。第二，立法程序法定。立法只有按法定程序进行才是合法的、有效的。我国《立法法》是立法实体法，也是立法的程序法，规定了设区的市的立法程序。除此之外，国务的《行政法规制定程序条例》和《行政规章程序条例》，以及地方立法机关出台的地方性法规，其中的关于地方性法规和地方政府规章的程序规范，也适用设区的市立法。第三，立法程序是立法机关在立法活动中必须遵守的步骤和方法。设区的市立法过程中不遵守法定程序，则是违法的，不能承认其法律效力。

1. 设区的市地方性法规的程序限制

第一，设区的市立法的报批程序。

考虑到设区的市数量较多，地区差异大，这一工作需要本着积极稳妥的精神予以推进，修正后的《立法法》第72条第四款明确了由省、自治区的人民代表大会常务委员会综合考虑本省、自治区所辖的设区的市的人口数量、地域面积、经济社会发展情况以及立法需求、立法能力等因素，确定设区的市开始制定地方性法规具体步骤和时间，并报全国人民代表大会常务委员会和国务院备案。

第二，设区的市立法的审查程序。

设区的市的地方性法规须报省、自治区的人民代表大会常务委员会批准后施行。省、自治区的人民代表大会常务委员会对报请批准的地方性法规，应当对其合法性进行审查，同宪法、法律、行政法规和本省、自治区的地方性法规不抵触的，应当在四个月内予以批准。省、自治区的人民代表大会常务委员会在对报请批准的设区的市的地方性法规进行审查时，发现其同本省、自治区的人民政府的规章相抵触的，应当做出处理决定。

2. 设区的市政府规章的制定程序

第一，设区的市人民政府开始制定规章的时间，与本省、自治区人民代表大会常务委员会确定的本市、自治州开始制定地方性法规的时间同步。也就是说，不需要单独报批，设区的市人大立法权获批后，其政府的立法权视为获批。

第二，第98条第一款第（四）项设区的市、自治州的人民政府制定的规章应当同时报省、自治区的人民代表大会常务委员会和人民政府备案。

（二）设区的市立法的评估

立法评估是指对立法的合法性和合理性问题进行的评价，以决定立法的存在价值。立法评估本是一种过程评估，不仅包括立法后，而且包括立法前、立法中。[1] 目前，我国有些对立法评估的规定只有立法的事后评估，如《行政许可法》《行政处罚法》和《行政强制法》等立法都设置了立法评估制度。修正后的《立法法》第63条和第39条增加了立法前评估和立法后评估。在评估主体上，四中全会《决定》明确提出，"对部门间争议较大的重要立法事项，由决策机关引入第三方评估……"引入第三方评估制度弥补了我国立法评估制度的不足。

评估作为一种立法的检验方法，确立一个标准是首要的任务。以法治视角考察，此标准应该包括以下几个方面：第一，合法性标准，涉及立法是否逾越其立法权限，立法制定之过程程序是否合法，立法内容上是否有悖于上位法，以及其他方面是否存在违法的现象。第二，合理性标准。立法之价值与取向是否与地方与国家之发展实际相符，是否与社会紧密联系，其目的是否正义适当、能够满足一方公众之需求，公平权利与义务之设置，排除地方保护之干预。第三，时效性标准。地方法律施行后是否达到预期之目的，其评价对象在制定时是否科学，法律整体是否超前或滞后于发展中的社会现实。第四，可行性标准。地方执法机关依照立法之内容是否能便捷、高效执行法律，规定之内容是否真正做到切实可行。第五，规范性问题。以法技术之角

---

[1] 戢浩飞. 立法第三方评估：创新与方法 [J]. 人民政坛，2015 (1).

度，地方立法之法规是否完备、准确，条例达到统一，法规行使结构达到完整，逻辑结构达到规范，语言表达达到准确。❶

（三）设区的市立法的监督

立法的监督一般包括立法监督、司法监督和社会监督。从制度层面来说，授权立法监督制度包括监督的主体、内容和形式等。修正后的《立法法》第36条中就明确了法律案举行听证和召开论证会的条件，是新增条款。备案和审查制度作为应用范围最广泛的监督制度，在修正后的《立法法》中增加了设区的市的立法必须通过省级人大的考虑再报全国人大常委会和国务院备案。《立法法》对立法监督作了一些原则性规定，确立了我国立法监督的法律基础和制度框架。❷ 以2000年《立法法》为框架，在几乎所有的省、自治区人大所制定的规范性文件中，都对省区人大常委会批准较大的市人大及其常委会制定的地方性法规、下级自治地方的人大及其常委会制定的自治法规以及省区人民政府和较大的市人民政府制定的规章向省区人大常委会报送备案等与立法监督相关的内容有所涉猎，但也都极不完整。

很显然，现行中央和地方立法对立法监督相关问题的零星规定模式，不仅从逻辑上削弱了《立法法》和地方立法在体系上的完整性，更使中央和地方立法实践中立法所应追求的诸种价值难以实现。其典型的表现就是近年来地方立法实践中诸如超越立法权限、各类地方法律内容相互冲突、立法过程缺乏民主性等现象日趋严重。因此，立足于修改后的《立法法》，从地方立法权的控制角度出发，探索如何完善地方立法监督机制，是地方立法相关学术研究和制度建设应当关注的重点问题。

四、设区的市立法权行使中的问题预测及其解决
　　　　——以辽宁省较大市为例

（一）设区的市立法权的行使原则

设区的市立法应当遵循什么样的基本原则直接地关系着地方立法的内容及效力。设区的市立法的基本原则是指设区市行使地方立法权进行立法活动时应当遵循的基本立场和准则。这些立场和准则是保证设区的市立法有效和

---

❶ 戢浩飞．立法第三方评估：创新与方法 [J]．人民政坛，2015（1）．
❷ 汪庆红．地方立法监督实证研究：体制与程序 [J]．北方法学，2010（6）．

其作用得以实现的最起码条件。

（1）设区的市的立法必须遵守《立法法》的基本原则

2000年《立法法》确立了立法活动应当遵循的基本原则：一是应当遵循宪法的基本原则，二是维护社会主义法制的统一和尊严，三是立法应当体现人民的意志，维护人民的利益，四是坚持从实际出发的指导思想，五是立法应当依照法定的权限和程序进行。另外，修正后的《立法法》在第五条中增加了"立法公开"的规定，在第六条中增加了"适应经济社会发展和全面深化改革的要求""法律规范应当明确、具体，具有针对性和可执行性"的规定。

（2）设区的市立法必须遵守地方立法基本原则的特殊性

设区的市立法是地方立法。从地方立法的功能来讲，它是以地方的特殊性为出发点，目的在于通过地方立法来体现和反映地方的这种特殊性，使国家的立法尽可能地同本地的实际结合起来，使其得到更加有效地贯彻实施。因此，地方立法除了应遵循一般的立法原则外，还必须遵循一些特殊的或专有的原则。所谓地方立法基本原则的特殊性，就是指的地方立法所须遵循的特殊的或专有的原则，仅仅适用于地方立法和执法。

设区的市立法的基本原则突出表现在：第一，法制统一原则，在立法权上不抵触原则；第二，依法的原则，修正后的《立法法》第2条规定"制定法律、法规、规章适用本法"，设区的市立法必须遵守法定的事项和程序，以及监督制度，不得逾越和滥用；第三，实效性原则，要求立法内容不能简单地照抄，不得重复立法，设区的市立法一定要解决地区性的问题；第四，公开的原则，是程序正义的基本追求，对于设区的市立法来说，要求立法过程的公开；第五，可执行性原则，地方立法普遍存在法律适用后，达不到立法目的，主要因为地方立法仍然与上位法一样过于原则、缺乏强制性，设区的市立法强调法律规范要素的完整，即包括假定、处理和制裁三个要素，将法律规范三要素细化，特别是不能缺失制裁性要素，才能达到立法执行性的目的。

（二）国务院批准较大市立法权行使中的经验和不足

国务院批准较大市立法权虽然与设区的市立法权不同，但是前者为后者提供了经验。修正后的《立法法》对国务院批准的较大市立法中的一些问题进行了纠正，但是立法实践中涉及的问题值得重视，也应成为预测和解决设区的市立法权行使的参照。

1. 辽宁国务院批准较大市立法的速度和数量分析（见表1-4）

表1-4 辽宁省国务院批准较大市立法数量统计

项目	大连市（1986年5月17日至今）		鞍山市（1996年5月21日至今）		抚顺市（2002年9月30日至今）		本溪市（2003年6月18日至今）	
分类	法规	规章	法规	规章	法规	规章	法规	规章
个数	83	96	75	50	84	65	13	57
总数	179		125		149		70	
人口（万人）	591.45		349.75		217.96		152	
面积（平方公里）	12574		9252		11272		8411	
GDP（亿元）	7656		2721		1378		1227	

资料来源：统计的数据来源辽宁省人大常委会网站。

表1-4中的数据统计范围是考察辽宁国务院批准较大市的立法，第一，从法规制定时间和数量看，大连市的法规从1986年5月17日开始，制定最早，法规数量较多；本溪市的法规从1996年5月21日开始，数量较少。这与立法主体的建设有关，如大连市人大常委会网站建设健全，机构设置和人员资料，清晰可查，而本溪市的人大常委会网站没有在互联网上找到。第二，从规章的时间和数量看，各个城市规章的开启制定的时间顺序差距不大，但是数量上差别较大，其中大连市的规章96个，鞍山市较少共50个，但是鞍山市是辽宁省第一个国务院批准较大市规章制定者。第三，每个城市内部的法规和规章的数量比较来看，大连市的法规与规章数量皆多，说明大连市的人大或者常委会与政府的立法能力齐头并进；鞍山市和抚顺市的法规数量较规章数量多些，说明鞍山市和抚顺市的人大立法活跃些；本溪市的法规较规章的数量少些，规章制定较活跃，政府立法能力和法制建设与鞍山市持平。第四，从四个城市的法规和规章总数上看，大连市居首，本溪市最少，这说明本溪市的地方法制建设较落后。

综上比较，概括辽宁国务院批准较大市的立法情况：时间上起步早，积极落实中央的立法精神，四个城市的地方立法发展较快，大连市是副省级城市，人口、面积和 GDP 发展皆在之首，完善的地方立法为经济与社会发展保驾护航。本溪市虽然地方立法较少、较晚❶，但是 GDP 发展很高，说明现有的立法能够满足社会需求。但是上述分析也反映以下问题：一是立法的进展与立法能力息息相关，即立法的机构建设和立法人员的队伍建设。其中，四个市人大常委会均设置立法机构和专业人员，如鞍山市人大常委会已由成立初的办公厅及经济、政法、科教、人事 4 个办公室共 40 人，发展成下设七个专门委员会和两个常委会办事机构共 89 人❷。抚顺市人大常委会下设的法制委员会成员 9 人❸。

2. 辽宁国务院批准较大市立法的制度建设——以大连市为例

大连市立法制度建设包括立法程序、监督和评估等方面。立法工作程序的制度化建设是科学立法的坚实保障。根据《立法法》，相继出台了《大连市人大常委会制定地方性法规技术规范（试行）》《大连市人大常委会关于规章备案的规定》《大连市人大常委会立法听证规则（试行）》《大连市人大常委会年度立法计划编制及实施办法》。

大连市的地方法规的配套制度，为设区的市立法权行使提供了借鉴：一是《立法法》和立法理论是地方立法的基础，《立法法》的基本原则和地方立法的相关规范，是制定地方立法程序、监督和评估制度的依据；要制定相关配套制度，其中包括立法技术、备案、听证等可操作性制度规范。

（三）设区的市立法权行使中的其他问题及其解决

设区的市立法权行使中的其他问题，是指设区的市立法权行使中与上述较大市不同的问题，相同的不再累述。因为设区的市立法权还没有行使，下列问题来源于：一是基于对修正后的《立法法》条文的研究，二是结合立法实践的推测。下述结论包括配套的制度和具体措施。

1. 尽快确定设区的市立法资格的标准

依据修正后《立法法》第 72 条第四款的规定，设区的市开始制定地方性

---

❶ 本溪市的法规开启制定在 2003 年 6 月，大连市在 1986 年 5 月，鞍山市在 1996 年 5 月，抚顺市在 2002 年 9 月；本溪市规章在 2003 年 6 月 18 日，其他各市均在 2002 年。

❷ http：//www.asrd.gov.cn/contentdoc/docContent.jsp？oid=4957，最后查询时间 2015 年 10 月 10 日。

❸ http：//www.fssrd.gov.cn/xwy.asp？bh=87&wb=12，最后查询时间 2015 年 10 月 10 日。

法规的具体步骤和时间,由省、自治区的人民代表大会常务委员会综合考虑本省、自治区所辖的设区的市的人口数量、地域面积、经济社会发展情况以及立法需求、立法能力等因素确定,并报全国人民代表大会常务委员会和国务院备案。根据上述要求,以及辽宁省的具体条件(见表1-5),可以分步赋予设区的市立法权,理由是:首先,按照修正后的《立法法》规定适应经济社会发展和全面深化改革要求的原则,营口市、盘锦市、锦州市和丹东市四个城市经济发展较快,应先行赋予地方立法权;其次,设区的市立法主要事项之一是环境保护,表1-5中大气污染排名显示,大气污染亟待立法的城市为营口市、丹东市、朝阳市和锦州市等城市。因此,从以上考虑营口市、丹东市、锦州市是急需立法权的城市,应先行赋予立法权。

表1-5 辽宁省设区的市人口数量、地域面积、经济发展情况数据列表❶

序号	城市	GDP（亿元）	面积（平方公里）	人口（万人）	大气污染排名
1	营口市	1610	5402	243	1
2	盘锦市	1426	4071	139	9
3	锦州市	1405	10111	313	3
4	丹东市	1180	15030	244	2
5	辽阳市	1145	4743	186	6
6	铁岭市	1080	12980	272	8
7	朝阳市	1020	19699	304	5
8	葫芦岛市	800	10415	262	4
9	阜新市	626	10355	182	7

具体操作上,调研在先。首先,省级人大常委会应当组建调研组,通过实地考察、抽样调查等方法,调查设区的市的人口数量、地域面积、经济社会发展情况。其次,在设区的市召开有市级人大常委会、市级政府法制办、法检两院、城建、规划、环保、卫生、各级人大代表、政协委员、各界群众代表等相关单位和人员参加的座谈会,详细了解各市的立法需求、立法队伍现状等,广泛听取和征求各方面的意见、建议。最后,认真梳理归纳材料,

❶ 表中不包括沈阳、大连、鞍山和抚顺等市,因为它们已经有地方立法权。

并形成调研报告。调研报告的主要内容应该包括拟立法市的人口数量、地域面积、社会经济发展情况；拟立法市的立法需求和意向；拟立法市人大常委会法制机构和人员状况；拟立法市对开展部分立法工作的意见、建议；调研组的意见和建议等。

2. 细化设区的市立法的具体事权

修正后的《立法法》第72条第二款的设区的市的立法事项，过于概括。本文认为应包括以下事项。一是城乡规划方面的事务。城乡规划是城乡建设、管理的前提和基础，设区的市对城乡建设事务拥有立法权，自然对城乡规划事务拥有立法权。二是有关房地产事务的建设与管理。如有关拆迁、房地产开发经营、建筑工程的施工与质量管理等事项。三是基础设施的建设与相关事务的管理。其具体包括：①能源供应方面，如有关煤气、天然气、汽油、热力与供暖等事项的设施建设与服务管理；②排水供水方面，如自来水生产与供水、雨水排放、污水排放与处理等事项的设施建设与服务管理；③交通运输方面，如公路、机场、港口、桥梁、隧道、公共交通、出租汽车等事项的设施建设与服务管理；④邮电通信方面，如固定电话、有线电视、广播网络等事项建设与管理；⑤城乡环保环卫管理，如城市园林、绿化、垃圾收集与处理、户外广告、占道经营等设施建设与服务管理；⑥防卫防灾方面，如防洪、防震、防汛、防风等事务。四是环境保护方面的事项，如大气、水、海洋、土地、矿藏、森林、草原、湿地、野生生物等资源的保护与管理。五是历史文化保护方面的事项，如文物保护、古文化遗址、历史文化名城保护等事项。

设区的市的立法权限不应包括以下事项：第一，国家专属立法权事项，我国《立法法》第8条规定的事项只能制定法律，设区的市不能对此类事项行使立法权，这是不言而喻的；第二，政权和法制建设类事项，如人大对同级政府的监督、人民调解、集会游行示威等事项；第三，社会管理类事项，如关于流动人口管理、社会治安管理、社会公共服务管理、社会保障管理等事项；第四，经济管理类事项，如循环经济、城乡产业结构等事项。

3. 筹划设区的市制定部分地方性法规的步骤，制定相关立法制度

省级人大常委会在充分调查研究的基础上，根据实际情况，依法合理适时提出设区的市开始制定部分地方性法规的具体步骤和时间的建议，并报省级党委批准实施。具体建议是：对省级人大常委会，依法对符合法律规定的设区的市依法授予立法权。省级人大常委会应该抓紧研究制定授予设区的市部分地方立法权办法。内容主要包括授予范围、审查标准、审查结果的处理、批准程序、备案。

对设区的市人大及其常委会，一是适时向省级人大常委会反映地方立法的意见建议。二是认真谋划，积极筹备立法机构、立法队伍、立法项目、立法经费。三是抓紧研究制定市级人大及其常委会立法程序规则等立法工作制度规定。主要包括立法规划与计划的编制、法规起草、法规案的提出、法规案的审议和表决、法规案的报批和公布等，为立法工作的实施提供制度保障。做到一旦授予本市地方立法权，就能按时启动工作。同时，省级人大常委会要切实加强对设区的市人大常委会的指导、联系工作，以足够的重视和精力，指导帮助各设区市人大常委会做好制定部分地方性法规的相关工作。

4. 尽早考虑机构、编制、人员和经费问题

《地方组织法》第30条规定，"省、自治区、直辖市、自治州、设区的市的人民代表大会根据需要，可以设法制（政法）委员会、财政经济委员会、教育科学文化卫生委员会等专门委员会。"法制（政法）委员会是人大的专门委员会，负责统一审议向人大或者常委会提出的法律案；法制（政法）委员会的审议对于人大审议法律案来说，是一种全局性的审议，是各种审议中一道关键性的关口。目前，设区的市人大基本上未设立法制（政法）委员会，绝大部分市级人大常委会也都没有设置专门的立法工作机构，市级人大及其常委会、政府各部门普遍缺乏立法方面的专业人才。依法赋予所有设区的市部分地方立法权后，省级人大常委会法制工作机构和省级政府法制机构的工作量将随之加大，也存在审查报批法规或者起草法规工作人员不足的问题。省级人大常委会、省级政府及设区市党委、政府，要在省级党委的统一领导下把这项工作摆在重要位置，重视人大机关的立法干部队伍建设，依照法定程序，做好设立市级人大法制委员会的相关工作，在设区的市人大设立法制委员会，法制委员会组成人员应不少于7人，具有法律专业背景的专职法制委员比例应不少于50%；省、市级编制部门要支持设区的市人大常委会设立专门负责立法的工作机构；省、市级组织人事部门应根据实际需要，为立法工作机构选配具有法学素养和法律实务经验的专业立法人才；省、市级财政应保障开展立法工作所需经费。同时，在以后的人大工作中，省、市级党委组织部门应针对设区的市人大及其常委会普遍缺少具有法律专业背景的代表和常委会委员的实际问题，适当提高设区的市人大及其常委会具有法律专业背景的人大代表和委员的比例，为提高立法审议质量奠定基础。

5. 建立健全党委领导、人大主导、政府配合的协调联动机制

省级党委和各设区的市级党委要加强对地方立法工作的领导，统筹协调地方立法工作中的有关重大问题，全力支持人大及其常委会在地方立法中更好地发挥主导作用，发挥地方立法在改革发展中的引领和推动作用。省级人大常委会要根据中央决定和修改后的《立法法》的规定，健全人大主导立法工作的体制机制，深入推进科学立法、民主立法和民主法制领域改革，做好设区市立法授予、批准、培训、指导等相关工作，使地方立法更加主动适应改革和经济社会发展的需要。省级政府及有关设区市政府要按照新修改的《立法法》的规定，根据省级党委的统一安排部署，积极配合人大做好地方性法规制定及市级政府规章的制定工作。要合理分配和科学整合立法资源，准确把握省级人大及其常委会立法和设区的市人大及其常委会立法的角色和分工，做到省、市之间法规、规章及规范性文件之间相互衔接、相互补充，确保法制统一、政令畅通。

6. 省、市级人大开展好自上而下、层层强化的法律培训工作

省级人大常委会要加强对设区的市人大常委会、人大专门委员会组成人员及其立法工作机构人员的立法培训。邀请安排法学专家教授和立法实务工作者等讲授立法项目的立项和法案的起草，以及法的构造、语言、审议、修改等立法技术和要领，搞好现身说法和经验交流。市级人大常委会也可以自力更生搞好培训。培训工作应当在各设区的市开始制定地方性法规前六个月内分期分批完成。

同时，省、市级人大应加强联系交流，市级人大或请省级人大常委会法工委的同志指导帮助工作，或市级人大选派1至2名同志到省级人大常委会法工委实习。通过各种途径和办法，使市级人大的同志尽快掌握立法技能，确保届时设区的市部分立法工作的顺利开展。省级政府也应当按照新修改的《立法法》的规定，加强对设区的市政府负责人及其法制工作机构工作人员的立法培训，使其工作与人大保持同步。

结　　语

2015年修正的《立法法》虽然赋予了设区的市立法权，但是由于我国《宪法》以及其他相关立法对于中央与地方的三级立法事项没有明确的界定，使设区的市立法权限在纵向界限上难以界定；由于修正后的《立法法》对设区的市立法权的横向界限上规定得过于原则、概括,导致设区的市立法权行使操作上的困难。此外,设区的市立法权行使还需要地方制定配套立法:《设区的市立法报批、备案、立法程序、评估和监督等实施细则》《设区的市立法规划草案》和《设区的市立法机构、编制和经费的规定》等相关配套制度;在立法准备工作上,尽快调研、积极筹备、提高立法队伍的法律素质,建立健全党委领导、人大主导、政府配合的协调联动机制。

■ 参考文献

[1] 马克思恩格斯选集. 第23卷 [M]. 北京: 人民出版社, 1972.

[2] 李林. 立法理论与制度 [M]. 北京: 中国法制出版社, 2005.

[3] 曹海晶. 中外立法制度比较 [M]. 北京: 商务印书馆, 2004.

[4] 王春业. 我国经济区域法制一体化研究 [M]. 北京: 人民出版社, 2010.

[5] 韩忠伟, 等. 中国立法原理论 [M]. 兰州: 甘肃民族出版社, 2008.

[6] 阿计. 地方立法权扩容. 放与限的博弈 [J]. 公民导刊, 2014 (11).

[7] 王培剑. 从平等的角度看地方立法权的配置 [J]. 中国科技信息, 2006 (23).

[8] 田丁. 群体性事件预防和处置的法治思维与方式 [J]. 山西省政法管理干部学院学报, 2014 (2).

[9] 李雅云. 善用法治思维化解社会矛盾 [J]. 中国党政干部论坛, 2013 (1).

[10] 彭中礼. 论社会矛盾化解的法治方式 [J]. 中南大学学报 (社会科学版), 2014 (1).

[11] 孙国华. 法律——化解社会矛盾的重要的、精巧的、不可少的手段 [J]. 天津法学, 2010 (1).

[12] 范文嘉. 科学配置地方立法权在法治轨道上推进改革 [J]. 中国发展观察, 2014 (10).

[13] 伟民. 地方立法权的放与限 [J]. 浙江人大, 2014 (11).

[14] 郭万清. 应赋予设区的市地方立法权——对城市地方立法权的新思考 [J]. 江淮论坛, 2010 (3).

[15] 胡旭东. 地方立法权在中国法治中的双重角色 [J]. 中国党政干部论坛, 2008 (9).

[16] 杨解君. 法治建设中的碎片化现象及其碎片整理 [J]. 江海学刊, 2005 (4).

[17] 崔卓兰、孙波.地方立法质量提高的分析和探讨 [J].行政法学研究，2006（3）.
[18] 杨磊.论法治下的恶法 [J].华东政法学院学报，1999（1）.
[19] 张千帆.中国地方保护主义及其治理机制 [J].石河子大学学报（哲社版），2012（4）.
[20] 谢玉华.论地方保护主义的本质及其遏制策略 [J].政治学研究，2005（4）.
[21] 吴家庆.论地方保护主义的危害及遏制 [J].政治学研究，2001（1）.
[22] 崔卓兰，赵静波.中央与地方立法权力关系的变迁 [J].吉林大学社会科学学报，2007（2）.
[23] 焦洪昌，马骁.地方立法权扩容与国家治理现代化 [J].中共中央党校学报，2014（6）.

第二章 地方立法要素的逻辑构成及其适用规则

——以循环经济法及其地方立法为例

> **本章摘要：** 地方立法普遍缺乏可操作性的问题造成地方立法不能适用可能成为摆设。从中央立法与地方立法的关系上看，法律不可能规定得足够详细，为地方立法容留了空间，地方立法担负着细化法律的任务，通过细化法律规定，使得法律条文更具有可执行性。解决地方立法可操作性的关键是立法技术的问题，本文从法的要素和法律规范要素两个方面进行研究，以循环经济立法为样本，主张地方立法是独立的规范性法律文件，应包含法的原则、概念和法律规范三要素，三要素在立法中各有作用，不可或缺。基于地方立法的释法功能和地方"事务性"功能，主张地方法律规范的三要素较其中央立法更要明确具体，并归纳和揭示了三要素内在的规则。
>
> **关键词：** 地方立法；地方立法的要素；法律规范要素

引　言

所谓立法技术是指立法活动中所遵循的用以促使立法臻于科学化的方法和操作技巧的总称。[1]立法技术存在问题会严重影响立法质量。改革开放以来，我国地方立法已取得了较大的成就，但是立法技术上的问题较多，有学者归纳，包括立法名称不规范、抄袭现象严重、立法的内部结构贪大求全、立法内容过于原则、法律规则的逻辑结构不严密、立法用语不规范等问题。[2]其中名称的问题已经由《立法法》《法规制定程序条例》和《规章制定程序条例》进行规制，立法技术的其他问题都与法的要素和法律规范的要素密切

---

[1] 杨树人. 论我国地方立法技术存在的问题与对策 [J]. 依法行政，2009 (3).
[2] 杨树人. 论我国地方立法技术存在的问题与对策 [J]. 依法行政，2009 (3).

第二章 地方立法要素的逻辑构成及其适用规则——以循环经济法及其地方立法为例

相关，而关于法的要素和法律规范要素，在2015年修正的《立法法》没有提及，2000年湖北省人大常委会主任会议通过的《湖北省制定地方性法规技术规范》，是目前能查到的地方立法技术的规范性法律文件，也未提及地方立法的要素和法律规范要素的规定。

《立法法》的法制统一的原则、科学合理的原则以及不抵触的原则是地方立法技术应遵循的总的原则，本文以法的要素构成理论和法律规范要素构成理论为基础，主要通过循环经济的中央立法和地方立法实践，分析归纳法的要素和法律规范要素的内在逻辑，明确地方立法的要素和法律规范要素的内在要求和规则。

一、循环经济立法要素的逻辑分析

法的要素即是当法律被看作一个系统时，它与任何系统一样，是由若干要素按一定的结构组织起来的统一整体。[1] 从法律要素角度的研究，实际上是对系统内部微观的层面考察。

(一) 法的"三要素说"的确定

1. 国外的代表性观点

追溯法史，学界一致认为19世纪英国的约翰·奥斯丁（John Austin）的"命令模式论"，最早对法律进行要素分析并概括出较系统的法的理论模式。奥斯丁的理论认为，所谓法的模式即是在解释法律由何种要素所组成时使用的概念。由于法的强制性或命令性是实在法最为本质的特征。因此，法律被认为是主权者的一种命令。"任何一种实在法都是由特定的主权者对其统治下的某个人或某些人制定的"，但是，他又认为，并非每一种命令都是法律，只有一般性的命令，强制某个人或某些人必须为某类行为或不为某类行为，才具有法律的性质。奥斯丁把命令、义务和制裁看作是三位一体的关系，即把法所包含的众多要素全部归结为以制裁为后盾的命令的总和。[2] 依照此观点，法律的所有特点以至于规范都用命令来概括，这显然是不符合实际的一种过于简单和片面的概括。

---

[1] 张文显. 法理学 [M]. 北京：法律出版社，1997：61.
[2] J. Austin. The Province of Jurisprudence Determined [M]. H. L. Hart, London, 1954：22-24.

20世纪的西方法理学界不满于"命令模式论",有人不断提出新的"理论模式"理论。主要代表理论包括：

第一,美国的社会法学派代表人物罗斯柯·庞德(Roscoe Pound)认为法律就是由律令、技术和理想三种要素或成分所组成的,其中法律的"律令"本身又包括规范、原则、概念和标准。他认为"规范"是对一个具体的事实状态赋予一种确定的后果的律令,"原则"是用来进行法律推理的权威性出发点,"概念"是可以容纳某些情况的权威性范畴,"标准"则是根据每个案件具体情况加以适用的行为尺度。

第二,英国的新分析法学派代表人物赫伯特·哈特(Herbert Hart)在批判奥斯丁的命令模式论基础上,建立了自己的"规范模式论"。他认为在所有发达的法律制度中都有一套规范,即分为设定义务的第一性规范和授予权利或权力的第二性规范,其中,第二性规范又包括确认规范、改变规范和审判规范三种成分。确认规范是规定一定规范在符合何种条件下才能取得法律效力,它能够消除单纯第一性规范的不确定性,并能够将调整社会中的人际关系以及区别正义行为与行政行为的"首要"社会行为规范区分开来。❶

第三,美国新自然法学派罗纳德·德沃金(Ronald Working)则反对哈特把法的要素归结为规范的观点,他坚持法律除了规范成分之外,还包括原则和政策的成分。特别是在那些疑难案件中,原则和政策起的作用将会更大。

第四,美国法律哲学家埃德加·博登海默(Edgar Borden Heimer)对于法律的性质和作用的论述也持"规范—原则—政策模式论"的观点。他认为一个法律制度从其总体来看,是一个由一般性规范同适用与执行规范的特殊性行为构成的综合体。它既有规范的一面,又有事实的一面。在法律规范的有效性上,他坚持"法律的规范性结构,可以说是一种'应然'体的集合,这当然是从这些规范要求人们服从但在现实生活中并不总是得到遵守或执行的意义上而言的"。❷

2. 国内学界的主要观点

我国法学界对法的要素所持的观点可概括为以下几种主要学说：第一,四要素说。这种立场认为法的构成要素主要是规范,又不限于规范。一般的说法由法律概念、法律原则、法律技术性规定以及法律规范四个要素构成。❸

---

❶ H. L. A. Hart, The Concept of Law [M]. Oxford, 1961: 89-93.

❷ [美] E. 博登海默. 法理学——法律哲学与法律方法 [M]. 邓正来, 译. 北京: 中国政法大学出版社, 1999: 238-239.

❸ 沈宗灵. 法学基础理论 [M]. 北京: 北京大学出版社, 1998: 37.

第二，三要素说。这种立场认为法的要素区分为：规范、原则和概念三种基本要素。❶ 第三，一要素说。这种立场认为法律规范是法的最基本的细胞，它与整体的法的关系是系统的个别因素同整个系统的关系，并且认为原则不过是原则性规范、概念不过是定义性规范而已，它们实际上都是调整人们行为不可少的部分，是法的职能专门化的结果和表现。❷

3. 本文的观点

综观上述对法的要素的不同阐述，各种观点各有道理，有的观点相互关联，有的观点看似独辟蹊径，但是具有以下规律：一是国外观点的发展反映了对法的要素认识是不断深入和发展的过程，因此对任何一种观点的评价，都不能割断观点的历史与基础；二是我国学界的观点是对国外观点借鉴的结果。因此，上述国内外主要观点对于深化认识和理解"法是什么"这一基本命题大有裨益。本文在全面理解国外的主要观点的基础上，支持国内学界的"三要素说"的观点，"三要素说"认为法的要素分为规范、原则和概念三种基本要素。理由是：第一，反对"四要素说"。四要素说所认定的"法律技术性规定"这一要素，是形式层面上的问题，是为规范、概念和原则服务的，不该成为法的要素。法定要素应该是从法的本质或者内容层面上来说的。当然，形式和内容是不开分的，形式为内容服务。第二，反对"一要素说"。"一要素说"无法为深入法的系统内部对其进行观察和研究提供要素基础，违背了法的要素说的初衷和目的。

（二）《循环经济促进法》的要素构成逻辑解析

1.《循环经济促进法》的概念

法律概念是法律上规定的或人们在法律推理中通用的概念❸。有的法学家又称为法律术语。"法律概念是有法律意义的概念，是认识法律与表达法律的认识之网上的纽结，即对各种有关法律的事物、状态、行为进行概括而形成的法律术语"❹。在一部立法中，概念是组成其法律规范和法律制度的基本单位，也是组成法律原则的基本单位。在《循环经济促进法》中循环经济的概念至关重要，是立法的基础，没有它不仅会造成立法逻辑的混乱，而且使立法无法进行；减量化、再利用和资源化等概念是立法和释法的基础，也是循

---

❶ 王果纯. 现代法理学——历史与理论 [M]. 长沙：湖南人民出版社，1995.
❷ 孙国华. 法理学教程 [M]. 北京：中国人民大学出版社，1994：353-362.
❸ 沈宗灵. 法理学 [M]. 北京：北京大学出版社，2001：35.
❹ 张文显. 法理学 [M]. 北京：高等教育出版社，2007：114.

环经济立法的概念。但是,根据概念在立法中的作用不同,又可分为主概念和从概念。循环经济是《循环经济促进法》的主概念,减量化、再利用和资源化等概念是该法的从概念。

(1) 循环经济的概念

《循环经济促进法》第2条第一款规定:"本法所称循环经济,是指在生产、流通和消费等过程中进行的减量化、再利用、资源化活动的总称。"循环经济的概念立法的意义:第一,它规定了循环经济促进法的适用范围,该法适用于生产、流通和消费等经济运行的全过程。第二,指出了循环经济促进法的内容,是通过建立"资源—产品—再生资源"和"生产—消费—再循环"的模式,有效地利用资源和保护环境。第三,这一概念确定了3R的原则,即减量化、再利用、资源化。由此,减量化、再利用、资源化的概念必须以循环经济的概念为基础,符合循环经济的指导思想和本法的立法目的。

(2) 减量化、再利用和资源化等概念

《循环经济促进法》第2条第二款规定:所称减量化,是指在生产、流通和消费等过程中减少资源消耗和废物产生。第三款规定:"本法所称减量化,是指在生产、流通和消费等过程中减少资源消耗和废物产生。"第四款规定:"本法所称再利用,是指将废物直接作为产品或者经修复、翻新、再制造后继续作为产品使用,或者将废物的全部或者部分作为其他产品的部件予以使用。"这三个概念分别是《循环经济促进法》后面具体章节的关键词,如第三章减量化、第四章再利用和资源化。立法规定了三个概念的内涵和外延,奠定了部分法条的逻辑起点。这三个概念同循环经济的概念一样构造了《循环经济促进法》的基石。

2.《循环经济促进法》的原则

法律原则是指能够作为规范的来源或基础的综合性、稳定性的原理或准则。法律原则虽然没有规定预先确定具体的事实状态,没有设定具体的权利和义务,也没有规定明确的法律后果,但是它却根源于社会的政治、经济、文化现实之中,是法律基本价值的承担者。它反映了立法的目的,体现了法律的本质,反映了一个社会的根本价值和社会发展趋势。对这些价值的不尊重或破坏,将危害该社会存在的根基。人们的行为或活动都必须符合法律原则,所以,法律原则是强行性规定[1]。

我国《国民经济和社会发展第十一个五年规划纲要》确定了发展循环经济

---

[1] 房玄龄. 晋书 [M]. 上海:上海古籍出版社,1993:55.

第二章 地方立法要素的逻辑构成及其适用规则——以循环经济法及其地方立法为例

要遵循"减量化、再利用、资源化"原则,据此,《循环经济促进法》根据我国实际需要,再一次确定"减量化、再利用、资源化"是循环经济最重要的立法和实践操作的原则。一致认为,综合运用三个原则是资源利用,实现循环经济运行的最优方式。这三大原则在循环经济中的重要性并不是并列的,三者的优先顺序是减量化—再利用—资源化,三者共同构成了循环经济的主要内容。❶

3.《循环经济促进法》的法律规范的内在逻辑

(1) 法律规范的"三要素说"

概念是法的基础性要素,是立法的逻辑基础;原则是法的纲领性要素,以其自身的特点,指导立法和法律实践活动,并是保障法律体系内部和谐统一的基础;法的要素是由法律规范、概念和原则构成的,其中法律规范是立法的最主要、最基本的构成要素,法律规范具有自身的特征、逻辑结构范式和种类。

①法律规范的含义

首先,法律规范的内涵与外延。内涵是指一事务的内容,而外延是确指概念的对象范围,即内涵回答是什么,外延回答什么是。人们经常把法律界定为某种行为规范或规范的总和或体系,在这这个意义上说,法律规范和法律大致上在内涵和外延方面相同,但是这个界定是不准确的,从法的要素是看,法律规范与法律不是同一关系,而是被包含的关系。即法律除了规范,还由原则和概念构成。因此,本文支持法律规范的内涵和外延与法律不能等同的观点。作为法律基本要素的法律规范,是指由国家立法机关制定的,并由国家强制力保证实施的具体行为规范。法律规范与其他行为规范的不同,即它是由国家立法机关制定的,具有强制性和权威性,这就要求法律规范的内在结构必须更具有逻辑性的特征。

②法律规范的逻辑三要素结构范式、种类

法律规范的逻辑结构范式,也称为逻辑结构、逻辑构成。目前,国内外法学界对此问题莫衷一是。主要有:第一,假定、处理、制裁三因素构成说,这是一种很古老的学说。❷ 第二,行为模式和法律后果两因素构成说❸。第三,假定、处理和法律后果三因素构成说❹。本文同意第三种"三要素说"。其中,假定是指该规范适用的条件,包括适用的范围、时间、地点和条件;

---

❶ 《中华人民共和国循环经济促进法》解读 [J]. 法学杂志, 2009 (3).
❷ 孙国华. 法理学教程 [M]. 北京: 中国人民大学出版社, 1994: 356.
❸ 沈宗灵. 法学基础理论 [M]. 北京: 北京大学出版社, 1998: 37-38.
❹ 孙国华. 法理学教程 [M]. 北京: 中国人民大学出版社, 1994: 149-150.

处理是指该规范的行为具体的模式,包括可以做什么、不得做什么和应该做什么等;法律后果是指行为人做什么或者不做什么所导致的法律后果❶。从一定意义上说,任何法律规范都必须包括假定、处理和法律后果三因素,缺一不可,否则就不构成一个完整的法律规范,因为缺少一个要素无法达到立法规范的目的。其中,学界一直认为,法律后果要素,比传统的"三要素"中的法律责任提法更准确,法律后果包括法律责任和行政奖励。

法律规范可按照不同的标准有不同的分类。常用的分类有:第一,按法律规范的权利和义务的内容不同,分为授权性规范、义务性规范和权利义务复合规范。授权性规范又称权利规范,是赋予行为人可以为一定行为的法律规范。义务规范规定的是人们必须为或不为一定行为的法律规范。它又包括命令性和禁止性规范两种。命令性规范是要求积极行为,即设定行为人作为义务的规范;禁止性规范是要求行为人消极行为,即设定不得作为的义务规范。权利义务复合规范即兼具前两种性质的规范。第二,按内容是否确定为标准,还可划分为确定性规范、准用性规范和委任性规范。确定性规范是指规范已经明确、具体地设定某种行为规范;准用性规范则是规范规定的某一部分须参照其他法律规范才能实施;委任性规范是指规范没有明确规定行为规范的内容,需授权某一机构加以规定的法律规范。

③法律规范的有效性与可操作性

法律规范的有效性包含应然有效性和实然有效性两方面。指法律自身的存在及其约束力是法律的应然效力,而法律在实际中被执行、适用和遵守是法律的实然效力。所谓应然有效性"乃是一个植根于法律过程之中的问题",它决定了法律的本质和作用。博登海默认为"法律旨在创设一种正义的社会秩序(just social order)",因而他认为法律规范所具有应然有效性乃是"法律—秩序与正义的综合体"的表现与集结。所谓实然有效性"所涉及的乃是法律规范适用于那些人是否真正遵守这些规范的问题","只有当构成社会的人——无论是官员还是大多数私人公民——的实际行为与宪法规定、制定法规定或判例法规定所指定或认可的标准相一致时,这些规定才在该社会中具有实效"。❷ 如果具备了法律规范的要素,可以说法律规范具有应然效力,这

---

❶ 法律后果分为奖惩两种形式。奖,即肯定性后果,惩,即否定性后果。因此,法律后果要素比传统的制裁要素更能让人接受,法律后果要素包括了制裁。

❷ [美] E.博登海默.法理学——法律哲学与法律方法 [M].邓正来,译.北京:中国政法大学出版社,1999:332.

第二章 地方立法要素的逻辑构成及其适用规则——以循环经济法及其地方立法为例

就意味着该规范对于它所指向的那一类人或事具有约束力。但是不意味着实然有效，通常意义上说的法律规范的有效性都应该包含实然和应然有效两者并相一致时，法律规范的有效性才能体现出来。❶

法律规范的实然效力需要通过法律遵守、法律适用来实现，对于地方立法来说，保障地方立法规范具有可操作性，是法律遵守、法律适用的前提；反之，法律规范不具有可操作性，法律规范的实然目的，即法的实效性很难实现。

(2)《循环经济促进法》的法律规范范式和种类归纳

《循环经济促进法》中的授权性规范、禁止性规范、义务性规范形成了推动循环经济发展的法律规范体系，为循环经济的发展提供了法律保障，实现了科学发展观的法律规范化。❷

①循环经济法律规范的假定、处理和法律后果

第一，循环经济法律规范的假定是指适用条件。根据《循环经济促进法》第2条规定，"凡是在生产、流通和消费等过程中的活动，均应适用循环经济"是循环经济法律规范的假定。第二，循环经济法律规范的处理是指行为模式，即循环经济法律规范中规定人们如何具体行为的方式或范式。根据《循环经济促进法》第1~57条规定，有可以这样行为模式、禁止这样模式和应该这样模式三种行为模式。第三，循环经济法律规范的法律后果，即循环经济法律规范对人们行为的态度，是人们遵守或违反法律规范中规定的行为模式所产生的后果。根据《循环经济促进法》第49~57条规定，违反循环经济法律规范的后果有行政责任、民事责任和刑事责任。

②循环经济法律规范的种类划分

从表2-1看出，《循环经济促进法》的法律规范有授权性规范、禁止性规范和义务性规范。第一，循环经济授权性规范主要是授权管理循环经济发展和监督循环经济发展的规范。授权规范共5条。由于循环经济主要是自上而下，由政府主张并推行的、由立法保障实施的经济形式，其实现主要靠政府的强制力保障实施，因此，《循环经济促进法》中的授权性规范主要是对政府进行授权。第二，循环经济义务性规范，是指设定发展循环经济义务的行为规范。《循环经济促进法》中的义务性规范，要求义务主体履行作为义务。主要是对政府、企业、事业、团体和公民设定发展循环经济义务的行为规范。

---

❶ 黄捷，车丽华.论法的要素与法律规范有效性[J].湖南师范大学社会科学学报，2001(3).
❷ 龚家林.《循环经济促进法》构成要素的法理分析[J].南昌高专学报，2010(2).

这部分规范在《循环经济促进法》中占据了绝大部分。据统计，义务性规范条款共有45个，占全部条款的79%。可见，《循环经济促进法》是一部以设定发展循环经济义务为主的法律。第三，循环经济禁止性规范，是指禁止实施有害于循环经济发展的行为规范。主要是禁止企业单位、事业单位、社会团体和公民实施危害循环经济发展的行为规范《循环经济促进法》中的禁止性规范，要求义务主体履行不作为义务。禁止性规范条款共有7个（见表2-1）。

表2-1 《循环经济促进法》的授权性、义务性、禁止性规范归纳

授权性规范	义务性规范	禁止性规范
政府管理部门在管理循环经济发展过程中的监督管理职权（第5条）；循环经济发展规划编制权（第12条）；循环经济评价指标体系编制权（第14条）；强制回收的产品和包装物名录编制权（第15条）；循环经济标准体系编制权（第17条）；鼓励、限制和淘汰的技术、工艺、设备材料和产品名录发布权（第18条）；以及公民对政府管理循环经济行为的监督权和举报权（第10条）	在废物再利用和资源化过程中，应当保障生产安全，保证产品质量符合国家规定的标准，并防止产生再次污染（第4条）；县级以上人民政府编制国民经济和社会发展规划及年度计划，县级以上人民政府有关部门编制环境保护、科学技术等规划，应当包括发展循环经济的内容（第6条）；企业事业单位应当建立健全管理制度，采取措施，降低资源消耗，减少废物的产生量和排放量，提高废物的再利用和资源化水平（第9条）；公民应当增强节约资源和保护环境意识，合理消费，节约资源（第10条）等45个	禁止生产、进口、销售列入淘汰名录的设备、材料和产品，禁止使用列入淘汰名录的技术、工艺、设备和材料（第18条）；对在拆解和处置过程中可能造成环境污染的电器电子等产品，不得设计使用国家禁止使用的有毒有害物质（第19条）；电力、石油加工、化工、钢铁、有色金属和建材等企业，必须在国家规定的范围和期限内，以洁净煤、石油焦、天然气等清洁能源替代燃料油，停止使用不符合国家规定的燃油发电机组和燃油锅炉（第21条）；禁止损毁耕地烧砖。在国务院或者省、自治区、直辖市人民政府规定的期限和区域内，禁止生产、销售和使用黏土砖（第23条）；在有条件使用再生水的地区，限制或者禁止将自来水作为城市道路清扫、城市绿化和景观用水使用（第27条）；对生产、进口、销售或者使用列入淘汰名录的技术、工艺、设备、材料或者产品的企业，金融机构不得提供任何形式的授信支持（第45条）；省、自治区、直辖市人民政府可以根据本行政区域经济社会发展状况，实行垃圾排放收费制度。收取的费用专项用于垃圾分类、收集、运输、贮存、利用和处置，不得挪作他用（第46条）等

· 46 ·

二、地方立法对中央立法的要素与规范要素的落实
——以大连市、山西省和江苏省循环经济立法为例

自2009年1月1日我国《循环经济促进法》施行以来,地方的循环经济立法受到了地方的重视,先后已有部分地方立法的出台,并且多以地方性法规的形式立法。本文选取大连市、山西省和江苏省分别制定的《循环经济促进条例》为对象,研究地方的循环经济立法要素的运用情况。从时间上看,只研究我国《循环经济促进法》施行后的地方立法,《大连市循环经济促进条例》2010年10月1日起施行,《大连市循环经济促进条例》是《中华人民共和国循环经济促进法》公布以来首部有关循环经济促进工作的地方性法规。主要规定了以下几方面的内容:一是对大连市与发展循环经济相关的规划、统计和考核等制度进行了细化;二是对促进非常规水资源利用和推进农业及洗车、非大众洗浴行业节水做出了规定;三是对建立农用废旧物资回收利用体系、利用秸秆和畜禽粪污等可再生资源做出了规定;四是确立了生态补偿制度;五是规定对废电器电子等特定产品拆解利用的新建项目实行圈区管理。《山西省循环经济促进条例》2012年10月1日起施行,《江苏省循环经济促进条例》2015年9月23日通过,三地地方性法规代表了循环经济地方立法的早期、中期和今年的立法程度;从文本上看,《大连市循环经济促进条例》只有六章36条,《山西省循环经济促进条例》有七章48条,《江苏省循环经济促进条例》有六章62条,显然是逐渐完善的过程,反映了我国地方立法日臻完善的现状。本文以立法文本为研究对象,通过揭示循环经济地方立法的法律要素中的问题,探讨地方立法的操作规范,以提高地方立法的要素的科学性和法律性。

(一)地方立法对《循环经济促进法》的概念和原则落实分析

表2-2是以大连、山西省和江苏省人大常委会立法的概念和原则的归纳。从表2-2可以看出,《大连市循环经济促进条例》有基本概念的规定,但只是对《循环经济促进法》概念的重述,《山西省循环经济促进条例》没有提到立法的概念,《江苏省循环经济促进条例》,将原则与法律规范的假定放在一起,使立法语言更精练和概括;《大连市循环经济促进条例》有立法的原则,但只是对《循环经济促进法》原则的重述,《山西省循环经济促进条例》和《江苏省循环

经济促进条例》不仅规定了立法的基本原则,而且将"减量化优先"纳入为原则,是对循环经济法的补充。

地方立法增加"减量化优先原则"的做法是发挥地方立法作用的具体表现。从地方立法与中央立法的关系看,地方立法是对中央立法的执行和补充,这要求地方立法应该在法律和行政法规有相关规定的基础上制定执行性规范,在地方立法权限内制定补充性规范。在制定执行性规范时,可以根据立法的宗旨和基本原则进一步释法。随着对循环经济认识的提高,一般认为减量化原则应该是在生产、流通和消费领域,实现循环经目的的最重要的途径是提出低碳经济、低碳生活等原则的基础,因此《山西省循环经济促进条例》和《江苏省循环经济促进条例》提出减量化优先的原则符合地方立法精神。

地方立法是独立的一部立法,法的要素不应该缺失。综上所述,《大连市循环经济促进条例》和《江苏省循环经济促进条例》的概念和原则较完备,而《山西省循环经济促进条例》缺少法的概念要素。

表2-2 大连市、山西省和江苏省循环经济立法的概念与原则落实情况

	概念	原则
大连市	第3条重述《循环经济促进法》的概念	第3条:重述《循环经济促进法》的原则
山西省	无	第2条:……遵循减量化、再利用、资源化,按照减量化优先的原则,加强规划引导、园区承载、项目带动和科技进步,提高资源产出率和传统产业循环率,促进资源综合利用
江苏省	第2条:在本省范围内生产、流通和消费等过程中进行的减量化、再利用、资源化等循环经济活动以及相关的管理与服务,适用本条例	第3条:……采取各种技术可行、经济合理的措施,按照减量化优先的原则,最大化地减少资源消耗和废弃物产生、提高废弃物再利用和资源化水平

(二) 地方立法对《循环经济促进法》立法规范要素的落实分析

1. 三部循环经济地方立法中法律规范的假定要素阐释情形

(1) 三部循环经济地方立法总则和附则部分的假定要素

地方立法关于假定要素常见的两种规定方式,即"明示的方式"和

"暗示的方式",前者更明确较可取。一般将《循环经济促进法》第2条规定"本法所称循环经济,是指在生产、流通和消费等过程中进行的减量化、再利用、资源化活动的总称。"视为《循环经济促进法》的所有规范的假定要素,但是本条实际上是循环经济的概念,因此,将该条视为假定要素是通过逻辑推断而得出的结论,这是我国立法常见的一种阐释方式,本文称其为"暗示的方式";《大连市循环经济促进条例》的第2条明示了假定要素,即"大连市行政区域内循环经济发展工作,适用本条例。"《江苏省循环经济促进条例》第2条明确规定"在本省范围内生产、流通和消费等过程中进行的减量化、再利用、资源化等循环经济活动以及相关的管理与服务,适用本条例。"本文称这种方式为"明示的方式",由此可见,我国循环经济地方立法实践中,关于法律规范假定要素的立法方式有上述两种,其中明示的方式是较可取的方式,因为作为法律规范的假定部分必须明确,所以地方立法时对法律规范的假定要素要不惜笔墨,做出明确的规定较为合理妥当。《山西省循环经济促进条例》没有规定假定部分。

另外,一般的立法在附则中规定立法生效的时间,《大连市循环经济促进条例》第37条规定:"本条例自2010年10月1日起施行。"《山西省循环经济促进条例》第48条规定:"本条例自2012年10月1日起施行。"《江苏省循环经济促进条例》第62条规定:"本条例自2016年1月1日起施行。"

(2) 三部循环经济地方立法其他部分的假定要素

三部循环经济地方立法确定责任和义务主体是政府、企业、公民和社会组织。从《循环经济促进法》第1条立法目的来看,"为了促进循环经济发展,提高资源利用效率,保护和改善环境,实现可持续发展,制定本法。"循环经济法律制度应定性为资源环境法律制度,资源环境法的责任主体是政府、公民、企业和相关社会组织。因此,《循环经济促进法》的适用主体即为政府、企业、公民和社会组织,也是该法的权力(权利)和义务主体。其中,政府是主要的义务和责任主体,如"市及区(市)县人民政府循环经济发展综合管理部门""市及区(市)县人民政府"等,在大连市、山西省和江苏省循环经济立法中使用频率较多;企业在生产、流通和消费过程中义务和责任较公民要多,其他社会组织如事业单位和行业协会等社会团体也相应地负有义务和责任,在大连市、山西省和江苏省循环经济立法中皆有相应规定。

2. 三部循环经济地方立法中法律规范的处理要素的落实

（1）《循环经济促进法》中授权性行为模式的阐释

首先，三部循环经济地方立法的授权性行为模式分析。

《循环经济促进法》赋予地方政府管理部门在管理循环经济发展过程中的监督管理职权、循环经济发展规划编制权和循环经济评价指标体系编制权和评估权。《大连市循环经济促进条例》第5条规定："市及区（市）县人民政府循环经济发展综合管理部门负责组织协调、监督管理本行政区域的循环经济发展工作；市及区（市）县人民政府有关主管部门按照各自职责负责有关循环经济的监督管理工作。"第8条第一款规定："市人民政府循环经济发展综合管理部门应当依据国家循环经济评价指标体系，会同有关主管部门拟定本市的循环经济评价指标体系……"第二款规定："市人民政府根据本市循环经济评价指标，对区（市）县人民政府定期进行考核，并将主要指标完成情况作为对区（市）县人民政府及其负责人考核评价的内容。"第10条规定："……有关区（市）县人民政府相关主管部门应当指导本行政区域各类农业园区制定循环经济发展规划；各类产业园区及其他产业聚集区（以下简称产业聚集区）应当制定循环经济发展规划。"

《山西省循环经济促进条例》第3条第二款："县级以上人民政府经济和信息化、环境保护等有关部门，按照各自的职责负责发展循环经济的监督管理工作。"第4条第一款规定："县级以上人民政府应当将发展循环经济纳入国民经济和社会发展规划及年度计划。"第12条规定："县级以上人民政府应当将国家规定的循环经济主要评价指标纳入年度目标责任制考核体系，对本级人民政府有关部门和下级人民政府及其主要负责人进行考核，考核结果向社会公布。"

《江苏省循环经济促进条例》第5条第一款规定："县级以上地方人民政府发展和改革部门是发展循环经济的综合管理部门，负责组织协调、监督管理本行政区域内的循环经济发展工作。"第二款规定："县级以上地方人民政府其他相关部门，按照各自职责负责循环经济的监督管理工作。"第三款又规定："县级以上地方人民政府应当建立发展循环经济联席会议制度，协调解决发展循环经济中的重大问题，促进循环经济发展。"第9条第一款规定："县级以上地方人民政府发展和改革部门会同相关部门编制本行政区域循环经济发展规划，报本级人民政府批准，并报上级人民政府发展和改革部门备案。"第二款规定："编制循环经济发展规划应当明确规划目标、适用范围、主要内容、重点任务和保障措施等，并规定资源产出率、废弃物再利用和资源化率等指标。"第13条第一款规定："省人民政府发展和改革部门应当会同相关部门建立循环经济评价考核指标体系。"第二款规定："省和设区的市人民政府应当根据循环经济评价考核指标体系，定期考核下级地方人民政府发展循环经济的状况，考核结果作为对下级地方人民政府及其负责人考核评价的重要内容。"

综上所述，三部循环经济地方立法对《循环经济促进法》的授权性行为模式均有落实，其中江苏省将权力主体具体到政府的部门，而不是笼统地称某政府，如"县级以上地方人民政府发展和改革部门"和"省人民政府发展和改革部门"；同时建立了联席会议制度以协调解决监管中的重大问题，因此，《江苏省循环经济促进条例》在授权性行为模式的落实上较好。

其次，三部循环经济地方立法的义务性行为模式分析。

地方立法具有对中央立法的执行性功能，《循环经济促进法》中的有些授权性规范在地方立法中变成了义务性规范，这就使地方循环经济立法义务性行为模式较多。（值得一提的是，由于政府行为的权力与义务的统一性，政府的义务性规范与授权性行为模式重复。）《大连市循环经济促进条例》中，义务性行为规范有25条，占总条文的68%；在条文中查找"应当"，共有42个，以政府为义务主体的"应当"有12处占50%，其他义务主体包括企业、其他社会组织和公民。《山西省循环经济促进条例》中，义务性行为规范有31条，占总条文的65%；在条文中查找"应当"，共有47个，以政府为义务主体的"应当"有17处占36%，其他义务主体包括企业、其他社会组织和公民。《江苏省循环经济促进条例》中，义务性行为规范有47条，占总条文的76%；在条文中查找"应当"，共有95个，以政府为义务主体的"应当"有46处占48%，其他义务主体包括企业、其他社会组织和公民。

最后，三部循环经济地方立法的禁止性行为模式分析。

《大连市循环经济促进条例》中禁止性规定有7条，《山西省循环经济促进条例》中禁止性规定有4条，《江苏省循环经济促进条例》中禁止性规定有7条（见表2-3）。

表2-3 大连市、山西省和江苏省循环经济地方立法禁止性规范归纳

大连市循环经济促进条例	山西省循环经济促进条例	江苏省循环经济促进条例
禁止过度包装（第14条第二款）；禁止生产黏土砖（第16条）；非因公共利益需要，不得拆除和更换仍在合理使用寿命内的城市公共设施（第19条）；公共机构建筑装修完成后八年内能够正常使用的，不得再次装修（第20条第二款）；限制并逐步禁止将自来水作为城市清扫、绿化和景观用水（第21条第二款）；废物的再利用、资源化和处理应当安全、可靠，不得造成新的环境污染（第27条）；不得将生活垃圾或者污水处理产生的污泥直接进行填埋处理（第29条第二款）	禁止在省人民政府规定的区域内生产、销售和使用黏土砖（第26条第二款）；在有条件使用再生水的地方，禁止将自来水作为公共设施保洁、道路洒水、洗车、绿化和景观用水（第27条第二款）；禁止将餐厨废弃物产生的再生油用于食品加工（第28条第二款）；禁止将焦炉煤气、高炉煤气直接排空、燃烧（第34条第二款）	对在拆解和处置过程中可能造成环境污染的电器电子等产品，不得设计使用国家禁止使用的有毒有害物质（第16条第二款）；禁止生产和销售过度包装的商品（第17条）；工业企业……禁止使用不符合国家规定的用能设备（第19条）；禁止销售和使用国家明令停止使用的农药和其他农用品（第23条第二款）机关办公建筑、政府投资和以政府投资为主的公共建筑的所有者或者使用者……除为了公共利益的需要外，地方各级人民政府不得决定拆除（第24条第二款）；超市、商场、集贸市场等商品零售场所不得销售、无偿或者变相无偿提供不可降解的塑料购物袋（第26条第二款）；禁止将餐厨废弃物再利用为食品或者食品原料（第36条第二款）

3. 地方立法中法律规范的法律后果要素阐释情形

《循环经济促进法》规定了行政责任、刑事责任。其中行政责任包括对国家工作人员的行政处分（对直接负责的主管人员和其他直接责任人员依法给予处分）以及国家赔偿责任、对企业以及社会组织的行政处罚（包括责令停业或者关闭、吊销营业执照）；对构成犯罪的，依法追究刑事责任。

《大连市循环经济促进条例》中的法律后果，只在总则部分的第7条第一款规定行政奖励："对在发展循环经济工作中做出突出贡献的单位和个人，由市或者区（市）县人民政府给予表彰和奖励。"第二款规定了行政处分："市人民政府有关部门和区（市）县人民政府不履行本条例规定职责的，依法对直接负责的主管人员和其他直接责任人员给予处分。"《山西省循环经济促进

条例》第41条规定了行政奖励："县级以上人民政府及其有关部门对在循环经济管理、科学技术研究、产品开发、示范和推广工作中做出突出成绩的单位和个人给予表彰和奖励。企业事业单位应当对本单位在循环经济发展中做出突出贡献的集体和个人给予表彰和奖励。"专设了法律责任一章，即从第41条至第47条，包括行政处罚和行政处分，以及刑事责任。《江苏省循环经济促进条例》也是专设了法律责任一章，即从第53条至第61条，包括行政处罚和行政处分，以及刑事责任。

综上所述，《山西省循环经济促进条例》和《江苏省循环经济促进条例》充分运用了法律后果要素。相比之下，《大连市循环经济促进条例》中的法律后果规定得较简单。

三、地方立法要素逻辑构成的内在要求和具体规则

（一）地方立法对概念和原则的内在要求

上述三部循环经济地方立法反映了我国地方立法的普遍情形：一是将上位中央立法的原则和概念重述，作为地方立法中的法条；二是将上位中央立法概念和原则在地方立法的法条中进一步落实性地阐释；三是在地方性立法的法条中不再阐述概念和原则。以上三种做法，反映了地方立法对于法的原则和概念的随意性，其理由应该是在法条中已明确表示该地方立法是依据××法或××法规，如《大连市循环经济促进条例》第1条规定"……根据《中华人民共和国循环经济促进法》，结合本市实际，制定本条例。"《山西省循环经济促进条例》第1条规定"……根据《中华人民共和国循环经济促进法》等法律、法规，结合本省实际，制定本条例。"《江苏省循环经济促进条例》第1条规定"……根据《中华人民共和国循环经济促进法》和相关法律、行政法规，结合本省实际，制定本条例。"上述三部循环经济地方立法均是在第1条立法宗旨中阐述了以上位中央立法为立法依据，这也是地方立法的惯例做法，意味着上位法的概念和原则自然就是地方立法的概念和原则。由此，地方立法对法的原则的阐述有无均可。学界对这样的做法持赞同的态度。本文不赞同上述做法，主张概念和原则是地方立法不可或缺的要素，在地方立法中应做精准的阐述。理由如下：第一，概念和原则是地方立法不可或缺的构成要素。从规范主义出发，认为立法是要式行为，法的要素是法的构成范式，地方立法必须注重法的要素及其逻辑的构成。从地方立法具有法的属性来看，

地方性法规和地方政府规章是独立的规范性法律文件，原则和概念作为法的要素，不仅是中央立法的要素，也应该是地方立法的要素，这是学界和立法实务中不争的事实。第二，概念和原则具有的方法论的价值。概念和原则既具有本体论意义，也具有最基本的方法论意义。即概念和原则在立法、执法和司法中具有方法论的价值。"法律概念是有法律意义的概念，是认识法律与表达法律的认识之网上的纽结，即对各种有关法律的事物、状态、行为进行概括而形成的法律术语。"❶法律概念是组成法律规范（法律规则）和法律制度的语言材料，也是组成法律原则的语言材料。基本原则是贯穿于整个立法，体现立法目的，反映立法的性质、基本特征，对立法、守法、执法、法律监督等各个环节具有普遍指导作用。因此，地方立法应该重视法的概念和原则，即使是与中央立法重复，也应该重述之。

（二）地方立法的法律规范的三个要素

1. 地方立法的法律规范假定部分必须明确

法律规范的假定是法律规范适用的基础，没有明确的假定部分，会造成适用上的混乱。地方立法的法律规范的假定部分体现在法律效力的规定上。法律效力也就是立法适用的范围效力。法律效力包括地域效力、时间效力、对事的效力和对人的效力。

（1）地方立法必须明确规定适用的地域范围

地方立法的适用的地域范围也即地域效力。比照中央立法的做法，一般在总则中明确规定。但是地方立法中，一是有的在总则中规定明确，如《大连市循环经济促进条例》总则中规定的"大连市行政区域内循环经济发展工作，适用本条例。"二是有的没有明确的规定，如《江苏省循环经济促进条例》和《山西省循环经济促进条例》都没有适用范围的规定。

（2）地方立法必须明确规定适用的时间效力

时间效力是指立法生效和失效的时间。如果是初次立法就没有失效的时间。与中央立法一样，地方立法都在附则中规定时间效力。如《大连市循环经济促进条例》规定："本条例自 2010 年 10 月 1 日起施行。"一般立法不能立刻生效，特殊情况下可以公布后立刻生效，如 2002 年 1 月 1 日起施行的《规章制定程序条例》第 32 条规定："规章应当自公布之日起 30 日后施行；

---

❶ 张文显. 法理学 [M]. 北京：高等教育出版社，2007：114.

但是，涉及国家安全、外汇汇率、货币政策的确定以及公布后不立即施行将有碍规章施行的，可以自公布之日起施行。"有的地方立法得批准后生效，如设区的市法规和政府规章要依法需要批准后生效。需要强调的是，地方性法规和地方政府规章依法都有备案制度，虽然备案与生效程序的关系没有明文立法规定，但是备案总是在生效前，一般都是立法公布30日后生效，立法公布后30日内备案。

（3）地方立法必须明确规定对事的效力

地方立法中事的效力是指地方性事务，地方立法对事的效力是指立法权限范围内的地方性事务。根据《立法法》第72条规定地方性法规的权限，第一款规定省、自治区、直辖市的人民代表大会及其常务委员会根据"本行政区域的具体情况和实际需要"，……可以制定地方性法规。第二款规定设区的市的人民代表大会及其常务委员会根据"本市的具体情况和实际需要……可以对城乡建设与管理、环境保护、历史文化保护等方面的事项"制定地方性法规……根据《立法法》第82条第二款规定地方政府规章可以就"本行政区域的具体行政管理事项"做出规定。循环经济地方立法应该针对地方循环经济的"具体情况"和"实际需要"确定"立法的事项"。而不是将《循环经济促进法》的条文抄袭，简单地重复中央立法的法条规定，是转变成地方性落实条款。这样有两种情形：一是落实中央立法的事项；二是在落实中央立法的前提下，具体针对地方性事项。后者是地方立法的重点，如果地方立法没有后者或者很少，这部地方立法没有存在的必要，一定意义上是浪费地方资源。

（4）地方立法必须明确规定适用的主体

适用的主体也即对人的效力规定，是指立法中权力（权利）和义务以及法律后果的承载者，因此在立法中的主体属于假定部分。如"市及区（市）县人民政府应当……"，"企业应当依照……"，"单位和个人应当配合回收废物……"。上述的市及区（市）县人民政府、企业、单位和个人，都是适用主体。在规定主体时要考虑到：一是宪法主体可分为一般宪法主体和特殊宪法主体；二是权力（权利）的性质，是私权利还是公权力，决定了权力主体的不同类型；三是权力（权利）的主体还是义务的主体；四是自然人、法人，或者其他组织的国籍，不能笼统地规定"个人"，要注意使用"公民"和"自然人"的区别。另外，在立法技术上要注意明确化：一是一些政治性语言禁止使用，如"人民群众""敌人"和"切身利益"等，不要使用；二是指代不明的文字不能使用，如"行政主管部门"，应在前面指明代表的级别，比如"县级以上政府"，如果指出具体哪级政府最好。《山西省循环经济促进条例》规定"县级以上人民政府发展和改革部门是本行政区域内发展循环经济的行政主管部门。"《江苏省循环经济促进条例》规定"县级以上地方人民政府发展和改革部门是发展循环经济的综合管理部门。"《大连市循环经济促进条例》规定"市及区（市）县人民政府循环经济发展综合管理部门负责组织协调、监督管理本行政区域的循环经济发展工作"。

综上所述，法律规范只有明确的假定部分，才能明确法律规范适用的条件和情况，当然不是所有的假定部分都需要明确，地方立法已经形成的习惯，而又不影响适用的可以不规定，如民法中关于行为能力的规定，地方立法可以省略，等等。

2. 地方立法的行为模式必须具体

地方立法规范的处理部分是法条适用的前提，要求地方立法必须以文字的形式直接表述。法律规范的处理部分主要有三种行为模式，一般是允许做什么即为授权性模式，应该做什么即为义务性模式，禁止或不得做什么即为禁止性模式，在地方立法中，上述三个行为模式不仅要明确反映地方立法的目的，而且要做到与中央立法的衔接。

（1）授权性行为模式

授权性行为模式包括对行政主体的授予权力的行为模式和对私权主体的权利模式两种。被授权主体的不同，地方立法规则也不同：第一，地方立法中对行政主体的授权性行为模式的规定应注意：一是法律、行政法规中的授权性规范，落实到地方立法中，变成义务性规范（这点在下文义务性行为模式阐述）。二是地方立法设定行为模式要遵守立法的权限。如《行政处罚法》第11条第一款规定"地方性法规可以设定除限制人身自由、吊销企业营业执照以外的行政处罚。"第13条第二款规定"尚未制定法律、法规的，前款规定的人民政府制定的规章对违反行政管理秩序的行为，可以设定警告或者一定数量罚款的行政处罚。罚款的限额由省、自治区、直辖市人民代表大会常务委员会规定。"上述法条是地方性法规和地方政府规章设定，关于地方政府行政处罚权的授权性行为模式的要求。同时，我国《行政许可法》也有相关规定。三是地方立法细化授权性行为模式要遵守上位法的规定。如《行政处罚法》第11条第二款规定："法律、行政法规对违法行为已经作出行政处罚规定，地方性法规需要做出具体规定的，必须在法律、行政法规规定的给予行政处罚的行为、种类和幅度的范围内规定。"第13条第一款规定："省、自治区、直辖市人民政府和省、自治区人民政府所在地的市人民政府以及经国务院批准的较大的市人民政府制定的规章可以在法律、法规规定的给予行政处罚的行为、种类和幅度的范围内做出具体规定。"同时，我国《行政许可法》也有相关规定。第二，地方立法对法律、行政法规规定的授权性行为，如对个人、法人或其他组织的可以做什么的授权，也即选择性行为模式，应该制定保护性规范。

（2）义务性行为模式

这是要求行为主体应当做什么的行为模式。由于主体的不同，可分为行政主体的义务型模式和私权主体的义务性模式，前者主体主要指行政主体，即行政机关和授权主体，后者主体指个人、法人和其他组织。第一，地方立法的行政主体的义务型模式与中央立法规范的关系，一般有两种情况，一是根据地方立法与中央立法不抵触原则，法律、行政法规中要求地方政府必须履行的义务，即中央立法中要求地方政府应当……地方立法不能变成可以……地方立法不能把中央立法的义务性规范变成选择性规范。二是在《宪法》第101条规定的地方政府权限范围内，法律、行政法规中对地方行政主体的职权性的命令性规范，在地方立法中应该以义务性规范出现。地方立法应将职权性命令落实到具体的政府和具体的工作部门，如《循环经济促进法》第5条规定："县级以上地方人民政府循环经济发展综合管理部门负责……有关循环经济的监督管理工作。"《大连市循环经济促进条例》第5条也规定："市及区（市）县人民政府循环经济发展综合管理部门负责组织协调、监督管理本行政区域的循环经济发展工作；市及区（市）县人民政府有关主管部门按照各自职责负责有关循环经济的监督管理工作。"《大连市循环经济促进条例》将《循环经济促进法》中的"县级以上地方人民政府"落实为"市及区（市）县人民政府"，《江苏省循环经济促进条例》将"有关主管部门"落实为"发展和改革部门会同相关部门"。第二，地方立法中的私权主体的义务性模式，法律、行政法规要求个人、法人以及其他组织应当做什么，是私权主体必须履行的义务，地方立法不能变成可以做什么的选择性规定。

有时，地方立法采用授权性规范，同时又采用设定义务规范，即明确可以做什么同时又必须做什么或者该规范既是权利规范又是义务规范，这种情况下要求对义务规范必须明确规定。

(3) 禁止性行为模式

禁止性规范的行为也是义务性规范，表现为不得或禁止作为。禁止性规范的行为模式是不可为的否定式义务性规范。首先，法律、行政法规中已设定的禁止性行为应视为地方立法的禁止性规范，并结合地方的具体情况进行细化。其次，地方立法对法律、行政法规的禁止性规范要依法创设。如《行政许可法》第15条第二款"地方性法规和省、自治区、直辖市人民政府规章……其设定的行政许可，不得限制其他地区的个人或者企业到本地区从事生产经营和提供服务，不得限制其他地区的商品进入本地区市场。"

3. 地方立法的法律责任部分必须具体

在地方立法中，法律规范的构成要素集中体现在行文模式与法律责任之间的相互关系上，法律权力和法律义务构成了法律规范的核心内容❶。权利义务性的行为模式规定是法律责任的前提，法律责任是违背了权利义务行为模式的一种法定后果。由此，法律责任部分是对主体违反义务性和禁止性的行为模式的一种否定性评价，是违反第一种法定义务的谴责，是为了纠正违法行为而赋予的第二种强制性义务，以使中央和地方立法得以贯彻。因此，法律责任部分包括民事责任、行政责任和刑事责任。依据《立法法》关于地方立法权限的规定，其中民事责任是指在私权领域，即个人、法人或者其他组织违反法定义务，侵犯了其他平等主体的合法权益，承担民事责任，地方立法没有创设权；刑事责任是指构成犯罪的刑罚，地方立法没有创设权。因此，地方立法关于民事责任和刑事责任规范中的假定部分予以提及，以明示民事责任和刑事责任的存在，达到惩戒的目的。如《江苏省循环经济促进条例》第53条规定："违反本条例规定的违法行为，有关法律、法规已有处罚规定的，按照其规定进行处罚；情节严重构成犯罪的，依法追究刑事责任。"《山西省循环经济促进条例》第47条规定："国家工作人员在循环经济管理工作中，滥用职权、玩忽职守、徇私舞弊的，依法给予处分；构成犯罪的，依法追究刑事责任。"另外，有些行政处罚规范已经由其他上位法做出了规定，地方立法做出从其规定的明示，如《山西省循环经济促进条例》第46条规定："违反本条例规定，将餐厨废弃物产生的再生油用于食品加工的，按照《中华人民共和国食品安全法》第85条的规定予以处罚。"

---

❶ 孙恒山. 论地方性法规规范逻辑构成及要素之间的相互关系 [J]. 理论探讨, 1998 (3).

(1) 地方立法的行政处罚责任规范的具体要求与规则

第一，依法行使地方立法行使行政处罚的设定权。我国《行政处罚法》明确规定行政处罚的设定与实施要遵守法定的原则，依据《行政处罚法》的规定，地方性法规和地方政府规章享有一定的行政处罚的设定权。其中地方性法规可以设定限制人身自由、吊销企业营业许可以外的行政处罚；地方政府规章可以设定一定数额罚款和警告的行政处罚。同时，《行政处罚法》规定了设定罚款的幅度。第13条第二款"人民政府制定的规章……罚款的限额由省、自治区、直辖市人民代表大会常务委员会规定。"第二，依法行使地方立法的一定的规定权。《行政处罚法》第11条第二款规定："法律、行政法规对违法行为已经作出行政处罚规定，地方性法规需要做出具体规定的，必须在法律、行政法规规定的给予行政处罚的行为、种类和幅度的范围内规定。"第13条第一款规定："省、自治区、直辖市人民政府和省、自治区人民政府所在地的市人民政府以及经国务院批准的较大的市人民政府制定的规章可以在法律、法规规定的给予行政处罚的行为、种类和幅度的范围内做出具体规定。"第三，设定违法行为的事实、性质、情节以及社会危害程度相当。依据合理处罚的原则，一方面要求违法的行为与法律责任相适应的原则设定处罚种类，处罚幅度不宜过大，避免显失公平。另一方面必要时应明确规定违法主体的心理状态，如"故意""过失""明知"，不同的心理状态应构成不同的行政处罚，特别是治安管理处罚涉及心理状态的考虑。同时，《行政处罚法》也规定处罚的情节与相应法律后果的规定，如"违法行为轻微""没有造成危害后果"与"从轻或者减轻行政处罚或者不予行政处罚"。

(2) 地方立法的行政处分责任规范的具体要求与规则

地方立法主要规定行政责任部分，不仅包括个人、法人或其他组织的行政处罚，还包括国家工作人员的行政处分。按照《公务员法》的具体要求公务员承担行政法律责任是指行政处分，第55条规定："公务员因违法违纪应当承担纪律责任的，依照本法给予处分；违纪行为情节轻微，经批评教育后改正的，可以免予处分。"第56条规定的行政处分为："警告、记过、记大过、降级、撤职、开除。"《循环经济促进法》第六章法律责任中第49条规定："县级以上人民政府循环经济发展综合管理部门或者其他有关主管部门发现违反本法的行为或者接到对违法行为的举报后不予查处，或者有其他不依法履行监督管理职责行为的，由本级人民政府或者上一级人民政府有关主管部门责令改正，对直接负责的主管人员和其他直接责任人员依法给予处分。"

表 2-4 中是对大连、山西省和江苏省循环经济地方立法行政处分规定的比照，三部地方立法都有行政处分的规定。其中，《大连市循环经济促进条例》规定，对不履行法定职责的给予行政处分；《山西省循环经济促进条例》规定，对不构成渎职罪的部分职务违法给予行政处分；《江苏省循环经济促进条例》规定，对不依法履行职责的行为给予行政处分。由此，循环经济地方立法具有以下不足：第一，行政处分的规定太少。依据权责统一的原则，行政机关或者法律、法规、规章授权的组织，享有管理监督的职权就应承担法律责任，与中央立法一样，地方立法国家公务员的行政责任与行政职责相比远远不够。从表 2-4 中看，中央立法和地方立法都有一个条款。第二，行政处分的规范不具有可操作性。地方立法的任务之一是制定执行性规范，从中央到地方的循环经济立法，只是概括规定了行政处分，到底适用哪种处分，是警告还是记过、记大过、降级、撤职、开除，没有详细规定。而这六种处分的结果对于公务员个人来说，轻到只是精神上的申诫，重到失去公职，给实际操作留下不合理地裁量空间。在地方立法行政处分规范中，一方面增加行政责任条款，另一方面应当细化行政处分的种类。

表 2-4　大连市、山西省和江苏省循环经济地方立法行政处分规定

《大连市循环经济促进条例》	第 7 条第二款规定："市人民政府有关部门和区（市）县人民政府不履行本条例规定职责的，依法对直接负责的主管人员和其他直接责任人员给予处分"
《山西省循环经济促进条例》	第七章法律责任中第 47 条规定"国家工作人员在循环经济管理工作中，滥用职权、玩忽职守、徇私舞弊的，依法给予处分"
《江苏省循环经济促进条例》	第六章法律责任中第 54 条规定：县级以上地方人民政府有关主管部门及其工作人员违反本条例规定，有下列行为之一的，由本级人民政府或者上一级人民政府有关主管部门责令限期改正，对直接负责的主管人员和其他直接责任人员，由任免机关或者监察机关依法给予处分：（一）发现违反本条例的行为或者接到对违法行为的举报后不予查处的；（二）违法审批、核准项目的；（三）其他不依法履行职责的行为

结　语

法的要素理论经过一个争论的过程，本文采纳了三要素说，即法的要素包括法的规范、原则和概念。法律规范的要素包括假定、处理和法律后果。无论是法的要素,还是法律规范要素之间存在着内在的逻辑关系和应有的规则。《循环经济促进法》作为中央立法,其三要素的逻辑构成包括循环经济法律原则、循环经济法律规则和循环经济法律概念。地方循环经济立法也是独立的立法,也由法的要素和法律规范要素构成。

地方立法应该遵守《立法法》的法制统一的原则和地方立法的独立性原则,地方立法应该重视法的概念和原则,即使是与中央立法重复,也应该重述之。地方立法规范要符合法理规范构成的内在要求和规则:地方立法的法律规范假定部分必须明确、地方立法的处理部分必须具体和地方立法的法律责任必须具体。

但是,地方立法质量需要多种立法技术的科学合理运用,本文只从法的要素和法律规范的逻辑构成规则研究,对于提高立法质量来说显然不够,还要注重立法的结构的科学性、立法的内容的必要性和可行性(特别是完善的立法制度)。另外,因篇幅和能力所限,本文对法的要素研究和法律规范要素的研究也存在一定的缺陷:第一,法的原则要素应该分为基本原则和一般原则,应该分别研究;法的三个要素之间存在内在的逻辑,本文却忽略研究,而只注重三要素的构成。第二,法律规范三要素的明确具体化还需要更多立法技术的运用。

■ 参考文献

[1] [英] A. J. M. 米尔恩. 人的权利与人的多样性 [M]. 夏勇,张志铭. 北京:中国大百科全书出版社,1995.

[2] [德] 米歇尔·鲍曼. 道德的市场 [M]. 肖君,黄承业. 北京:中国社会科学出版社,2003.

[3] [奥] 凯尔森. 法与国家的一般理论 [M]. 沈宗灵. 北京:中国大百科全书出版社,1996.

[4] [奥] 维特根斯坦. 逻辑哲学论 [M]. 贺绍甲,译. 北京:商务印书馆,1996.

[5] 孙国华. 法理学教程 [M]. 北京:中国人民大学出版社,1994.

[6] 蔡守秋. 循环经济法的原则和制度美中法律评论 [M]. 北京:人民出版社,2006.

[7] 吴神保. 循环经济建设初探 [M]. 北京:中国环境科学出版社,2005.

[8] 韩德培．环境保护法教程 [M]．北京：法律出版社，2007 (5)．

[9] 周占生．关于法律规范结构——对一种传统陈述方式的检视〔J〕．浙江社会科学，2004 (3)．

[10] 李红，韩东晖．究竟什么是"不可说"的 [J]．哲学研究，2005 (8)．

[11] 韩立收．对法律规范结构的再认识 [J]．辽宁公安司法干部管理学院学报，2003 (1)．

[12] 王灿发，李俊红．我国循环经济立法现状及相关问题探讨 [J]．中国发展观察，2007 (8)．

[13] 孙佑海．循环经济法的基本框架和主要制度论纲 [J]．法商研究，2007 (3)．

[14] 彭升．"两型社会"视角下的武汉循环经济发展对策研究 [J]．企业导报，2009 (8)．

[15] 李冰强．循环经济发展中的公众参与，问题与思考 [J]．中国行政管理，2008 (12)．

[16] 徐伟敏．循环经济促进法律责任研究 [J]．中国人口资源与环境，2008 (6)．

第三章 地方立法后评估指标体系的论证与设计[1]

> **本章摘要**：地方立法是国家立法的重要组成部分。我国地方立法尚不完善，不断提高地方立法质量是推进地方治理法治化的客观要求，地方立法评估是提高地方立法质量的重要途径。本文以良法善治为价值导向，探讨建立符合地方法治化要求的立法后评估指标体系。立法后评估指标是指评估什么的问题，评估什么是由立法评估的标准决定的，良法是地方立法后评估的唯一标准。判断良法的标准包括实体标准和形式标准，本文从这两个标准入手，确定评估的指标；以"数量法学"的角度，以及法律与社会两大维度，建构了地方立法后评估指标的评分体系。
>
> **关键词**：地方立法；立法后评估；指标与评分体系

引 言

我国三十多年的法治建设形成了数量庞大的地方法律规范体系。据粗略统计目前有8700多个地方性法规，20000多个地方政府规章。在运行过程中，有些良善度不够的法律规范的弊端就逐渐显露出来，在某种程度上成了制约法治建设发展的障碍，这就需要不断对法律规范体系进行完善，通过"修旧法""立新法"等形式应对新情况、适应新环境。法治评估肇始于20世纪60

---

[1] 辽宁省人大理论研究课题（LNRDYJ201657）研究成果。

年代西方发达国家的社会指标运动。❶ 西方法治评估的影响是我国地方法治评估兴起的重要因素,对地方法治而言,评估就是推进地方法治建设的直观化、可视化和数字化。

地方立法是相对于中央立法来说的,是指地方性法规和地方政府规章。地方立法评估分为地方立法后评估与立法前评估,二者是既有区别又有联系。学界关于立法评估的内涵有不同认识。有的认为以立法过程为参照点,立法评价(估)包括了立法过程前评估(可称之立法前评估)、立法过程评估以及立法后评估。❷ 有的认为立法评估包括立法前评估(也称前瞻性评估)与立法后评估(也称回溯性评估)。❸ 有的认为,广义上的立法评估包括立法前评估、立法中评估、立法后评估,其含义与立法预测接近。狭义上的立法评估仅指立法后评估制度。❹ 即立法评估等同于立法后评估。综上可知,普遍认为立法后评估是立法评估的题中之义,本文赞同立法后评估是立法评估的最后阶段,因此,立法后评估是立法质量的最关键的一环。

立法后评估与立法前评估是分不开的,特别是立法后评估关于立法必要性的标准,以立法前评估为依据。立法前评估与立法后评估的其他相同之处表现为:都是围绕立法目的对立法情况进行的评估;评估的内容都涉及合法性、合理性、实效性等内容;评估方法上都可采用成本效益分析、价值分析等方法。在对修订的法规进行立法前评估时,可以参考、采纳立法后评估的结论,避免评估资源的浪费。二者的不同之处主要有:启动的时间不同,立法前评估是在立法出台之前进行的评估;立法后评估是法规颁布实施一段时间后对法规进行的评估。评估的主导者在评估中的作用不同,立法前评估与立法后评估启动和实施的主导机关都是立法机关,在立法前评估中立法机关往往不直接掌握立法内容的相关工作情况,其具体实施要靠法规案的提案主体、政府相关部门或者有关组织,而且法规案的提案主体更清楚草案的内容、

---

❶ 该运动反映单纯的经济指标不能全面反映社会发展状况,提倡建立多样化的社会指标,以有效监测、评价社会发展和社会状况,衡量社会发展水平,为解决现代化过程中出现的各种社会问题提供依据,并提高人们的生活质量。自此,贫富指数、幸福指数、民主指数、安全指数等在西方国家逐渐盛行。法治评估在这一潮流中逐渐被纳入社会指数,成为其重要组成部分,以确定宏观法治发展方向,调整微观法治发展对策。西方的法治评估包括体制内评估与体制化评估两种:前者主要通过立法对国家和地方法治绩效进行评估,后者主要是一些非政府组织所建立的法治评估,如"世界正义工程""清廉国际"及"世界银行"等机构建立的法治评估指数。

❷ 汪全胜. 立法后评估概念阐释 [J]. 重庆工学院学报(社会科学版),2008(6).

❸ 张潇. 关于重庆"立法回避制度"的案例分析 [D]. 兰州:兰州大学,2010.

❹ 杨道现. 行政立法预测机制研究 [D]. 重庆:重庆大学,2009.

想要解决的问题和达到的目的；立法后评估中，立法机关更清楚立法的初衷和目的，更能准确地对法规的目的性进行评价。评估的侧重点不同，立法前评估侧重于对法规草案可行性、必要性等的预测，评估法规草案中的制度设置能否实现立法目的，是对法规实施效果的预测；立法后评估侧重于对法规实施情况的评价及存在问题的分析，评估立法是否按立法初衷运行并发挥作用，是否充分实现立法目的。

地方立法后评估指标体系是地方立法制度的一个方面。地方立法后评估制度是一个系统工程，这项工程的实现需在评估程序、内容形式、方式方法、评估主体、指标体系及其理论研究等方面进行一体化探究，这是学术界。实践中地方立法后评估还未形成一套完整、系统、科学、规范的制度，更缺乏长效机制。本文仅对地方立法后评估指标体系进行研究，且因篇幅所限只研究地方立法后评估一般的指标体系，因为实践中不同地区地方立法有不同的目的和地方性立法事项，分别建构了仅适用本地方立法后评估的指标体系，本文只对普遍性的指标体系进行探讨。试图通过构建一般的指标体系，为不同地方的具体立法后评估提供参考。

一、建立地方立法后评估指标体系的必要性

法治评估机制的建设在某种程度上决定着地方法治建设乃至法治中国建设的未来走向。[1] 特别是，立法后评估为修改和完善地方立法提供全面的立法现状的信息，使地方立法质量有据可查。

（一）是中央文件和立法法修改的要求

党的十八届三中全会通过的《中共中央关于全面深化改革若干重大问题的决定》指出"完善中国特色社会主义法律体系，健全立法起草、论证、协调、审议机制，提高立法质量，防止地方保护和部门利益法制化。"党的十八届四中全会通过的《中共中央关于全面推进依法治国若干重大问题的决定》又强调"发挥立法的引领和推动作用，抓住提高立法质量这个关键。"可见党中央把立法质量作为一项重要的立法事项来抓。

张德江委员长 2013 年 10 月 30 日在全国立法工作会议上的讲话中提出，

---

[1] 付子堂，张善根. 地方法治建设及其评估机制探析 [M]. 北京：中国社会科学出版社，2014：11.

立法的质量直接关系到法治的质量，要始终把提高立法质量作为加强和改进立法工作的重点，努力使制定出的法律规范立得住、行得通、能管用。2015年修正后的《立法法》增加法律案通过前评估、法律清理、制定配套法规、立法后评估等手段对立法质量予以充分保障。

(二) 是地方立法制度的一部分

我国2015年修正后的《立法法》侧重关注地方立法的授权，包括立法事项、批准和监督程序，忽略了地方立法的评估。但是，我国行政立法并不缺少地方立法评估制度的规定。以行政行为立法为例，除了1997年施行的《行政处罚法》，由于立法较早，缺乏立法评估的制度规定，《行政许可法》和《行政强制法》都有立法评价制度，体现了行政法对立法后的评估的重视，如《行政许可法》第20条规定"行政许可的设定机关应当定期对其设定的行政许可进行评价；对已设定的行政许可，认为通过本法第13条所列方式能够解决的，应当对设定该行政许可的规定及时予以修改或者废止"。《行政强制法》第15条规定"行政强制的设定机关应当定期对其设定的行政强制进行评价，并对不适当的行政强制及时予以修改或者废止"。因此，上述两部立法都涉及地方立法后的评估，其中地方人大及其常委会制定地方性法规和省级地方政府规章都有权创设部分的行政许可，同时也是立法评估的主体，有责任开展自己立法的评估工作；地方性法规有权设定部分的行政强制措施，有责任开展自己立法的评估工作。因此，地方立法应开展评估工作，特别是"通过后评估，不断推动地方立法克服成文法所带来的先天的缺陷和后天的迟滞，审视既有立法是否已落后于社会经济发展的实际需要，及时发现迟滞、通过修订克服迟滞"。

(三) 地方立法后评估缺乏实质正义的评估标准

地方政府规章的立法后评估是跟随着国务院评估行政法规而启动的。2006年国务院法制办启动《信访条例》《艾滋病防治条例》《蓄滞洪区运用补偿暂行办法》《个人存款账户实名制规定》《劳动保障监察条例》和《特种设备安全监察条例》6个行政法规的立法后评估工作，接着河北省、安徽省、济南市、长沙市等地方政府机关也启动了地方政府规章的立法后评估活动，至今地方政府规章的立法后评估工作逐步推进。在立法后评估中，上海做了卓有成效的探索。2005年，上海首次以立法个案对地方立法进行评估。[1] 2007年，上海市人大开发建立系统的立法后评估体系，对上海现行有效的142件地方性法规进行全面和系统评估。[2] 在这一时期，很多地方开始探索地方立法后评估。近年来，不断成熟的立法后评估机制逐渐受到国家层面的重视，国家已开展立法后评估试点，建立起立法后评估工作机制。[3] 对于地方立法的整体评估，江苏省、上海市、北京市、深圳市、湖南省、重庆市等地在逐步开展，但系统化和科学化的评估体系还有待进一步探索，其是否能在国家层面得以确认则有待进一步论证。

综观我国地方立法的评估实践，学界认为我国地方立法后评估存在的主要问题，一是立法评估过于形式化，缺乏内容上实质正义的关怀。一些地方在立法指标和工作量的引导下，对评估内容会有倾向性选择，主要急于促进立法的形式建设，而忽视立法的实质和内核，对立法本身所包含的价值缺乏关注度。有学者对香港和内地立法指数进行比较，发现香港侧重于实质正义，而内地的立法量化考核则侧重于形式正义。[4] 形式正义在西方语境中主要强调的是程序正义，而当前在地方法治建设的评估中，还主要不是程序正义，而只是象征法治或者说是法治的基础建设。象征法治或法治的基础建设是中国后发型法治建设的阶段性特征，由外而内、由法治的基础建设到法治的秩序建设是中国法治发展的基本途径。[5] 但作为立法建设的评估而言，则应自内向外进行整体评测，做到评估立法的形式和内容的统一。二是地方立法评估基于考核的局限，甚至等同于立法机关的考核。在过于形式化的同时，把评估的内容放在各个部门的具体工作上，无法与经济、社会环境相关联。由此，我国立法后评估急需建立一个科学立法评估的指标体系。

---

[1] 人民日报，2005年8月17日（10）.

[2] 沈国明，吴建三，吴天昊，等．在规则与现实之间：上海市地方立法后评估报告［M］．上海：上海人民出版社，2009：78.

[3] 2013年3月8日，十一届全国人大常委会委员长吴邦国在十二届全国人大一次会议上所作的《全国人大常委会工作报告》中，对立法后评估工作的常规化和制度化作了重要阐释．

[4] 朱未易．地方法治建设绩效测评体系构建的实践性探索——以余杭、成都和香港等地区法治建设为例的分析［J］．政治与法律，2001（1）.

[5] 西方法治的评估框架可抽象为两个基本方面：法律的秩序和法律的基础建设．法律的基础建设包括法治的制度建设、机构建设等．

二、地方立法评估指标的确定

亚里士多德认为，良法是法治的首要要求，因此，良法是立法评估的唯一标准。关于良法标准问题，学界们早有阐述。李步云教授认为，良法包括"真、善、美"三个标准。❶ 也就是说良法的标准包括实质标准（价值标准）、形式标准以及技术标准等。也有学者认为良法的基本标准包括四个方面的内容：价值合理性是良法的核心要素，规范合理性是良法的形式表征，体制合理性是良法的实体要件，程序合理性是良法的运行保障。❷ 并且"价值合理性是良法的核心要素……法律价值之为良法的核心基点，首先是因为平等、自由、民主、人权等法律价值，是现代法制产生和发展的前提。"❸ 因此，一般而言，良法指的是法律的"良"，良法的标准取决于所追求的立法价值的实现程度。

法律价值是良法的核心和基点。但是这不是良法唯一要求，对于地方立法来说，还有遵守《立法法》的基本原则，即坚持从实际出发的指导思想、立法应当依照法定的权限和程序进行、立法公开、适应经济社会发展和全面深化改革的要求，以及"法律规范应当明确、具体，具有针对性和可执行性"等原则。因此，地方立法的"良法"标准不同于中央立法，有自身特有的"良"法标准。❹

地方立法的有效性是立法后评估的主要内容，地方立法的有效性"乃是一个植根于法律过程之中的问题"❺，它决定了法律的本质和作用。博登海默认为"法律旨在创设一种正义的社会秩序（just social order）"❻，因而他认为法律是"法律—秩序与正义的综合体"。以立法的有效性为标准，将立法后评估的标准分为实体上和形式上两个标准。本文又将实体标准分为立法的必要性、合法性、合理性和实效性，形式上的标准分为协调性、程序性、可操作

---

❶ 李步云，赵迅. 什么是良法 [J]. 法学研究, 2005 (6).
❷ 李龙. 良法论 [M]. 武汉：武汉大学出版社, 2001：71.
❸ 李龙. 良法论 [M]. 武汉：武汉大学出版社, 2001：72.
❹ 周伟. 未成年人地方立法良法标准实证研究 [J]. 法学论坛, 2014 (5).
❺ [美] E. 博登海默. 法理学——法律哲学与法律方法 [M]. 邓正来, 译. 北京：中国政法大学出版社, 1999：332.
❻ [美] E. 博登海默. 法理学——法律哲学与法律方法 [M]. 邓正来, 译. 北京：中国政法大学出版社, 1999：318.

性、地方性和技术性。两种标准缺一不可：第一，立法符合实体和形式上的标准，立法有效。即一项法律规范在法律适用中实现立法目的，就视为实现了应有的效力，在司法实践中被合法、合理地适用，人们通过遵守该法律规范而产生一种积极的法律后果。该法律规范是有效的。第二，立法形式上有效，实体上未必有效。即一项立法在形式上已经通过并颁行，符合立法形式上的效力，但是，由于这样一项立法在实体上是非正义的、不是最终为导致或创造社会良好秩序的法律，比如是违背了立法原则或者超越了立法权限的法律，也就是说"当一条规则或一套规则的实效因道德上的抵制而受到威胁时，它的有效性就可能变成一个毫无意义的外壳。只有用服从正义的基本要求来补充法律安排的形式程序，才能使这个法律制度免于全部或部分崩溃"。❶ 因而，一项空徒形式有效性的法律规范，有可能会不被适用、实施或遵守，从而使之无效或失效。因此，有效的法律规范是实体上和形式上的结合。

（一）地方立法的良法实体标准的指标确定和论证

以地方政府规章为例进行研究，具有直观可见性，以下每个评估标准都是先论证地方政府规章的评估标准，然后概括地方立法后评估的一般标准。

1. 必要性标准的确定

地方立法对经济社会发展的推动和引领作用有足够空间。新的地方法律法规应与地方的发展战略相适应，而不能简单地为了立法而立法，否则这样的法律规范也只是形同虚设，毫无价值。对于地方而言，立法工作可以说是地方区域经济发展的护航编队，政策引导下的地方区域发展固然重要，但对于改革中出现的疑难点、深水区的问题，是不能蛮干解决的，最理想的途径是通过地方立法以保障本地区经济与社会的发展。这是由立法的功能决定的。我国行政立法对立法评估的必要性标准有相关规定，如《行政许可法》第21条规定"省、自治区、直辖市人民政府对行政法规设定的有关经济事务的行政许可，根据本行政区域经济和社会发展情况，认为通过本法第13条所列方式能够解决的，报国务院批准后，可以在本行政区域内停止实施该行政许可。"《行政强制法》第14条规定："……起草单位应当采取听证会、论证会等形式听取意见，并向制定机关说明设定该行政强制的必要性"。第15条第

---

❶ [美] E. 博登海默. 法理学——法律哲学与法律方法 [M]. 邓正来，译. 北京：中国政法大学出版社，1999：340.

二款规定:"行政强制的实施机关可以对已设定的行政强制的实施情况及存在的必要性适时进行评价,并将意见报告该行政强制的设定机关。"可见,地方立法的必要性标准是有法可依的,必要性标准离不开地方的经济、社会和环境保护的内容。由此,地方立法的必要性标准应该包括:

①经济发展标准。该标准主要从地方立法的经济影响的角度进行分析。当下,我国的发展重心仍然放在经济建设上,经济发展是第一要务。所以,任何一项地方立法的出台都要服务于经济建设。所说的对地方经济的影响是指对经济效益、经济结构以及劳动生产率等方面。不仅仅包括大型国有企业,还包括小微企业、民族企业、高新技术产业以及居民百姓的就业。

②社会生活标准。该标准主要是指地方立法在社会中产生的后果。地方性立法是在社会大环境中孕育产生的,运行必将产生一定的社会影响。社会生活涉及方面之广,立法必将涉及各个方面。从文化建设到社会福利保障,从公民权利义务素养到社会安全指数,无一不与立法息息相关。

③环境保护标准。该标准是从地方立法对环境可持续的影响角度进行评估。当下可持续发展已成为新时代的一大焦点,环境利益也已成为人类共同的利益。因此,通过立法手段加强环境保护迫在眉睫。修正后的《立法法》赋予了设区的市在环境保护上的地方立法权。环境保护也当然成为地方立法后评估的标准。我国《环境保护法》也规定,地方必须保证在准备有重大环境影响的提案时进行环境影响评估。由此可见,环境利益应该成为立法和相关政策考虑的重要因素,环境影响也该成为评估地方立法质量的重要标准之一。

2. 合法性标准的确定——以地方政府规章为例

合法性标准是行政立法后评估的首要标准,也是法制统一原则对地方政府规章的基本要求。成文法律文件的合法性可以因两大事由而被挑战:第一,该文件的内容或者说实体方面超越了母法授予的权限;第二,在制定的过程中没有遵循正确的程序。❶ 合法性审查与评价是《宪法》《立法法》《行政规章制定程序条例》等法律法规赋予地方政府规章施行后评估机关进行立法后评估的重要职责之一。正如有的学者所言,评估立法要从其是否符合《宪法》《立法法》等上位法的规定,是否与上位法相抵触的角度来审查。❷ 在规章立

---

❶ 张越. 英国行政法 [M]. 北京:中国政法大学出版社,2004:582.
❷ 段莉莉. 关于建立立法后评估制度的几点设想 [EB/OL]. 中国法制信息网. 2006-10-26 [2016-05-04]. 最后访问时间 2016 年 5 月 4 日.

法后评估的实践中各评估主体也都将合法性的审查与评价作为行政立法后评估的重要标准，然而部分学者对合法性标准持否定的观点，认为合法性评价不宜为地方行政立法后评估的内容之一，因为行政立法的合法性问题应在制定与实施阶段得以解决。❶ 本文认为，在地方政府规章的制定过程中虽然有一系列的立法监控措施如批准、备案、撤销、改变等对其合法性进行监督，但是随着客观情况的变化特别是适用中会出现许多预想不到的新情况及相应的上位法的立、改、废，因而其合法性会遭受新的质疑。大部分国家法院可以在案件审理过程中对地方政府规章的合法性进行审查，而我国《行政诉讼法》规定，制定行政规章的行为不属于人民法院的受案范围，人民法院不能对行政规章进行合法性的审查。因此通过地方政府规章的立法后评估的合法性审查与评价可以弥补其事后合法性监督的不足。

地方政府规章的立法后评估中的合法性审查标准与司法审查中的合法性审查标准虽然字面上是一样的，但因其对象的不同，因而合法性标准的内涵是不一样的。地方政府规章的立法后评估中的合法性标准主要表现在以下几方面：

第一，地方政府规章的合宪性。根据《宪法》《立法法》《行政规章制定程序条例》的规定，地方政府规章的制定应当根据宪法、法律、行政法规、地方性法规而为。《宪法》《立法法》《监督法》等法律法规虽然都规定了一系列的宪法监督制度，但长期以来却没有发挥其应有的作用。现行《宪法》颁布20多年来，尽管行政法规、地方性法规违宪的情况不在少数，但从来没有任何一部规范性文件的任何一个条款被宣布过违宪；甚至从来没有听说过全国人大常委会曾对这些规范性文件中的任何一条的合宪性正式进行过审查或做出过决定。❷ 地方政府规章的立法后评估是行政立法程序的最后阶段，理应承担起地方政府规章合宪性监督的重任。地方政府规章的立法后评估的合宪性标准既要求审查地方政府规章是否符合《宪法》的规定，也要对其是否符合宪法原则与宪法精神进行评估审查。

第二，全国人大及其常委会制定的法律、法规以及上位的规章的规定。根据法律优先原则，法律的效力优于行政活动，行政活动无论是行政立法活动还是行政执法活动都必须在法律规定的范围之内。当然这一原则并未要求

---

❶ 尤乐. 论地方行政立法后评估中的合法性评价[J]. 广东行政学院学报，2007（4）.
❷ 苗连营，仪喜峰. 关于"孙志刚案"的宪法学思考[J]. 中国人民大学宪政与行政法治研究中心编. 宪政与行政法治探索[C]. 北京：中国人民大学出版社，2005：274.

一切行政活动必须有法律的明文依据。❶对地方政府规章与部门规章还要根据法的位阶原则评价其是否符合行政法规及上位阶的法律文件的规定。

第三，立法的权限的合法性。这要求根据法律保留原则对地方政府规章进行合法性的评估，所谓"法律保留"是指立法机关保留对某些事项的立法权限，所以行政行为不能以消极的不抵触法律为满足，还需法律的明确授权。❷我国《立法法》明确规定了全国人大及其常委会的立法权限，并规定了法律绝对保留与相对保留的几种立法权限。因此，评估机关要对地方政府的立法权限按照《立法法》规定的法律保留进行合法与否的评价。

第四，立法程序的合法性。2000年以前，我国立法程序没有专门的法律规定，立法工作中往往随意性较大。而今立法程序特别是行政立法程序有了《立法法》《行政规章制定程序条例》以及地方制定的地方政府规章、制定规范性法律文件等一系列的程序法律规定，因此行政立法必须依据立法程序规范，但地方行政立法机关在立法实践中往往将行政立法活动当作一种普通的行政行为对待，省略行政立法中必经的许多程序，如行政立法中公民参与的欠缺。行政立法后评估作为一种事后监督程序应当对行政立法机关是否严格遵循法定的立法程序进行评价。

综上所述，地方立法合法性的一般的评价标准应归纳为：

①立法依据合法。即地方性立法制定需要符合《宪法》《立法法》及其他上位法的有关规定，实施性条款必须在上位法规定的范围内细化，创设性条款必须于法有据。

②立法权限合法。即立法权限是否符合《宪法》、地方各级人民代表大会和地方各级人民政府《组织法》《立法法》中的相关规定，是否违背法律保留原则、法律优先原则等。

③立法内容合法。即考察立法内容是否与上位法的规定相抵触，是否符合基本法理；行政处罚、行政许可、行政强制、行政收费等是否符合有关规定，有无超越法定范围。

④立法程序合法。即地方立法程序有了《立法法》《行政规章制定程序条例》以及地方制定的地方政府规章制定规范性法律文件等一系列的程序法律规定。

---

❶ [德] 平特纳. 德国普通行政法 [M]. 朱林, 译. 北京：中国政法大学出版社, 1999 (46).
❷ [德] 平特纳. 德国普通行政法 [M]. 朱林, 译. 北京：中国政法大学出版社, 1999 (47).

3. 合理性标准的确定

合理性原则是行政法治的基本原则，也是由行政权力之属性所决定的，因而合理性标准也是对立法活动进行立法后评估的基本标准。合理性标准可以弥补合法性标准的不足，合法性标准是以法的规定作为评估与衡量行政立法的标准，在实践中操作性较强，而合理性标准在实践中则较难把握。英国枢密院曾这样解释"不合理"：一项法律细则的内容如果是异想天开的或反复无常的，以致非为正常人所能做到的，法院即可以"不合理"为理由予以撤销。法院在以"不合理"为理由审查委任立法通常较为慎重，以防止对委任立法的价值和政策取向加以不适当的评价和审查，超出司法权的范围。❶ 上议院认为，即使该立法没有超越母法的授权，仅仅基于恶意、不适当的动机或者明显的不合情理等最极端的司法审查理由，也应当认为其为非理性的。❷ 我国著名行政法学家罗豪才教授认为合理性标准就在于其内容是否客观、适度、符合理性。❸ 因为合理性标准不易把握与操作。长期以来，我国的行政诉讼活动中只进行了有限的合理审查，即对滥用职权与行政处罚显失公正的行为进行审查。而地方政府规章立法后评估是保障行政立法质量的一项立法监督程序，是为促地方政府规章成为良法之举，而地方政府规章之良莠既在于其是否合法也在于其是否合理。结合多年来司法审查的实际经验，地方政府规章立法后评估中的合理性标准应当体现在：要求地方政府规章要符合公平、体现社会正义与理性、设定的自由裁量的幅度与范围适当、行政手段与行政目的之间符合比例原则等。在对其合理性进行评估时着重于以下几个核心指标：

第一，制度正义是否得到体现。主要表现为：地方政府规章是否体现广大人民的利益与意志，是否克服了部门保护主义与地方保护主义的影响；行政权力与公民权利在行政立法中是否在平等的基础上进行制度架设；制度层面上行政权力与公民权利之间是否实现了平衡；

制度上的程序设计是否体现了公正、程序是否正当及正确处理好了正义与效率之间的关系等。

第二，立法中是否体现了人本法律观。人本思想体现在法治实践中即表现为人本法律观，其立论的依据是：人是法律的本源、人是法律的依归、人是法律的主体、人是法律的目的，其基本要求是：尊重人格、合乎人性、保

---

❶ 胡建淼. 比较行政法——20国行政法评述 [M]. 北京：法律出版社, 1998: 633.
❷ 张越. 英国行政法 [M]. 北京：中国政法大学出版社, 2004: 55.
❸ 罗豪才. 行政法学 [M]. 北京：中国政法大学出版社, 1999: 60.

障人权。[1] 以人本法律观评价行政立法应从以下几方面进行衡量：人本法律观是否是行政立法的基本指导思想；地方政府规章是否体现了人性化、尊重了公民的人格、保障了人权；人是否是行政立法的出发点与归宿。

第三，比例原则的体现程度。比例原则是行政法治的基本原则，它的适用前提是公民的权益可能被侵害。在地方政府规章的立法后评估中主要从以下内容评价：立法中所确定的行政目的与相应的行政手段是否相一致；具体制度所规定各种的行政手段是否是实现行政目的所必要的，是否有适当的行政手段保证行政目的的实现，规定的行政手段是否为对当事人权益损害最小的方式；具体条文中所设定的行政自由裁量权的范围与幅度是否合理、适当。

综上所述，地方立法合理性的一般评价标准包括：

①正当的目的。这要求一部良法应当要符合公平正义的基本价值观念、符合人民的根本利益、符合社会公共利益。

②最小侵害性。当有多种能达成目的的手段时，立法机关应当选择对公民权益侵害最小的一种。在评估中，可以从两方面考量：一是，当"相同有效"的措施中存在禁止性和负担性措施时，应以负担性措施代替禁止性措施。二是，当"相同有效"的措施中，存在强制性措施和指导性措施时，应当以指导性措施代替强制性措施。三是，当"相同有效"的措施均不涉及公共利益时，以不侵犯公民私权利的自由为主要选择。

③平等对待。平等对待实际上要求在立法时做到同种情况同种对待，不应偏颇，同时还应当承认在特殊情况下适当的合理差别，即立法时应当考虑对弱势群体或特殊群体进行必要的倾斜保护。

④符合公序良俗。公序良俗是社会的正能量和基本的价值观。法律应当阐述并维护所处时代的基本道德准则和公序良俗，并尽可能确切地反映主流价值观。如果立法规范无法符合这一标准，则会使法律价值弱化，并可能在社会民众心目中失去权威性。

4. 实效性标准的确定

实效性标准包括实用性和效益性，以下分别论证。实用性标准主要是从地方政府规章是否具有可操作性角度进行的评价，是结合行政法规与行政规章的实施情况对其内容的针对性、可操作性、实施效果等进行的综合评估。

---

[1] 李龙. 用科学的发展观统领中国法学的全局——再论人本法律观[J]. 武汉大学学报（人文科学版），2005（4）.

第三章　地方立法后评估指标体系的论证与设计

正如法谚所言，法律的生命在于它的实施。法的作用与价值只有通过法的实施才能够体现出来，而我们对法的良莠判断要通过在法的实施过程中对法的实用性、可操作性进行检测。法的可操作性往往存在于立法过程中，立法工作者较难把握，并且随着社会政治、经济与文化的不断发展变化，法在新的历史条件下有时也将失去可操作性，因此通过立法后评估这种事后监督程序既可以检测在立法层面上其内容是否具体、明确、具有可操作性，也可以发现法在执法层面上所存在的滞后性。行政法规与行政规章是行政机关根据《宪法》、法律及有关法规所制定的，其内容主要是一些执行性的条款，因而其操作性比宪法与法律要更强。在对地方政府规章进行立法后评估时，实用性标准是不可或缺的重要标准。而该标准的评价指标主要应当有：

第一，立法目的的实现情况。目的是全部法律的创造者，每条法律规则的产生都源于一种目的，即一种事实上的动机。❶ 地方政府规章一般都会在第一条明确规定该法的立法目的，并将其导引整部法条的架构。在对其进行立法后的实用性评估时，首先要看其是否有明确的立法目的，然后再对其立法目的是否在法条中得到落实及立法目的是否在地方政府规章的实施过程中得到实现进行评估。总体来说，地方政府规章都有一个共同的立法目的，即保障公民的基本权利、规范与控制国家行政权力的行使，因此在地方政府规章立法后评估中必须将该目的作为对地方政府规章进行评价的基本标准。

第二，实践中是否具有可操作性、有无实效。法条是一部法律文件的躯干，其实用性在于其条款内容规定是否明确、具体，能不能在实践中解决具体的法律问题。

第三，人民群众对所评估的规章能否认同。正如刘莘教授所言："立法只有法律的形式还不行，还要有法律的立场，法律的立场应当是人民的立场。"❷ 人民的利益是最高的法律，因此行政立法后评估应当站在人民的立场对行政立法进行评估。其评估的具体内容：首先，评价地方政府规章是否真正体现了人民的意志与愿望，人民群众是否在行政立法过程中实际参与了该立法活动，民主立法的广度与深度如何；其次，要了解人民群众对该法规与规章在实施过程中的接受程度，即人民群众是否愿意利用其维护自己或他人的合法权益、人民群众对该法规与规章的期望值、是否能够利用其对国家行政机关

---

❶ [美] E. 博登海默. 法理学、法哲学及其方法 [M]. 邓正来, 姬敬武, 译. 北京：华夏出版社，1987：104.
❷ 刘莘. 禁令合理与否取决民众立场 [N]. 法制日报，2006-11-07.

及其公务员的职权行为依法进行监督。

效益性是公共行政管理绩效评估中的重要指标，也是行政立法后评估中的一项核心指标。2004年3月22日国务院颁布的《全面推进依法行政实施纲要》中明确规定："积极探索对政府立法项目尤其是经济立法项目的成本效益分析制度。政府立法不仅要考虑立法过程成本，还要研究其实施后的执法成本和社会成本"。世界各国一般也都将效益性标准作为对政府的立法行为与执法行为进行评价的重要指标。近年来，美国总统和国会都积极地推动另一管制改革计划，即要求行政机关在采取每一行政行为之前，应特别严密地考虑成本效益分析。[1] 福特总统1974年11821号行政命令，卡特总统1978年12044号行政命令，都要求行政机关制定重要的法规时，必须进行经济效益分析。[2] 在当前的立法后评估实践中效益性标准也是评估的重要指标，如上海市开展的对《上海市历史文化风貌区和优秀历史建筑保护条例》首次立法后评估中评估的重点集中在两方面，而其中第一方面就是评估该法规实施的绩效，包括上海的历史文化风貌区和优秀历史建筑的保护情况，以及立法所取得的社会效益和经济效益。效益性标准体现在行政立法后评估活动中主要表现在以下几方面：

第一，地方立法成本的评估。首先要评价行政立法的立法必要性，即制定一部地方政府规章之前应分析该规章是否为完善法律体系之必要、是否为实践所真正需要、立该规章是否出现重复立法。其次要对行政立法过程中的立法成本——效益进行估量，即在行政立法过程中所要付出的成本与通过制定该法所期望的应然效益之比进行评估，原则上要求该地方政府规章不仅必需而且可能得到最大的经济效益方可为。

第二，地方政府规章实施过程中的守法成本、执法成本与社会成本的评估。法律成本既包括立法成本，也包括守法成本、执法成本及相应的社会成本，因此在对某一行规章进行成本——效益评价时，必须综合分析其各种成本。对其守法成本的评估主要是了解公民、法人或者其他社会组织利用该法规或规章维权的成本。执法成本则主要是行政执法机关为实现行政目的所耗费的人力与物力的总和。而社会成本是指除立法成本、守法成本、执法成本之外，地方政府规章实施过程中所要耗费的其他社会资源的总和。

第三，结合成本与效益进行综合评估。法本身——包括它的规范、程序

---

[1] 皮纯协. 行政程序法比较研究[M]. 北京：中国人民公安大学出版社，2000：149.

[2] 王名扬. 美国行政法（上）[M]. 北京：中国法制出版社，1995：374.

和制度，都在于促进效益的实现。❶ 而其是否能够促进效益的实现只有通过立法后评估才可得知。在分析了地方政府规章的各种法律成本之后，必须对该规章实施后所产生的实际效益进行评估，并结合其成本与实效进行对比分析。某一制度或规范在其架构之初所期望的应然效益与其实然效益是有差别的，因此其效益性评估归根到底要从其实效上去评价。

综上所述，地方立法实效性的一般评价标准可以归纳为：

①政府执法成本。政府执法的成本，包括执法人员的工资、执法装备、执法活动的必要开支、执法人员的培训成本等。在实现相同效力的前提下，执法成本越低，说明立法效果越好。

②公民对法规的知晓程度。要使公民守法，首先就要公民知法、懂法。公民的知晓率越高，其被遵守的可能性就越大，执行起来难度就越小。因此，公民对立法的接受程度，是法治成熟的重要标志，也是立法质量高低的重要标志。这就要求公民对地方立法的参与，公众的参与是立法的重要程序。

③守法成本与社会效益之比。法的社会成本是社会为遵守法律规范而必须付出的代价。法的社会效益是社会遵守法律规范后取得的现实及长远的综合收益，以较少的社会成本取得各种效益最优化的状态，是立法应当追求的目标。

（二）地方立法良法的形式标准的指标确定和论证

1. 立法的协调性

即地方立法与相关同位法之间是否相互协调、一致，配套的规范性文件及其他公共政策与法规有无冲突，是否衔接。其主要的评价项目包括地方立法与同位法、有关配套性规范和其他公共政策的相互协调程度。地方立法的协调性，充分体现了现代行政法治观念，以及保障整体与局部协调发展的指导精神。

2. 程序适当、具体

为了达成目的，法规应当尽可能简化所需的各项程序，不应设置过于复杂和烦琐的程序。同时，还应当保证程序设置的适当性、逻辑性，避免因程序设置的不适当导致难以操作。

---

❶ ［美］理查德·波斯纳. 法律的经济分析（英文版）［M］. 美国：小布朗出版公司，1977：517.

3. 可操作性

可操作性是指地方立法所设置的各项法律规范要求可以成为相关当事人进行活动的技术要求，并符合具体化、易操作、可检验三个特征。主要的评价标准包括：

①立法表述清晰、具体。立法表述越清晰、越具体，可操作性就越强。法规应当避免使用不确定的词语表述，特别是在权力设置和责任承担方面应当准确、具体、适当。

②立法能够有针对性地解决社会问题。立法的条款都是为了解决或阐明相关问题而设。在实践中，可以考虑通过法规所设定的相关方法和流程是否可能达到预定的效果。

③自由裁量权的有效控制。自由裁量权是行政机关或司法机关工作人员根据法律规定，在法律授权范围内自行判断行为条件、自行选择行为方式和自由作出行政决定的权力。自由裁量权过大、过宽泛，容易使有关工作人员滥用权力，导致"同过不同罚"的现象。

④经得起执法的检验。一部良好的法规应当使执法行为置于立法机关和社会的监督之中，尽可能使执法行为留下运行的轨迹，以利于判断有关部门是否严格执行了法律规定的各项要素。

4. 地方性

地方立法的地方性表现在立法能充分体现本地经济水平、地理资源、历史传统、法制环境、人文背景、民情风俗等状况，适合本地实际。注重地方性的原因在于地域差别性，我国的地域差别包括城乡地域差别、南北地域差别、民族差别等。地方立法应该根据这些差别制定出符合本地特色的地方性法规和规章。主要的评价标准包括：

①与上位法及其他省市类似法规的重复率。一部有地方特色的法规应当从处理问题的方法、程序、责任及语言表述等有别于上位法或类似法规，不应片面追求与上位法的配套而照搬照抄。

②立法的针对性。地方性法规是否根据本地区特有的地理因素、政治因素、经济因素、文化因素进行合理设计，是否能够有效地解决本地区存在的特有问题，是否能够有效地处理本地区的特有事项。

③宣示性规范的比重。宣示性的规范在法规执行中并无太多实际意义，更多起到完善法规体系、减少遗漏事项的作用。但是，这种规范没有太强的可操作性，实际上也很难真正发挥作用，应当尽量减少无谓的宣示性规范。

5. 立法技术

立法技术是一种实用技术，具体回答人们在立法活动中遇到的各种实际问题，告诉人们应当如何开展立法活动，是开展立法活动方法和技巧的总和。其主要的评价标准包括：

①规范结构的完整性。法律规范由假定、处理和制裁三部分构成。在立法实践中，这三个要素有时集中在一个法律条文中，有时分别存在于不同的条文中。但这三个要素都必须完整体现，并且做到前后呼应，否则法规条文就难以适用。

②内在逻辑的严谨。立法用语应做到逻辑严谨、概念明确，降低法律用语的不确定性。

③语言表达的准确性。在立法中，文字应当简明易懂，内容没有重复；用语规范，不自创词语；句子结构完整准确，主谓宾搭配妥当；标点符号使用规范。

三、地方立法后评估指标体系的构建

(一) 地方立法后评估指标体系理性分析

1. 地方立法后评估指标体系的含义

地方立法后评估指标体系是指用来评价地方性法规和规章的合法性、可操作性以及实施的效果的考察、评估，找出其与立法预期之间的差距，继而针对制度设计、立法技术、社会认知度及执行等方面可能存在的问题做好修订、完善和实施工作，以期提升立法质量的指标系统。

从时间上看，地方立法后评估指标体系是在地方规范性文件制定和实施一段时间之后进行，主要是对地方立法的实施情况，所产生的社会效益进行评估。从主体上看，地方立法后评估指标体系的主体呈现出多样化的态势，因此，适合借鉴"360度绩效考核（360-degree feedback）"❶模式进行全方面多层次的评估，立法机关、执行机关、科研机构、中介组织甚至社会公民

---

❶ 360度绩效考核（360-degree feedback）也称全视角考评（full-circle appraisal），是从被考核者发生关系的多方主体那里获得被考核者的信息，就是由被考核者的上级、同事、下级和（或）客户（包括内部客户和外部客户）以及被考核者本人担任考核员，从多个角度对被考核者进行360度全方位的考评，再通过反馈程序达到改变行为提高绩效的目的。

都可成为地方立法后评估指标体系的主体。

从目的上看，地方立法后评估指标体系是在地方法规和规章颁布执行一段时间后，通过评估地方性法规与社会发展状况的适应程度，对比其在社会生活中起到的实际作用与预期效果之间的差距，旨在实现地方立法的预期目标。

从实践上看，地方立法后评估指标体系重点主要集中在以下两点：第一，地方立法实施的成功解析，即在地方立法所保护下取得的社会和经济效益分析；第二，地方立法中各项制度、程序的完善修改问题。

2. 地方立法后评估指标体系的原则

要构建一个完整的立法后评估指标体系，首先应当明确其基本原则，以指导指标体系的建构和评估活动。

(1) 科学系统原则

在地方立法后评估指标体系的评估标准、评估方法、评估理念等技术性规范中，科学系统原则显得至关重要。首先，评估标准必须科学系统。只有评估标准设计得科学得当，才能准确地反映立法后的实施状况，进而更好地为立法的修改和制定做准备。其次，评估方法必须遵循科学系统原则。只有运用正确的评估方法才能得到预期的评估效果。最后，科学系统原则作为立法后评估的理念，渗透在地方立法后评估指标体系的每个环节，不论是评估时间、评估程序，还是评估分析，只有在这一原则的指导下才能更好地运作。

(2) 灵活性原则

作为一个地方立法后评估指标体系，不仅应当具备相当的稳定性与权威性，同时也应当是灵活的、开放的。社会是在不断地发展变化的，在具体的地方立法后评估活动中，既要有评估对象、评估主体、评估方案和评估目的等相对稳定的要素，又要适时地对指标体系所设定的参数进行取舍、调整、补充和修正。地方立法后评估只有保持适当的灵活性，才能保证其评估的真实性和有效性。

(3) 可行性原则

一项评估指标只有具备可行性才能付诸实践，才具有真正的现实意义。在评估指标体系的运行过程中必将考虑很多因素，有很多定量化的指标，然而，只有这些指标是看得见、摸得着，能清晰准确地描述事物时，才能予以采纳。如若指标数据的搜集具有高难度，超越了可行的范围，则应当考虑舍弃。

(二) 地方立法后评估指标体系的设计

在"数量法学"的理念背景下，以科学系统性原则为依据，地方立法后评估指标体系应从框架设计、维度分析、一级指标、二级指标和评估值等方面进行全方位设计。基于现有的经济和社会发展水平，确立地方立法后评估活动的基本范围，将地方立法后评估指标体系主要分为法律法规自身维度和法律法规的社会维度两大类。

1. 第一维度分析

第一维度即地方立法自身维度，即以规范性文件本身为视角，以地方立法的内容、逻辑以及立法技术为标准，进而确立评估内容。在立法后的评估活动中，确立地方立法的自身评估指标有其必要性。第一，法律法规的内容、立法的程序、技术等法律的自身要素是决定立法质量的重要因素，更是反映立法质量的首要标准，法律法规自身质量是地方立法后评估指标体系活动的最基本范畴。第二，将法律法规的自身质量作为一个独立的评估标准，可以较好地排除系统外因素的干扰，使地方立法后评估指标体系活动更具有说服力。法律法规自身维度体系的量化总分为100分，分解为一级指标和二级指标。二级指标是在一级指标的基础上分解为若干小项，其分值总和即为该一级指标总分值。一级指标分为必要性、合法性、合理性、实效性，以及可操作性、地方性。

2. 第二维度分析

第二维度是针对地方立法的社会影响进行分析。同法律法规自身维度一样，向下分为一级指标与二级指标。一级指标主要包括社会生活指标、经济发展指标与环境保护指标。地方立法的社会生活指标是指地方立法在社会中产生的后果以确定评估的范围，它是评估地方立法合理性的重要指标，其内容包括对社会主义精神文明建设的影响、对公民权利义务的影响、对公民社会价值观的影响、对公民文化素养的提升、对公民获得司法救济途径的影响、对社会福利的影响、对促进保障生命健康的影响、对社会安全稳定的影响以及促进行政管理水平的提高等具体指标；地方立法的经济发展指标，具体不仅包括大型国有企业，还包括小微企业、民族企业、高新技术产业以及居民百姓的就业，地方立法还要为民服务，帮扶那些经济发展的弱势群体；地方立法的环境保护指标，包括对土地资源的开发利用的影响、对水污染防治的影响、对温室气体的影响、对噪声的防治、对空气质量的影响等具体指标。

(三) 地方立法后评估指标体系量化的评分确定

在立法后评估指标体系的两大维度与其一级指标后，从"数量法学"的角度，以下对二级指标进行量化的评分说明。不仅从地方立法自身角度进行分析，还关注第二维度——法律法规的社会影响评价，从社会生活、经济生活以及环境影响三大角度进行深层次的剖析。

1. 地方性法规、规章自身评价指标

由上分析，法律法规自身评价可分为六大一级指标，每个一级指标分值不同。同时，在各个一级指标下设有二级指标，每个二级指标评分标准不同，评分细则详见表3-1。

表3-1 地方性法规、规章自身评分表

一级指标	二级指标	评分细则
必要性	该项法规是否切实解决实际问题（10分）	依据实现程度而定，若完全实现的给10分；若仍有部分未能实现的给6~9分；若实现程度较差的给3~5分；完全不能实现的给0~3分
	该项法规的出台是否满足了社会需要（10分）	
合法性	是否与上位法冲突（10分）	若从未与上位法及同位法发生执法冲突或者法律纠纷的案例给10分；若偶有冲突发生给6~9分。若经常有此种问题出现给3~5分；若出现问题较为严重或出现了较大的社会问题给0~3分
	是否与同位法或相关法律有冲突（5分）	
合理性	法律中有无明显权利义务不对等的情况出现（10分）	依据问题程度而定，若完全没有的给10分；若仍有部分问题的给6~9分；若问题较大的给3~5分；存在重大问题的给0~3分
	是否有过于强调行政机关的作用，而没有相应的权利救济措施（10分）	

续表

一级指标	二级指标	评分细则
实效性	经济成本是否过大（5分）	依据问题程度而定，若完全没有的给10分；若仍有部分问题的给6~9分；若问题较大的给3~5分；存在重大问题的，给0~3分
	人力成本是否过大（5分）	
可操作性	是否有现成的配套设施条件、技术水平、硬件（10分）	依据实现程度而定，若完全实现的给10分；若仍有部分未能实现的给6~9分；若实现程度较差的给3~5分；完全不能实现的给0~3分
	是否在实际中有可执行性，是否能为百姓切实接受（10分）	
地方性	是否针对地方独有的经济、社会、环境问题提出（10分）	依据特色体现程度而定，若充分体现的给10分；若基本具有地方特色的给6~9分；若较少体现特色的给3~5分；基本没有体现的给0~3分；同时依据公信力程度分别给4~5分、2~3分及0~1分
	是否在当地百姓中享有公信力（5分）	

2. 法律法规的社会影响评价指标

社会生活影响维度分为10个二级指标；经济影响维度、环境影响维度各分为5个二级指标。二级指标每项评分统一为5分，主要采取定量与定性相结合的方法，依据相关的评分标准进行评估，总分100分。

本次评估采取满意度评分方法，其标准为：每项二级指标依据实现度（满意度）进行给分，关于满意度的量化，可以大致分为：完成情况在80%及以上给9~10分，较满意为完成60%~80%给6~8分，完成情况较差的给3~5分，完成极差的给3分以下，各个二级指标与评分标准详见表3-2。

表 3-2　法律法规社会维度评分标准

一级指标	二级指标	评分标准
社会维度	社会生活（50分）	
	对公民权利义务的影响	公民基本权利义务相得当的，以公民满意度为标准
	促进行政管理水平的提高	对政府行政权力有激励、督促作用的给2分，仍待改进的给1分，做不到的不给分
	公民自觉守法意识的提高	依据公民自觉遵守法律法规的，利于公民守法观念形成的，利于公民法制素养提升程度进行给分
	对公民社会价值观的影响	依据是否利于公民，特别是未成年人形成良好的人生观、价值观给分
	对公民文化素养的提升	以法律法规的颁布是否利于公民文化素质的提升，是否利于科教文事业开展给分
	对公民获得司法救济途径的影响	以该项法律是否有相应的配套救济途径给分
	对社会主义精神文明建设的影响	是否利于精神文明建设，是否益于公序良俗的形成
	对社会福利的影响	是否能够保障社会弱势群体的利益，是否对这些群体有所帮扶或法律上的救济
	对促进保障生命健康的影响	是否利于保障居民的人身财产安全
	对社会安全稳定的影响	是否有足够威慑力，是否能惩治威慑相关犯罪活动
	经济发展（25分）	
	对促进就业的影响	是否促进就业，鼓励帮扶创业，是否能一定程度上缓解就业压力
	对小微企业经济发展影响	是否有利于小微企业发展的政策
	对居民消费质量的影响	能否在一定程度上提升居民的消费质量，改善消费水平，提升消费观念

续表

一级指标	二级指标	评分标准
社会维度	经济发展（25分）	对高新技术发展的影响	能否促进高新技术的发展，是否有鼓励支持发展高科技产业的配套政策
		对民族企业发展的影响	是否有保护民族企业，鼓励民族企业发展的政策及配套设施
	环境保护（25分）	对土地资源的开发利用的影响	是否会造成土地资源的滥用以及社会对资源的短缺
		对水污染防治的影响	是否通过规范企业的排污行为，或是提升高新科学技术来保护水资源
		对温室气体的影响	是否不利于规制人民用煤用电，能否一定程度上减少温室气体的排放
		对噪声的防治	能否帮助人们树立公共意识，规制人民文明用车文明生活
		对空气质量的影响	是否鼓励人们减少排放，提升空气质量，降低PM2.5值

对地方立法质量的量化评价，总分为100分。由于两大维度各自总分为100分，因此，在最后评析时，建议在两大维度各自打分之后，按照法律法规自身评价得分占比为60%，社会效益评价得分占比为40%的原则进行综合给分（满分100分）。法律法规自身评价即每项一级指标，按照如下标准进行给分，只有达到相关要求才能给出相应的分数。

结　语

通过地方立法后评估提高地方立法质量是党的十八届三中全会、四中全会的具体要求。是2015年修正的《立法法》带来的新的地方立法情势的需要。地方立法后评估一般指标与体系的构建必须有理有据，既尊重地方立法的一般规律，又体现地方立法的价值。在指标体系的设计上遵守科学系统、灵活和可行的原则。地方立法评估指标体系设计为两个维度：第一维度即地方立法自身维度；第二维度是针对地方立法的社会影响进行分析。第一个维度的评价必须符合地方立法的实体标准和形式标准。实体标准包括必要性标准、合法性标准、合理性标准和实效性标准；形式标准包括立法的协调性标准、程序适当和具体标准、可操作性标准、地方性标准和立法技术标准。第二个维度的标准是指对社会生活影响、经济发展影响和环境保护的影响。

对地方立法质量的量化评价，总分为100分。由于两大维度各自总分为100分，因此，在最后评析时，我们建议在两大维度各自打分之后，按照法律法规自身评价得分占比为60%，社会效益评价得分占比为40%的原则进行综合给分（满分100分）。法律法规自身评价即每项一级指标，按照如下标准进行给分，只有达到相关要求才能给出相应的分数。

另外，地方立法后评估除了取得科学的评估分数，还要对得出的分数综合分析、对照和比较，客观公正地反映出评估对象的实际效果，最终形成综合的评估结论报告。在通常情况下，报告可以包括五个方面的内容：一是对立法后评估全过程的综述；二是对法规的立法质量和实施效果的评价；三是对法规重点制度的设计和实施情况的分析；四是对法规存在的问题及其成因的分析；五是对法规的修改、执行的情况提出建议和意见。需要说明的是，立法后评估报告是对法规实施情况的一种客观、公正的评价，仅带有参考性，本身并不具有法律约束力。

■ 参考文献

[1] 安·赛德曼，等. 立法学：理论与实践（中译本）[M]. 北京：中国经济出版社，2008.

[2] 弗兰克·费希尔. 公共政策评估（中译本）[M]. 北京：中国人民大学出版社，2003.

[3] 陈雪平. 立法价值研究——以精益学理论为视域 [M]. 中国社会科学出版社，2009.

[4] 葛洪义等. 我国地方法制建设理论与实践研究 [M]. 经济科学出版社，2012.

[5] 李龙. 良法论 [M]. 武汉：武汉大学出版社，2005.

[6] 林来梵. 从宪法规范到规范宪法——规范宪法学的一种前沿 [M]. 北京：法律出版社，2011.

[7] 罗美富等. 英国绩效审计 [M]. 中国时代经济出版社，2011.

[8] 刘旭涛. 政府绩效管理：制度、战略与方法 [M]. 机械工业出版社, 2003.
[9] 任尔昕等. 地方立法质量跟踪评估制度研究 [M]. 北京：北京大学出版社, 2011.
[10] 沈国明等. 在规则与现实之间：上海市地方立法后评估报告 [M]. 上海：上海人民出版社, 2009.
[11] 周旺生等. 地方立法质量研究 [M]. 湖南：湖南大学出版社, 2002.
[12] 董映霞, 任刚军. 地方政府立法质量标准探析 [J]. 政府法制, 2005 (6).
[13] 郭毅. 论立法意志及其保障——兼及立法法的"人民意志"条款 [J]. 山东大学学报（哲学社会科学版）, 2001 (6).
[14] 万高隆. 西方国家地方立法质量标准比较与借鉴 [J]. 怀化学院学报, 2008 (10).
[15] 王汉连. 构建地方立法质量评价体系 [J]. 中国人大, 2008 (22).
[16] 王伟. 制度评估——韩国的实践及其启示 [J]. 成都行政学院学报, 2005 (2).
[17] 王亚平. 论地方性法规质量评价标准及其指标体系 [J]. 人大研究, 2007 (2).
[18] 闫德民. 权力制约范式论析 [J]. 社会科学, 2009 (7).
[19] 赵维良, 肖奥. 英国政府绩效评估价值标准对我国的启示 [J]. 党政干部学刊, 2014 (1).
[20] 周旺生. 论法律利益 [J]. 法律科学（西北政法学院学报）, 2004 (2).

第二编

地方政府治理法治化的新制度研究

第二编

第四章 简政放权背景下的
地方政府权力清单制度[1]

> **本章摘要**：政府权力清单制度的政策导向是依法行政、简政放权和行政权的自我控制。政府权力清单制度与政府信息公开制度不同，它以简政放权、转变政府职能为目的，它是行政机关对自身行使的职权进行"清理"和"取消"之后，制定成权力清单。"梳理""清理""调整"和"取消"不是信息公开的目录行为，《政府信息公开条例》要求的职权目录行为只是将政府的法定权利梳理成目录，不允许"清理""调整"和"取消"。对政府权力清单制度的合法性研究，以内涵、定性和分类为基础，揭示政府权力清单制定的本质。以党中央和国务院以及地方政府相关文件为蓝本，研究政府权力清单制度的政策导向和中央的整体设计，包括国务院推进地方政府权力清单制度的路线图和时间表，以及对地方政府权力清单及其制度的具体要求。研究地方事权清单制度的实践，包括清单的编制、清单的公开和对清单的行政监督及诉讼监督。
>
> **关键词**：政府权力清单；政府权力清单制度；政府权力清单制度的实施

引 言

（一）研究的背景

政府权力清单制度的推行模式是自上而下的推进模式。党的十八届三中全会通过了《中共中央关于全面深化改革若干重大问题的决定》（以下简称三

---

[1] 辽宁省社会科学规划基金一般项目（L15BFX005）研究成果。

中全会《决定》），首次提出"推行地方各级政府及其工作部门权力清单制度，依法公开权力运行流程。"党的十八届四中全会通过的《中共中央关于全面推进依法治国若干重大问题的决定》（以下简称四中全会《决定》）两次提到"权力清单"，第一次是在"依法全面履行政府职能"题目下提到，要求"推行政府权力清单制度"，"推进各级政府事权规范化、法律化，完善不同层级政府特别是中央和地方政府事权法律制度"。第二次是在"全面推进政务公开"的题目下，要求"各级政府及其工作部门依据权力清单，向社会全面公开政府职能、法律依据、实施主体、职责权限、管理流程、监督方式等事项"。

国务院积极落实和推进政府权力清单制度。2015年3月中共中央办公厅、国务院办公厅印发了《关于推行地方各级政府工作部门权力清单制度的指导意见》（以下简称《意见》），要求"将地方各级政府工作部门行使的各项行政职权及其依据、行使主体、运行流程、对应的责任等，以清单形式明确列示出来，向社会公布，接受社会监督。"5月12日国务院批准《2015年推进简政放权放管结合转变政府职能工作方案》（以下简称《方案》），国务院将2015年视为全面深化改革的关键之年，是全面推进依法治国的开局之年，也是稳增长调结构的紧要之年。《方案》将"简政放权放管结合转变政府职能"作为改革"在重要领域和关键环节"，该《方案》寓意政府权力清单制度是从中央到地方"分头分层级推进"的一项任务。据此，政府权力清单作为一项行政制度进行建设。邓小平曾经深刻指出："制度问题更带有根本性、全局性、稳定性和长期性。"❶

学界对权力清单现象的关注已久，但对政府权力清单制度的研究集中在党的十八届三中全会以后。概括学界的研究内容主要关注以下几个问题：一是政府权力清单制度对行政权的监督与制约价值；二是政府权力清单制度的法制化和法治化；三是政府权力清单制度的推行或实施的具体问题，特别是政府的事权与财权的问题。本文赞同政府权力清单制度的权力监督与制约价值，但是强调这种监督与制约是行政内部自我控制，而非外在的权力机关的立法控制，因此，不赞同政府权力清单的法制化提法，认为有些学者对政府权力清单及其制度的认知尚存误解，这同时关系到政府权力清单的推行或实施。

---

❶ 邓小平文选（第2卷）[M].北京：人民出版社，1994：333.

第四章 简政放权背景下的地方政府权力清单制度

（二）研究的现状

借助中国知网的学术期刊平台，对公开发表的关于政府权力清单制度研究成果进行归纳：第一，以"权力清单"为主题检索，找到319篇文章，成果发表时间是从2006年至2015年；第二，以"权力清单制度"为主题检索，找到261篇文章，成果分布为2015年92篇、2014年165篇、2013年3篇；第三，以"政府权力清单制度"为主题检索，找到24篇文章，成果分布为2015年20篇、2013年24篇。从检索结果看，学界对"权力清单"的成果主要研究政府的权力清单（其中少数几篇是关于党委或党委书记的权力清单），但是将权力清单作为一项制度研究，成果集中于2014年和2015年。从成果的学科分类看，法学研究成果较少，政治学和行政管理学的成果稍多。

归纳2014年和2015年行各学科的相关研究成果。学界主要关注以下问题：一是政府权力清单制度的功能和价值；二是对政府权力清单制度的规范或规制；三是政府权力清单制度的实践问题。到目前为止，学界对政府权力清单制度持一致的态度，但是对政府权力清单制度涉及的重大理论问题还未达成共识、形成定论，如概念、定性和分类等基础理论，学界的认识还有分歧；政府权力清单制度是党中央和国务院通过文件推行和实施，但是学界的确忽视了对政策的全面研究，导致一些观点和理论的偏颇；对正在推进的政府工作部门权力清单实践的研究，仅限于揭示某个或某些地区的个案问题，缺乏对实践中一般或普遍性问题的总体把握。

（三）研究的设想

"权力清单"的概念，更多的是从经济学、管理学的角度提出来的。不过政府权力清单制度作为重要的行政现象，行政法学应该给予必要的理论回应和研究。理论上回应的不足，可能使制度的进一步发展和完善缺乏理论基础。学术研究总是在某种学术脉络中展开的，对于同一问题，不同的理论视角有着不同的分析思路、见解和对策。本文从行政法学视角研究的就是要运用行政法学的基本理论和行政法学思维解决以下问题：首先，界定政府权力清单概念的内涵和外延，客观地对政府权力清单进行定性以揭示其内在本质，从学理上全面认知政府权力清单的种类，理顺政府权力清单制度涉及的法律逻辑，以纠正理论界认识上的误区，促进政府权力清单制度研究的深入。其次，实现政府权力清单制度与现有法律制度的衔接，以解决行政复议和行政诉讼中的由政府权力清单带来的困惑。最后，研究政府权力清单制度的实践，通过总结各级政府工作部门推进政府权力清单制度实践中的经验或教训，以指导或警示改革实践。

一、政府权力清单定性、分类和制度的本质

（一）制度化的政府权力清单的法律定性与分类

1. 制度化的政府权力清单的法律定性

（1）制度化的政府权力清单的含义

政府权力清单是政策术语，而非法律术语、法学术语，这里也称为制度化的政府权力清单❶（以下简称"政府权力清单"）。政府权力清单是指行政机关依法对其享有的行政职权类型化，并以目录形式编制成清单。可以从以下几点理解其内涵：一是清单的编制主体是清单上享有行政职权的行政主体；二是清单上的行政职权是法定职权；三是清单上权力类型是以行政行为的种类划分的类型；四是清单的内容包括"政府职能、法律依据、实施主体、职责权限、管理流程、监督方式等事项"。

（2）政府权力清单和政府权力清单制度的法律定性

从静态上看，就是从形式和内容上看。政府权力清单的法律性质是规范性文件，这种定性既尊重了政府权力清单的特征，也符合行政法律规则，更重要的是确定了其法律地位。《意见》对政府权力清单的形式和内容做了具体要求，"将地方各级政府工作部门行使的各项行政职权及其依据、行使主体、运行流程、对应的责任等，以清单形式明确列示出来，向社会公布，接受社会监督。"

第一，政府权力清单是行政执法的行为规范。十八届四中全会《决定》指出政府权力清单中涉及"政府职能、法律依据、实施主体、职责权限、管理流程、监督方式等事项"。由此看出，政府权力清单涉及行政规范的各个要

---

❶ 制度化的政府权力清单是指三中全会《决定》提出政府要建立权力清单制度，为了有别于之前依《政府信息公开条例》政府公开的权力清单，以及有别于实践中各级政府自发的权力清单。本文所指的权力清单是中央通过一系列文件自上而下推行的权力清单，已经形成一个行政制度了，因此称为"制度化的政府权力清单"。

素，即行政主体、行政职权与职责、行政程序以及行政监督，使行政执法依据更明确、更完整。

第二，政府权力清单是清单形式的行政职权目录，如行政审批目录、投资审批目录、收费目录等，都是权力清单。目录是将政府权力清单上的行政职权编号和类型化，目的皆是使立法规范的行政职权更清晰。依据《意见》规定，权力清单明细包括"名称、编码、类型、依据、行使主体、流程图和监督方式"。目录形式的政府权力清单使权力更透明、更便民。

第三，政府权力清单是行政规范性文件。行政规范性文件是指各级政府及其工作部门依法制定的决定、命令，其内容是关于实施行政职权的行为规范的总和。根据我国宪法和组织法的相关规定，各级政府及其工作部门有权发布决定、命令。行政法学将各级政府及其工作部门的决定、命令定性为行政规范性文件，其文本的名称和形式表现为多样化，例如《答复》《函》《规定》和《决定》等表现形式。政府权力清单虽然以《职权目录》的形式，但是它是各级政府及其工作部门的行为规范，包括实体规范和程序规范，所以将政府权力清单定性为行政规范性文件十分适当。而且政府权力清单不是一个简单的法律照抄和列举，因为政府权力清单必须经过"梳理""清理""调整"和"取消"，最后还要通过"审核确认"才完成，这是一个独立的行政法律行为，是出台一个新的规范性文件。

2. 制度化的政府权力清单的分类

为了客观地认知政府权力清单，本文试着从不同角度对其进行分类：

第一，从地域角度，可划分为中央政府及其工作部门的权力清单和地方各级政府权力清单。由于中央政府管理全国性的事务，其行政职权具有管理重大、杂和综合性事务的特征，地方政府管理地方性事务，因此，中央政府与地方政府的行政管理权不同，就产生了中央政府及其工作部门权力清单和地方政府及其工作部门权力清单。划清中央与地方行政权力边界是个难题，也是制定上述两个清单的前提。

第二，从行政权限的性质角度，可划分为一般权限的政府权力清单和部门权限的权力清单。前者是指各级人民政府的权力清单，后者是指工作部门的权力清单。我国的一般权限的政府权力清单应再具体划分为省政府权力清单、市政府权力清单、县政府权力清单和乡政府权力清单；部门的权力清单应再具体划分到每一个工作部门，如公安、税务、工商、教育、环保等部门权力清单。《意见》规范的就是地方各级政府工作部门的权力清单。

第三，从行政职权类型的角度，可划分为行政许可、行政处罚、行政强制、行政征收、行政给付、行政检查、行政确认、行政奖励、行政裁决和其他类别的政府权力清单。《意见》规定"各省（自治区、直辖市）政府可参照行政许可、行政处罚、行政强制、行政征收、行政给付、行政检查、行政确认、行政奖励、行政裁决和其他类别的分类方式，结合本地实际，制定统一规范的分类标准，明确梳理的政策要求；其他类别的确定，要符合国家法律法规。"实践中一般不用来划分政府权力清单的种类，因为往往一个行政机关的行政职权包括多个行为，所以以一级政府或一个工作部门制定一个权力清单，其中包括多个行政执法行为。

第四，从行政权的种类角度，可划分为政府事权清单、政府人事组织权的清单和政府财权清单。行政事权也就是行政权管辖的事务范围。按照管辖事务的不同，可将事权划分为外交权、军事权、治安权、经济权、文化教育权和社会保障权等，政府事权清单还可以细分为外交权、军事权、治安权、经济权、文化教育权和社会保障权等权力清单。[1] 按照地域划分，政府事权清单可分为中央事权清单和地方事权清单。

财权是征收和使用税款，收费和借款等方面的权力，政府事权清单还可以细分为征收和使用税款的事权清单，收费和借款的事权清单，目前我国关于税款使用清单主要以《预算法》为依据，包括预算清单以及预算执行清单。组织人事权是设置行政主体或行政主体设置行政组织、行政机关和管理公务人员的权力，组织人事权清单还可分为机构设置清单和人员编制清单等。实践中我国公开的政府权力清单均命名为某某政府权力清单，实际上是事权清单，这将与财权清单、组织人事权清单无法区分，造成混乱。

第五，以行政权的对象角度，可划分为对外政府权力清单和对内部政府权力清单。无论是中央政府及其工作部门，还是地方政府及其工作部门都应有分别的对外政府权力清单和对内部政府权力清单。《意见》和《决定》规范的都是对外政府权力清单。在实践中我国已公开的政府权力清单不分内外，均命名为某某政府权力清单，这将与下一步制定的对内部政府权力清单无法区分，造成混乱。

---

[1] 应松年，薛刚凌. 论行政权［J］. 中国政法大学学报，2001：4.

（二）政府权力清单制度的本质

1. 政府权力清单制定的制度化

从动态上看，政府权力清单制度包括制定、公开、实施和监督的过程，其中清单的制定既是内部行政行为，也是抽象行政行为，清单的公开是政府信息公开的形式。正如有的学者概括的"权力清单制度不仅是一张单子，也不仅是一张流程图，而是一整套制度体系"[1]。

对政府权力清单制度的本质认识，应该主要研究政府权力清单制度的性质和内容。国务院的规范性文件规定了政府权力清单制度的内容，按照行政法律逻辑将其梳理，它应包括清单的制定[2]制度、清单的公开制度、清单的事后评估制度、清单实施和监督制度等。《意见》对政府权力清单制度内容的规定：第一，政府权力清单的制定是指"全面梳理现有行政职权""大力清理调整行政职权""依法律法规审核确认"和"优化权力运行流程"等制度内容；第二，"公布权力清单"是清单的公开制度；第三，"建立权力清单的动态调整和长效管理机制"是清单的事后评估制度；第四，"强化权力监督和问责"是清单实施的监督制度。

对政府权力清单制度性质学界已有关注，有的学者"将权力清单作为一个事实行为、内部行为、政策导向来看待"[3] 本文认为政府权力清单制度的制定既是抽象行政行为也是内部行政行为，政府权力清单有别于《条例》中的信息公开目录。

2. 政府权力清单制定的本质特征

（1）政府权力清单的公开有别于政府信息公开制度的行政公开

十八届四中全会《决定》提出"全面推进政务公开"，并要求"各级政府及其工作部门依据权力清单，向社会全面公开政府职能、法律依据、实施主体、职责权限、管理流程、监督方式等事项。"虽然政府权力清单制度与政府信息公开制度的目的，都是深入推进行政公开和高效便民，都以权力目录

---

[1] 孙柏瑛，杨新沐. 地方政府权力清单制度：权力监督制约的新探索 [M]. 北京：行政科学论坛，2014：6.

[2] 国务院的相关文件使用了"梳理"权力，以及"推进政府权力清单制度"，但对权力清单制作目录到公开的过程没有统一规定，本文称其为"制定"。

[3] 关保英. 权力清单的行政法构造 [J]. 郑州大学学报（哲学社会科学版），2014（6）.

的形式公开，但是，政府权力清单公开制度与政府信息公开的制度是有区别的。

首先，政府权力清单制度是简政放权的手段。

政府权力清单不是简单梳理地权力清单目录，是简政放权的手段。《意见》中使用了"清理"和"取消"两个词，即"大力清理调整行政职权。在全面梳理基础上，要按照职权法定原则，对现有行政职权进行清理、调整。对没有法定依据的行政职权，应及时取消，确有必要保留的，按程序办理"；"对虽有法定依据但不符合全面深化改革要求和经济社会发展需要的，法定依据相互冲突矛盾的，调整对象消失、多年不发生管理行为的行政职权，应及时提出取消或调整的建议"。所以这里的"清理"和"取消"不是将法定的政府行政权公开，"清理"和"取消"结果是实现简政放权的目的。《方案》中不仅多次强调"清理"和"取消"，还有要求"调整"或者"下放"行政权，《方案》的目的就是"简政放权、放管结合和转变政府职能"。

因此，上述简政放权的结果通过政府权力清单方式向社会公开。

其次，政府权力清单公开制度是对政府信息公开制度的发展。

三中全会《决定》指出："推行地方各级政府及其工作部门权力清单制度，依法公开权力运行流程。"政府权力清单制度在一定程度上，是对《条例》的信息公开制度的发展，主要表现在：第一，政府权力清单制度要求全面公开各级政府及其工作部门的权力，特别强调行政职责的公开。这客观上扩大了《条例》规定的公开范围。如《条例》第9条规定"行政机关对符合下列基本要求之一的政府信息应当主动公开：（一）涉及公民、法人或者其他组织切身利益的；（二）需要社会公众广泛知晓或者参与的；（三）反映本行政机关机构设置、职能、办事程序等情况的；（四）其他依照法律、法规和国家有关规定应当主动公开的。"显然，《条例》中的主动公开范围不包括行政责任的公开。第二，政府权力清单制度细化了行政职权目录。政府权力清单目录以行政许可、行政处罚、行政强制、行政征收、行政给付、行政检查、行政确认、行政奖励、行政裁决和其他类别的方式分类行政职权，而《条例》只规定"政府信息公开目录，应当包括政府信息的索引、名称、内容概述、生成日期等内容"，没有将行政职权类别化的规定。第三，政府权力清单制度增加了对清单内容的事前审核和事后监督机制。《意见》还规定了对清单内容的审核，"地方各级政府要对其工作部门清理后拟保留的行政职权目录，按照严密的工作程序和统一的审核标准，依法逐条逐项进行合法性、合理性和必要性审查。需修改法律法规的，要先修法再调整行政职权，先立后破，有序推进。在审查过程中，要广泛听取基层、专家学者和社会公众的意见。审查结果按规定程序由同级党委和政府确认。"《意见》规定对清单事后的监督，"权力清单公布后，要根据法律法规立改废释情况、机构和职能调整情况等，及时调整权力清单，并向社会公布。对权力清单未明确但应由政府管理的事项，政府部门要切实负起责任，需列入权力清单的，按程序办理。建立权力清单的动态调整和长效管理机制。"而《条例》第29条规定"政府信息公开工作考核制度、社会评议制度和责任追究制度，定期对政府信息公开工作进行考核、评议。"第30条规定"政府信息公开工作主管部门和监察机关负责对行政机关政府信息公开的实施情况进行监督检查。"综上所述，政府权力清单制度扩大了《条例》规定的信息公开的范围，还将行政职权细化和类型化，并增加了对清单内容的事前审核和事后监督机制，这不仅提高行政职权的透明度，还使之更具有可操作性。

(2) 制定政府权力清单是抽象行政行为

政府及其工作部门制定政府权力清单的行为，属于抽象行政行为。行政法学将行政规范性文件与行政立法统称为抽象行政行为，制定政府权力清单属于前者，不是立法行为，也不能总体定性为立法清理行为。主要理由：第一，制定清单的主体不一定是立法机关，可能没有立法权。政府权力清单上的行政职权规范来源于宪法、组织法或其他法律、法规、规章等规范性法律文件。这就意味着政府清单的制定主体只有法定的义务和责任，而没有权力设定权。第二，制定政府权力清单主体无权清理法定职权。我国《立法法》规定，法律监督清理主体是全国人大常委会，行政立法的清理主体一般都是立法主体自身，制定政府权力清单的主体只能"梳理"行政职权，而不能"清理"和"取消"行政职权。《意见》中的"清理"和"取消"也只是针对"没有法定依据的行政职权"和"不符合全面深化改革要求和经济社会发展需要的，法定依据相互冲突矛盾的，调整对象消失、多年不发生管理行为的行政职权"。这里的"清理"和"取消"是法律评估行为，实质上是立法的事后监督，因此，"清理"和"取消"要适用法定的评估程序，不能随意"清理"和"取消"。第三，将制定政府权力清单定性为抽象行政行为，与前文中政府权力清单的行政规范性文件定性相一致。2015年实施的新《行政诉讼法》已将规范性文件纳入行政诉讼"一并"审查的对象，这样政府权力清单要接受司法的合法性审查。

(3) 制定政府权力清单也是内部行政行为

制定政府权力清单是依据行政内部规则配置行政权，以达到规范、制约目的的行为。根据行政法学理论，行政规范性文件的成立要件之一是文件被通过，《意见》也规定，政府工作部门权力清单一旦被同级党委或政府审核确认，制定政府权力清单的行为就具有了法律效力。制定政府权力清单具有内部行政行为的特征，制定规则是国务院和地方政府的规范性文件，它不针对特定的外部相对人，不是外部行政行为。内部行政行为接受司法审查的有限性，要求更注重行政的自我控制，实现制约和监督。

二、政府权力清单制度的行政法理基础

(一) 以行政自我规制理论为基础

顾名思义，行政自我规制的主体是行政主体，规制对象是行政权或行政行为。行政自我控制即行政权的自我控制。崔卓兰教授认为，行政自制是指"行政主体对自身违法或不当行为的自我控制，包括自我预防、自我发现、自我遏止、自我纠错等一系列下设机制"。[1] 行政自我规制是与传统的立法控制、司法控制以及社会控制等不同的控权模式，自我控制在于从行政系统内部运用一种自发的、自愿的自我限权机制来约束行政机关权力的滥用与对公权力提供合法性证明。政府权力清单制度正是我国在新的一轮行政管理体制改革中实现行政系统内部自我规约的一种控权与限权制度。崔卓兰教授也认为，"行政职权清单开列并公布是行政自制理论的伟大实践"。[2]

政府权力清单制度本质上是行政权的自我控制。依据行政权自我控制理论，行政权自我控制是一种自律性控制、主动性控制、机制化的控制。在现代法治国家，权力的自我控制更加重要。行政权的自我控制，有利于降低行政权控制的成本；有利于建立行政权的良性运行机制；能够使行政机构树立起为全社会积极主动服务的信念。[3] 政府权力清单制度是在三中全会《决定》以及四中全会《决定》中予以明确肯定、支持的行政体制改革举措。

---

[1] 崔卓兰，刘福元. 行政自制——探索行政法理论视野之拓展 [J]. 法制与社会发展，2008 (3).
[2] 崔卓兰. 行政自制理论的再探讨 [J]. 当代法学，2014 (1).
[3] 关保英. 论行政权的自我控制 [J]. 华东师范大学学报 (哲学社会科学版)，2003 (1).

政府权力清单由各级政府及上级垂直管理部门制定，由各级政府及所属部门负责实施与贯彻，是对自身权限的划定与限制，对自身责任的明晰与整合，目的在于推进简政放权，从而实现善治。可见，它具备了行政自制的主体特征、客体特征以及目标导向。从理论上来看，经过正当程序制定的具有合法、合理性的权力清单从总体上清除了一些不合法律、法规、规章规定的，不合现代公私合作治理模式下政府权力与其他社会治理主体权力理性划分的行政权力，并且对行政机关义务与行政责任进行具体的划分，有利于在权力限制与责任负担的双重"重负"下促进治理能力的提升以及公民合法权利的维护。这也是行政自制的价值归依与目标趋向——通过行政系统内部的自我约束机制实现治理能力的提升以及规避公民权利被行政机关的肆意侵害。

（二）以有限政府理论为基础

"有限政府"是早期资产阶级在"市民社会革命"中所意图构建的理想社会，有限政府理论也是启蒙运动的先驱者洛克所大力倡导的。洛克的有限政府理论的价值导向在于规范政府的权力运作以及防止权力的恣意。他认为"使用绝对的专断权力，或不以确定的，经常有效的法律来进行统治，两者都是与社会和政府的目不相符合的"。❶ 当代社会是个多元利益主体、价值主体不断分化与整合的社会，法治国理念也由公民法治国向社会法治国转变，行政权进行极度地扩张。可见，当今的社会形态与洛克时期的社会背景具有极大不同。但是，洛克的限制政府权力、保障公民权利的有限政府理论的核心理念对当今的社会现状依然适用。有限政府与依法治国的理念也是不谋而合的，即用法律的武器约束公权力的肆意妄为，实现"依法而治"。现代有限政府理论应当包括以下三大要义，"限制权力，保障权利；着眼公共，把握限度；用足市场，慎求政府"。❷ 近些年，我国政府在深化行政体制改革的过程中一直试图努力精简机构、简政放权，创建有限政府。党的十八届三中全会以及四中全会的召开，为以深化行政体制改革为导向，以简政放权、扩大社会以及市场主体的自我管理权力为逻辑起点，从而实现有限政府的宏伟蓝图的目标提供了新的契机。

一方面以简政放权为宗旨的政府权力清单将一些有悖于法律规范的权力

---

❶ [英] 约翰·洛克. 政府论（下篇）[M]. 叶启芳，瞿菊农，译. 北京：商务印书馆，1964：85.
❷ 唐德龙. 有限政府的基本要义及现实诉求 [J]. 北京科技大学学报（社会科学版）2007（2）.

排除在外，秉承"法无授权即禁止"的理念；另一方面政府权力清单肯定与明确相对人的实体权利与程序权利，有利于保障公民的合法权利。由此可见，权力清单是对有限政府筑建的有力的实践尝试，是对有限政府图式勾勒的重要一笔。权力清单对之于有限政府构建的重要性与对之于有效能政府建设的意义不相上下，也即以政府权力清单对政府权力的"取消"和"清理"可以促进效能政府建设，提高政府效率，从而提升国家的治理能力。因为权力清单强制政府所放之权乃是缺乏合法性证明或不合时宜的权力，是阻碍政府效能提高的权力。将权力消减以及下放给社会组织、市场过后，一方面瘦身后的政府机关可以将其行政资源投入其法定职责领域，提升政府效能；另一方面其他社会治理主体将展现在社会治理的舞台，充分发挥它们的资源优势。二者有效配合、互作、协同，实现国家治理能力的现代化。

由上述对行政自制理论与有限政府理论的研究可知，政府权力清单制度是实现行政自我规制与有限政府主要手段。行政自我规制与有限政府是退休政府权力清单制度的理论基础。

三、权力清单制度的政策取向

政府权力清单制度的推行模式是自上而下的政府推进模式，政府权力清单的内容是"通过政府文件的方式"规范的，因此，政策的导向作用是不可忽视的，制定和实施政府权力清单理应以中央政策为依据。研究政策导向是推进政府权力清单制度的前提。

（一）深入推进依法行政，建设法治政府

"推进依法行政、建设法治政府作为近现代政府管理模式的一场持久而深刻的革命，是人类从愚昧走向文明、从战争走向和平、从专制走向民主、从人治走向法治的一种普遍性规律和世界潮流。"❶ 根据 2004 年袁曙宏教授归纳，我国依法行政的发展经历了以下几个阶段，第一阶段（1978—1989 年）是以依法"治事"为中心的起步阶段；第二阶段（1989—1996 年）是以事后对公民权利救济和行政权力监督为重心的发展阶段和全方位规范阶段；第三阶段（1996—2004 年）是监督行政权运行过程的全面推进阶段；第四阶段

---

❶ 袁曙宏. 法治规律与中国国情创造性结合的蓝本 [J]. 中国法学，2004 (4).

(2004—2014 年）是全面推进依法行政阶段。[1] 本文认为第五阶段（2014 年至今）是深入推进依法行政阶段，以四中全会的《决定》为标志，四中全会《决定》提出"深入推进依法行政，加快建设法治政府"。

政府权力清单制度是深化推进依法行政的形式之一。具体表现在：首先，推行政府权力清单制度是进一步"坚持法定职责必须为、法无授权不可为"的合法行政。四中全会《决定》要求的"推进各级政府事权规范化、法律化""完善行政组织和行政程序法律制度，推进机构、职能、权限、程序、责任法定化。"其次，四中全会《决定》提出"全面推进政务公开"，并要求"各级政府及其工作部门依据权力清单，向社会全面公开政府职能、法律依据、实施主体、职责权限、管理流程、监督方式等事项。"是深化行政公开和高效便民的行政程序改革。

（二）促进政府简政放权

一是简政。三中全会《决定》指出，"全面正确履行政府职能""优化政府组织结构""转变政府职能必须深化机构改革""优化政府机构设置、职能配置、工作流程，完善决策权、执行权、监督权既相互制约又相互协调的行政运行机制"，从而达到进一步简政放权，"最大限度减少中央政府对微观事务的管理"之目的。创建权力清单制度，重在明晰政府机构部门的科学设置，裁撤兼并相关部门，联署办公，力求精简，集权审批。实施"大部制"是确保统一高效履行政府职能的较理想方式，如此，可以将原先诸多部门分散行政审批权合并或一事多证合一，可以最大限度减少市场经营主体市场准入审批难或办证环节多等现象，提升市场经营主体的市场入市积极性。

二是放权。国务院 2013 年简政放权之前，各部门行政审批事项 1700 多项，本届政府决心在任期内削减三分之一以上。2013 年取消和下放 416 项行政审批等事项，2014 年要再取消和下放行政审批事项 200 项以上。这表明简政放权是国务院未来五年新政的一项重要内容，是中央政府决心放权搞活地方经济的又一重大举措，也进一步表明地方政府将有更多更充分的地方事务自主权。还权属地，可以最大化调动地方政府发展经济的积极性，促进地方经济快速发展。

---

[1] 袁曙宏．法治规律与中国国情创造性结合的蓝本 [J]．中国法学，2004（4）.

(三) 强化行政权的自我制约和监督机制

政府权力清单制度本质上是行政权的自我控制。依据行政权自我控制理论，行政权自我控制是一种自律性控制、主动性控制、机制化的控制。在现代法治国家，权力的自我控制更加重要。行政权的自我控制，有利于降低行政权控制的成本；有利于建立行政权的良性运行机制；能够使行政机构体系树立起为全社会积极主动服务的信念。❶ 政府权力清单制度是对行政权力配置和运行的制度设计，通过政府权力清单的公开实现了行政权力的透明和接受公众的监督，政府权力清单制度是行政权自我控制的过程，即行政权的自我监督和制约。

"依法行政的宗旨是以'监督和规范行政权为重点，保护和扩展公民权为核心'"❷。三中全会《决定》提出"强化权力运行制约和监督体系"，要求"让权力在阳光下运行，是把权力关进笼子的根本之策"。四中全会《决定》又指出"强化对行政权力的制约和监督。"要求"行政机关要坚持法定职责必须为、法无授权不可为"。《意见》指出"通过建立权力清单和相应责任清单制度，进一步明确地方各级政府工作部门职责权限，大力推动简政放权，加快形成边界清晰、分工合理、权责一致、运转高效、依法保障的政府职能体系和科学有效的权力监督、制约、协调机制，全面推进依法行政。"

四、政府权力清单制度合法化的具体要求

(一) 政府权力清单制度应遵守合法行政的原则

权力清单制度的基本原则是指权力清单制定和施行的基本原则。根据权力清单和权力清单制度的法律定性，应遵守以下基本原则。

1. 遵守权力法定的原则

权力法定原则是指根据行政权力的性质和特征，政府的一切权力都应当是法定的，行政权力来源于法律，受法律的限制，超越法律规定而实施的行政行为无效。权力法定原则至少应该包含以下三层基本含义：第一，权力来

---

❶ 关保英. 论行政权的自我控制 [J]. 华东师范大学学报（哲学社会科学版），2003 (1).
❷ 袁曙宏. 法治规律与中国国情创造性结合的蓝本 [J]. 中国法学，2004 (4).

源法定。政府的一切权力来源于宪法和法律的授权,"无法律就无行政",政府不得通过经济或者行政法规、规章和文件为自己或下属机关设定法律没有授予的行政权力。第二,依法行政。政府必须在法律授权的范围内按照法定的程序行使权力,不得滥用权力,不得在法律没有规定的情况下使公民负担义务或者侵害公民的权利,也不得在法律没有规定的情况下免除行政相对人的法律义务。第三,越权无效。政府超越法律的授权行使的权力最终归于无效,因越权行为造成相对人权利损害的,政府要承担相应的行政责任,即行政赔偿责任。

权力清单制度以法定的形式厘清各级政府之间及其部门之间的权力边界,通过清单列明行政机关的权力类型、权力范围和权力行使的程序等,为行政机关的职权确立一个法定范围,超越此范围即构成越权,越权就会受到问责。由此可见,权力清单制度必须遵守行政权力法定原则及其具体要求,推动政府依法行政的进程,助推法治政府的构建和完善。

2. 遵守行政公开的原则

行政公开原则确立的目的在于增加行政的透明度,加强公众对行政的监督,防止行政腐败,保护公民的合法权益。根据行政权力的来源理论,行政行为是行政机关依法律规定或授权委托行使的。

政府权力清单制度是依据行政公开原则的要求,实现地方政府的行政权力信息的公开,将行政主体的法定职权类型和内容、职权的履行依据、职权履行的流程和结果等内容进行公开,充分保证行政权力运行的程序正当性。一方面政府权力清单制度方便公民知悉行政权力的运行,有效地参与行政活动,以保障自身法定权利的实现,同时增加公民对于行政机关及其行政行为的信任和认可度,降低社会交易成本。另一方面政府权力清单制度增加了行政权力的来源和行使的透明度,置权力的存在和行使于公民的监督之下,有利于公民行使宪法赋予的监督权利,敦促行政机关正确行使法定职权。

3. 遵守便民的原则

行政为民原则要求行政主体在行使行政权力时,以方便公民、法人和其他组织为活动的宗旨,采取便利行政相对人的方式和程序实施行政行为。权力清单制度正是通过明确行政权力的行使主体、行使方式和程序等,方便公众了解行政事务,公开行政机关行使权力的流程图,明确权力行使的方式、步骤和时限,便利公民积极参与、配合行政。政府权力清单制度彰显了行政法中以人为本的精神,制定清单在于实现权为民所用的目的,清单的实施自然应一切以服务于公民为准则。"国家不应有自身的目的,其全部目的应当在于为社会成员的发展提供方便和保障。在这个意义上,国家权力的存在和行使才是必要的、有益的、可以接受的。"❶ 政府权力清单制度所强调的行政为民也是当前所强调的服务行政的应有之义,行政为民是服务行政的内在要求和终极目的,是执政为民的一个具体表现形式。从政府权力清单所涉及的内容来看,政府权力清单同时也是政府的服务清单,通过权力清单的法律规范明确地方各级政府及其部门的服务项目、服务标准和内容,积极发挥政府服务的职能,提高为人民服务的水平。政府的威权理念转变为服务理念,政府与公众由一种传统的命令与服从,管理与被管理的关系转变为一种服务与合作的关系。

政府权力清单制度是政府及其部门"以'清权'(梳理政府及部门职责)、'确权'(编制权力目录和运行流程图)、'配权'(对现有权力进行调整、优化权力流程)、'晒权'(公开权力清单和流程)、'制权'(建立健全事中事后监管制度)"❷ 为核心内容的权力革命,其实质是给行政职权打造一个透明的制度笼子,将行政权力压缩到合法、合理、必要、可监督的范围,并置于阳光之下运行。政府权力清单制度并不是要清除和完全"没收"人民已经通过法律赋予政府及其所属部门行使的权力,而是要造就确保权力依法行使,使"权力在制度的笼子"得到有效的规范和监督的一项制度再造。

(二)强化政府权力清单上行政权的自我监督和制约机制

1. 合理配置行政权,并实现权责一致

(1)重视行政权的配置

国务院将合法、合理地配置行政权视为政府权力清单制度的首要任务。主要表现在:一是《方案》强调"全面清理中央指定地方实施的行政审批事项""继续取消和下放国务院部门行政审批事项""进一步取消下放投资审批权限"以及"进一步清理和取消职业资格许可认定"的规定。二是《意见》要求"全面梳理现有行政职权"和"大力清理调整行政职权。在全面梳理基础上,要按照职权法定原则,对现有行政职权进行清理、调整"等规定。

---

❶ [意] G. 萨托利. 民主新论 [M]. 冯克利, 阎克文, 译. 东方出版社, 1993:308.
❷ 任进. 权力清单制度迎难而进 [J]. 协商论坛, 2014 (6).

（2）同样重视责任清单

权力清单与责任清单是政府权力清单上的两个制度，密不可分。实践中有的政府也称其为政府权责清单。《意见》强调"在建立权力清单的同时"，"积极推进责任清单工作"，"要按照权责一致的原则，逐一厘清与行政职权相对应的责任事项，建立责任清单，明确责任主体，健全问责机制。"

2. 严格规范行政权的运行程序

（1）优化权力运行流程

《意见》坚持了行政时效原则和行政高效的正当程序原则，指出"制定行政职权运行流程图，切实减少工作环节"，特别强调"规范行政裁量权，明确每个环节的承办机构、办理要求、办理时限等"。

（2）公开权力清单

《意见》要求"除保密事项外"，实行政府权力清单制度的绝对公开，并进一步细化了《条例》的相关主动公开的规范，如"要以清单形式将每项职权的名称、编码、类型、依据、行使主体、流程图和监督方式等，及时在政府网站等载体公布"，"垂直管理部门设在地方的具有行政职权的机构"，"在本机构业务办理窗口、上级部门网站等载体公布。"使权力公开规范更具有操作性。

3. 强化了对行政权的内在监督

对行政权的内在监督是行政权自我控制的重要手段，是指行政主体运用法定的监督权，在行政体制内对行使行政权的一种自我监督方式。《意见》对行政权的监督包括事前监督、事中监督和事后监督。

（1）事前监督

审核确认制度是事前监督。《意见》规定"依法律法规审核确认制度"，要求"地方各级政府要对其工作部门清理后拟保留的行政职权目录，按照严密的工作程序和统一的审核标准，依法逐条逐项进行合法性、合理性和必要性审查"，"在审查过程中，要广泛听取基层、专家学者和社会公众的意见。审查结果按规定程序由同级党委和政府确认"。

（2）事中监督

动态管理机制是事中监督。《意见》要求"对权力清单未明确但应由政府管理的事项，政府部门要切实负起责任，需列入权力清单的，按程序办理。

建立权力清单的动态调整和长效管理机制"。

(3) 事后监督

问责制度是事后监督。《意见》要求"权力清单公布后，地方各级政府工作部门、依法承担行政职能的事业单位、垂直管理部门设在地方的具有行政职权的机构等，都要严格按照权力清单行使职权，切实维护权力清单的严肃性、规范性和权威性"，"对不按权力清单履行职权的单位和人员，依纪依法追究责任"。

(三) 地方政府权力清单制定的具体要求

1. 规范地方政府权力清单的制定主体

目前，我国地方政府权力清单涉及的行政区划级别包括省级、市级以及县级。与之对应的是，地方政府权力清单的制定主体应当是省级政府、市级政府、县级政府以及上级垂直管理部门。这种制定主体的分散化与非整合化，容易造成以下不良的局面：第一，不享有规章制定权的市级、县级政府以及上级垂直管理部门制定的地方政府权力清单的法律效力等级较低，类似于它们制定的行政规范性文件，政府机关可能以法律约束力较低为借口而肆意变通执行或不执行权力清单。第二，下级政府形成的既得利益格局较为牢固，并且下级机关经常摆脱上级机关的监督与控制。地方政府权力清单的制定都是由各级政府部门及下级垂直管理部门将自身拟存在的行政职权及承担的责任上报，再由各级政府及上级垂直管理部门来审核确定。无形之中，地方政府权力清单在很大程度上体现了各级政府部门及下级垂直管理部门的意思。因此，不享有规章制定权的市级、县级政府及其部门以及上级垂直管理部门执行自己报送的权力清单，难免不会避重就轻，走过场而已。第三，由于大部分的权力清单的效力较低，当行政行为所依据的较低位阶的法律条文侵害了相对人利益时，法院不能够以权力清单对行政职权的规定来审查法律条文的违法与否，这是一个很荒谬的问题。那么，权力限定与权利保障的目的将很难圆满实现。况且虽然《意见》规定了"省级政府2015年年底前、市县两级政府2016年年底前完成权力清单制定工作"，但该条并没有明确肯定省级政府部门权力清单必须由省级政府制定，市县级政府部门清单必须由市县级政府部门确定。因此，本文认为可以规范权力清单制定主体，提高权力清单的效力等级，避免下级机关的"乱作为"。这不仅能够为法院在以权力清单为依据审查行政行为做出的理由时提供了合法性，而且行政相对人及利益相关人亦能够以理由书中法律条文所设定的权力与责任违反了权力清单的规定为由，请求撤销、变更行政行为并附带对法律条文请求审查。具体构想如下：

首先，对于享有规章制定权的省级政府、较大的市级政府以及中央垂直管理部门直接制定本级行政区划内的权力清单。但是不应当以行政规章的形式为载体，仍以行政规范性文件为表现形式，否则违法的权力清单将不能被相对人诉诸法院请求司法审查。它的法律效力与对应的行政规章的效力相当，或略低于后者。其次，不享有规章制定权的市级、县级政府以及下级垂直管理部门将拟定的权力清单的初步方案上报给相对应的享有规章制定权的省级、市级政府以及中央垂直管理部门，由它们最终决定下级政府及垂直管理部门的权力范围与幅度。上级机关应当对下级机关的初步方案进行全面审查，保证它的真实性、合法性以及必要性。市级政府权力清单的制定必须以省级政府的权力清单为依据，而不可自成体系，但可以针对本地的实际情况做出因地制宜的变动。这对于上级政府及上级垂直管理部门来说将是个工程浩大的行政任务。但是权力清单制度是我国行政体制改革的重要一页，对于限定政府权力、实现有限政府来说具有无可比拟的作用。因此，政府机关在制定权力清单时不应过于求成，而应以系统化、整体化的思维方式来运筹帷幄。

2. 细化与落实行政责任

行政责任包括行政机关基于行政职权所应当承担的义务，以及在违反法定义务的情况下应当承担的行政执法过错责任。缺乏责任的义务对于政府机关来说，实则就是无齿的老虎，对其威慑力的效果将大打折扣。目前我国行政责任制度存在以下问题，"行政责任制存在权责脱节、权责不对称问题；设定行政责任的规范、主体、依据多；关于行政责任的适用条件与行政责任种类、幅度的规定，存在着不周全、不严格、不匹配的问题"。[1] 因此，有必要完善行政责任制度，防止义务与责任脱节，规范行政主体的职权行为，遏制行政权的滥用与不合理的支配。

目前，有些地方政府只制定出权力清单，责任清单还不见踪影；有些地方政府虽然制定了责任清单，但是行政责任的设定依然不具体、不明确；虽然有些行政责任规定在责任清单中，但是有些责任（与职权相对应的责任）或者存在缺失，或者没有规定在权力清单之中。与权力相对应的责任与职权

---

[1] 宋功德. 建设法治政府的理论基础与制度安排 [M]. 北京：国家行政学院出版社，2008：317-321.

统一规定在权力清单之中,更能明确行政机关在行使一定权力的情况下所应当承担的责任,权力与责任体系更加清晰明了,利于实施。一项完整的、实用性高的权力清单,内容应当是丰富的,不仅应包括权力归属、权力种类、权力依据、行政职责,还应当包括行政责任。在行政责任政出多门、实效性差的现实背景下,以权力清单的出台为契机,将特定的与权力相对应的行政责任设置纳入权力清单的规范之下,形成一个统一的、完善的权力归责体系。行政责任的设定应当注意以下问题:第一,省级政府应当首先确定省级部门的行政责任体系,下级地方政府应当根据它来划定本级行政区域的行政责任体系;第二,权力清单的制定者应当清理规定行政责任的法律文件,将不符合上级法律、法规、规章的规范性文件剔除出权力清单的设置依据行列,尤其是将红头文件毫无保留地排除出去。第三,行政责任应当具体详细,明确行政机关在行使何种权力时,应当承担何种义务以及在实施了何种违法行为时,承担何种行政责任,破除由于责任设置含糊不清、框架性以及笼统性而带来的弊端,实现真正的"有权必有责"的法律理念。比如,权力清单规定了某个部门享有在某个执法领域的行政处罚权,那么相应地,其亦应当规定基础处罚权而承担的义务以及在不同程度的不履行义务的情况下应当承担的行政执法过错责任。这亦可以为地方政府修改法律文件提供激励与动力,实现法律的科学化、细致化以及可操作性。

在法律规范的清理与修改不可能一蹴而就的情况下,通过统一的权力清单的制定,可以为行政官员滥用职权、违法利用职权提供明确的责任追究依据,也可以为以后的修法工作提供依据。"健全基于权力清单下的责任追究机制,以保证一旦出现不作为、乱作为等现象,就必须有一个明确的责任主体为之付出相应的代价。"[1] 权力清单的落实可以有效地解决由于行政责任的不清、不明、不具体导致的责任设置流于形式的困局。

3. 完善社会公众的参与机制

权力清单生成的理性化需要摆脱其单纯由政府机关自身进行设定的弊端,破除政府机关进行暗箱操作的可能;意味着"要通过法定主体对权力清单的内容进行必要的审查,看其是否客观、真实、合法,以防止各种'假公开'与权力反弹现象,确保权力清单的量与质并重"。[2] 权力清单的制作流程、时

---

[1] 何雨. 责任清单:构建基于社会治理背景下的权力清单制度核心 [J]. 上海城市管理, 2014 (4).

[2] 王春业. 论地方行政权力清单制度及其法制化 [J]. 政法论丛, 2014 (6).

间预定等事关公民知情权的因素应当向社会公开,由社会对其进行监督与批判。然而,令人遗憾的是,从目前来看,我国政府的权力清单的制作流程等有关信息是封闭的,社会公众无从知晓权力清单制定的进展如何。社会主体缺乏参与清单制作过程的机会与渠道,对其监督有心无力。虽然《意见》规定权力清单制定过程中,制定主体要广泛听取专家、学者以及社会公众的意见。但是这种规定只是一种例示性规定,而非强制性规定,对制定主体没有法律上的强制约束力。普通公众只是在权力清单制作后政府将其向社会公开之时才能接触它。

因此,各级机关应当制定行政规则,明确权力清单的制作程序,优化清单的制作流程,细化公民的参与程序。从下级机关的初步方案的拟定到上级机关对清单内容的最终决定,从清单制作的时间、主要实施机构、流程以及社会的参与都应当给予明确化。这使得公众对各级机关权力清单制定的监督更加便利化。各级机关在权力清单制定之时应当向社会公开进展情况、预计完成时间,周期性地将已经制定完成的内容向社会公开。公开的内容应当具体、详细,而非笼统、模糊;应当全面公布,而非有所保留、避重就轻。当统一的初步方案确立之后,各级机关应当向社会公告,规定一个公告期,在此期间区域内的公民可以不受限制地向各级机关提出自己的意见。各级机关应当积极主动、广泛听取专家、学者以及社会公众的意见,对于社会公众反响较为强烈的清单内容,各级政府应当给予重点对待,经过慎思以及反复论证后,进行全面、综合的衡量有争议内容保留的利与弊,最后才应做出决定。比如对于反映较为强烈的清单内容,政府可以依职权或依申请举行听证会,邀请可能涉及相关利益的代表者、权力的承担者以及专家、学者对权力保留的合理性进行充分的辩论,全面听取参与者各方的意见;或者可以依职权或依申请邀请中立的第三方评估机构(如各大高校、科研院所)对该内容进行评估,评估的目的是明确该内容的存在是否合法;若合法,那是否合理;保留与去除各自带来有利与不利的结果为何;最后给出一个专业意见。在清单制作过程中纳入社会公众参与机制,有利于加强公众对权力清单制作过程的监督,某种程度上可以保证清单内容的合法性、合理性以及必要性以便于实施。

4. 建立人大的事后审查机制

在权力清单的制作过程中,我们亦没有建立单方或多方主体对权力清单的事后审查机制,这造成了权力清单成为政府机关单纯的意思表达的困局。

虽然《意见》规定了审查制定结果按照规定程序由党委进行确认。但是，一方面由于其只是一个笼统性规定，较为原则性，缺乏具体的确认程序；另一方面由于党委成员大多数都是政府领导成员，这造成自己审查自己制定的权力清单的现象发生。因此，该条规定在现实的操作上效果不大。由于权力清单的编制与实施全由政府机关自身掌控，排除了其他机关对权力清单的适法性进行审查与评价。这种权力清单制定模式可能存在的随意性缺陷将会导致权力清单的权力划分游离于治之外，出现名为减权、实为增权或并权之势。这正如某学者所认为的，"那些看起来'小而美'或'整齐划一'的权力清单未必清晰可辨，有些只是换了个名头，有些做法甚至只是把碎片化的权力整合为更大的权力而已"。[1] 在缺乏其他主体监督与审查机制的桎梏下，政府机关暗箱操作成为可能，一些有悖于法律规范的权力可能继续被改头换面式地保存下来，权力清单晒权、划权、控权的法律效果大打折扣。因此，我们可以建立同级地方人民代表大会及其常务委员会（以下简称"人大及其常委会"）的事后审查机制。根据我国《立法法》第88条（二）："全国人民代表大会常务委员会有权撤销同宪法和法律相抵触的行政法规"，（五）"地方人民代表大会常务委员会有权撤销本级人民政府制定的不适当的规章"以及《地方各级人民代表大会和地方各级人民政府组织法》第8条（十一）"撤销本级人民政府的不适当的决定和命令"的规定，同级人大及其常委会对同级政府制定的权力清单享有审查与撤销的权力。政府机关应当将经过上述公告——评论程序后制定的权力清单及时送交同级人大及其常委会备案审查。同级人大及其常委会应当全面审查清单内容的合法性、合理性以及必要性，应当对专家、学者以及社会公众提出的意见进行全面分析，必要时可以向制作主体提出质询，要求其答复。经过分析，认为清单中的内容缺乏合法性证明与不合时宜的，应当要求制定主体限期予以改正。人大及其常委会的决定具有最终的、强制的法律效力，政府机关必须执行其决定。通过建立同级人大及其常委会对权力清单的审查机制，一方面有利于发挥我国人大及其常委会的法律监督的职能，提升人大及其常委会在国家机关中的现实地位；另一方面抑制了权力清单不真实、不合法的可能，避免各级政府暗箱操作以维持权力的藕断丝连。

由于时代的变迁，权力亦不可能是铁板钉钉，固定不变的。"权力清单是

---

[1] 周庆智. 控制权力：一个功利主义视角——县政"权力清单"辨析 [J]. 哈尔滨工业大学学报（社会科学版），2014（3）.

动态的，而非静态的，其应随着行政权力的变化、变迁而及时加以调整和修改"。❶ 因此，各级人大及其常委会的审查工作不仅包括权力清单制定后未发生法律效力前，还包括发生法律效力后；审查是周期性的而非一次完结的。各级人大及其常委会应当根据法律法规立改废释情况、机构和职能调整情况，予以动态地定期或不定期地审查清单内容的合法性、合理性以及必要性，在每次会议期间，应当对审查结果做出决定。对于那些不符合新时期相关法律、法规以及国家政策规定的或不合时宜的清单内容，人大及其常委会应当限期要求政府机关予以更正。

五、地方政府权力清单制度的实施和推进

自《国务院办公厅关于公开国务院各部门行政审批事项等相关工作的通知》（国办发〔2014〕5号）以后，国务院已将各部门行政审批初步的事项清单予以公开（正在听取社会各方面意见中），接着又发一系列关于取消行政审批的专项文件，《方案》是关于中央和地方政府及其工作部门推行权力清单制度的总体规划；《意见》是国务院对推行地方各级政府工作部门权力清单制度部署。国务院的上述举措反映了既全面推进权力清单制度又突出重点的工作安排。

（一）地方政府权力清单制度实施的时间表和路线图

事权清单是财权清单和人事组织权清单的基础，事权清单上规制的是政府承担社会管理事项，根据事权清单的范围配置相应的人事组织权和财权。2015年1月1日起施行《预算法》，规定"国家实行一级政府一级预算，设立中央，省、自治区、直辖市，设区的市、自治州，县、自治县、不设区的市、市辖区，乡、民族乡、镇五级预算。""政府的全部收入和支出都应当纳入预算。"一定意义上，各级政府预算清单即为该级政府财权清单，但是由于各级政府及其部门的事权还没有完成，制度化的财权清单也没有出台。关于人事组织权力清单，由于中央至地方政府的机构改革正在进行中，还没有立即完成的条件，政府人事组织权力清单需要通过行政体制改革来实现。因此，政府财权清单和人事组织权力清单与党的十八届三中、四中全会的要求还有

---

❶ 李和中，刘孀毅. 加强建立和完善行政权力清单制度［J］. 广州大学学报（社会科学版），2014（9）.

一定的差距。

目前，国务院和地方政府的部门事权清单正在推进中。在中央文件的部署下，以各工作部门为清单制定主体，每一级党委和政府为清单审核确认主体。进行中的事权清单包括国务院工作部门事权清单、省（直辖市、自治区）工作部门事权清单、设区的市（自治州）工作部门事权清单、县（区、自治县）工作部门事权清单。但是各级政府的事权清单还没有推行。

1. 国务院事权清单的制定是地方的模板和基础

本文以《方案》为界，将国务院政府事权清单工作大致分为两个阶段研究，前一个阶段的工作是通过对党的十八届三中全会以来，国务院出台的10个文件进行归纳（见表4-1）；后一个阶段的工作，是对《方案》中的内容进行归纳。从而总结国务院对下一步政府事权清单工作部署的时间表和路线图。

前一个阶段，表4-1的10份文件说明，国务院运用取消、下放和调整等手段已经全部展开行政审批权力清单工作。但是政府权力清单是一项渐进性的、长期的工作，不是一蹴而就的，需要建立动态机制，不断完善行政审批清单的内容。

表4-1 国务院关于取消和下放的行政审批决定列表（以文件的发布时间为序）

序号	文件名称	文件号
1	国务院关于取消和下放一批行政审批项目等事项的决定	国发〔2013〕27号
2	国务院关于取消和下放50项行政审批项目等事项的决定	国发〔2013〕19号
3	国务院关于取消和下放一批行政审批项目的决定	国发〔2013〕44号
4	国务院关于取消和调整一批行政审批项目等事项的决定	国发〔2014〕5号
5	国务院关于取消和调整一批行政审批项目等事项的决定	国发〔2014〕27号
6	国务院关于取消和调整一批行政审批项目等事项的决定	国发〔2014〕50号
7	国务院关于规范国务院部门行政审批行为改进行政审批有关工作的通知	国发〔2015〕11号
8	国务院关于取消和调整一批行政审批项目等事项的决定	国发〔2015〕11号
9	国务院办公厅关于清理规范国务院部门行政审批中介服务的通知	国办发〔2015〕31号
10	国务院关于取消非行政许可审批事项的决定	国发〔2015〕27号

资料来源：国务院网。

后一个阶段，国务院《方案》是关于简政放权放管结合转变政府职能的综合性文件，《方案》部署了以下工作及其时间安排：

(1) 关于行政审批权力清单

《方案》主要布置了2015年的行政审批权力改革任务，"全面清理中央指定地方实施的行政审批事项，公布清单，今年取消200项以上，6月底前将清单上报国务院"，"12月底前完成"；"全面完成国务院部门非行政许可审批事项清理和取消工作""5月底前完成"；"研究建立国务院部门权力清单和责任清单制度，开展编制权力清单和责任清单的试点工作""11月底前完成"；"清理规范国务院部门行政审批中介服务，公布保留的国务院部门行政审批中介服务事项清单，破除垄断，规范收费，加强监管"，是"全年工作"。

(2) 关于投资审批清单

《方案》计划"按照《政府核准的投资项目目录（2014年本）》，进一步取消下放投资审批权限"，"12月底前完成"；"制订并公开企业投资项目核准及强制性中介服务事项目录清单""12月底前完成"。

(3)《方案》关于其他权力清单

第一，关于职业资格清单，主要计划"研究建立国家职业资格目录清单管理制度""12月底前完成"；第二，关于收费清单，"编制并公布全国性及中央部门和单位收费目录清单（其中，行政审批中介服务收费目录清单在国务院审改办会同有关部门公布的中介服务事项清单基础上公布），9月底前完成""指导和督促各省级人民政府开展本地区收费基金清理规范工作，由省级人民政府公布取消、调整和规范本地区收费基金的政策措施。公布省级收费目录清单（其中，省级经营服务性收费目录清单在修订政府定价目录基础上公布），8月底前完成"；第三，关于商事清单，主要计划"制定落实'先照后证'改革严格执行工商登记前置审批事项的意见，公开决定保留的前置审批事项目录""6月底前完成"。

2. 地方政府事权清单的落实情况——以辽宁省政府为例

(1) 国务院对地方事权清单工作的主要安排

《意见》提出全面"推行地方各级政府工作部门权力清单制度"，"依法承担行政职能的事业单位、垂直管理部门设在地方的具有行政职权的机构等，也应推行权力清单制度。"明确省级政府今年年底前、市县两级政府2016年年底前要向社会公布权力清单。《方案》计划"拟订地方政府工作部门权力清单和责任清单工作手册，12月底基本完成省级政府工作部门、依法承担行政职能事业单位权力清单的公布工作"。

表4-2 辽宁省政府关于事权清单的文件列表（以文件的发布时间为序）

序号	文件名称	文件主要内容
1	辽宁省人民政府关于第八批取消和调整行政审批项目的决定（辽政发〔2013〕5号）	省政府决定第八批取消和调整行政审批项目84项，其中，取消49项，合并5项，下放管理层级30项
2	辽宁省人民政府关于取消和下放一批行政职权项目的决定（辽政发〔2013〕21号）	省政府决定取消和下放行政职权项目共353项。其中，取消153项，下放174项，其他21项；下放涉密职权5项
3	辽宁省人民政府关于取消和下放一批行政职权项目的决定（辽政发〔2014〕14号）	省政府取消和下放的行政审批项目目录（共计158项，其中：取消65项，下放93项）
4	辽宁省人民政府关于发布辽宁省政府核准的投资项目目录（2014年本）的通知（辽政发〔2014〕21号）	辽宁省政府核准的投资项目目录（2014年本）
5	辽宁省人民政府关于取消和下放一批行政审批项目的决定（辽政发〔2014〕30号）	省政府决定取消和下放的行政审批项目目录（共计155项，其中：取消64项，下放88项，暂停3项）
6	辽宁省人民政府关于发布辽宁省政府核准的投资项目目录（2015年本）的通知（辽政发〔2015〕7号）	辽宁省政府核准的投资项目目录（2015年本）
7	辽宁省人民政府关于印发2015年推进简政放权放管结合转变政府职能工作方案的通知（辽政发〔2015〕19号）	辽宁省落实国务院《意见》的工作方案

资料来源：辽宁省政府网。

（2）地方政府积极落实地方政府权力清单工作

地方各省级人民政府也纷纷出台关于地方政府权力清单的具体方案，基本上按照中央的《意见》，一步步实施中央的《方案》。以辽宁省为例，表4-

2中列出了党的十八届三中全会以来,辽宁省落实中央文件部署,发布的省内文件,反映了辽宁省在逐步推进事权清单制度的情况。表4-2显示,地方政府在积极地推进和完善部门权力清单制度,但是仍处在初级阶段:第一,(前6份文件)三次取消和下放的行政审批项目,除了两次核准辽宁省的投资项目以外,取消和下放其他行政职权项目共353项;第二,(第7份文件)辽宁省落实国务院《意见》的工作方案,对工作任务、责任单位以及时间任务做了具体安排。实践中,2015年7月14日,《辽宁省政府工作部门权责清单》公布。最终纳入的行政职权共1928项,与2011年相比减少3808项,精简比例达66%,比计划提前半年完成。❶

（二）进一步推进与完善地方政府权力清单制度的建议

1. 深化改革是完善地方政府权力清单制度的基础

从中央和地方的政府权力清单制度实施的现状看,随着社会发展与改革的深入以及立法的变动,需要不断调整政府权力清单上的权力。政府权力清单制度必须建立一个动态化、常态化机制。为此,各级政府下一步的任务:①厘清中央与地方政府的事权,是完善事权清单及其制度的基础。按照三中全会的要求"最大限度减少中央政府对微观事务的管理……直接面向基层、量大面广、由地方管理更方便有效的经济社会事项,一律下放地方和基层管理","加强中央政府宏观调控职责和能力,加强地方政府公共服务、市场监管、社会管理、环境保护等职责","国防、外交、国家安全、关系全国统一市场规则和管理等作为中央事权;部分社会保障、跨区域重大项目建设维护等作为中央和地方共同事权,逐步理顺事权关系;区域性公共服务作为地方事权"。四中全会《决定》要求"完善不同层级政府特别是中央和地方政府事权法律制度,强化中央政府宏观管理、制度设定职责和必要的执法权,强化省级政府统筹推进区域内基本公共服务均等化职责,强化市县政府执行职责";②加快财税制度改革,为实行财权清单制度奠定基础。按照三中全会的要求"建立事权和支出责任相适应的制度","保持现有中央和地方财力格局总体稳定,结合税制改革,考虑税种属性,进一步理顺中央和地方收入划分","改革税制、稳定税负、透明预算","改进预算管理制度""完善税收制度";③深化体制改革,加快人事组织清单的制度建设。按照三中全会《决

---

❶ http://www.ln.gov.cn/. 最后访问时间2015年7月22日。

定》要求"转变政府职能必须深化机构改革","优化政府机构设置"。四中全会《决定》要求"深化行政执法体制改革。根据不同层级政府的事权和职能,按照减少层次、整合队伍、提高效率的原则,合理配置执法力量","推进综合执法,大幅减少市县两级政府执法队伍种类","完善市县两级政府行政执法管理,加强统一领导和协调"。

2. 解决地方政府权力清单制度实施过程中的问题

在推行地方政府权力清单制度的过程中,存在着对制度的认识、编制、公开和诉讼等领域的问题。其成因有认识上的误区,也有具体操作上的问题,甚至涉及制度创设上的问题。针对上述问题提出以下建议:

第一,地方政府权力清单编制是一个多程序综合性的过程,下列环节相当重要:一是配置专门的机构和专业的人员;二是梳理行政权力并进行科学的分类,特别是按照行政许可、行政处罚、行政强制、行政征收、行政给付、行政检查、行政确认、行政奖励、行政裁决和其他类别等的行政权进行分类;理论与实际相结合,实务部门主导编制工作,理论研究者积极参与;三是完善行政权力清理的后续处理机制,而且地方政府权力清单编制的延续环节是不可缺少的,即随着法律规范进行修订、废除,地方政府权力清单及时相应调整,并形成常态化监督和调整机制。第二,地方政府权力清单的公开按照政府信息公开的方式。政府权力清单应该在政府网站的信息公开栏目,作为政府信息公开的一项。从已经公布权力清单的辽宁省、浙江省、江苏省、安徽省、山东省、吉林省等省份看,多数是运用滚动信息方式,很少在政府信息公开或政务公开栏目公布。此外,要积极探索开拓新的信息平台,进一步扩大政府权力清单公开的覆盖面和影响力。第三,地方政府权力清单制度相关的纠纷,通过行政复议和行政诉讼等救济方式解决。从案件类型(案由)上,应归属于信息公开类。地方政府权力清单不是证据,是行政执法依据,因为政府权力清单具有规范性文件的法律效力。

结　语

我国政府已进入了依法行政发展的第五个阶段,即深化推进依法行政阶段。地方政府权力清单制度是政府实现自我控制的途径,其主要功能是制约和监督行政权。政府权力清单是通过"清理""取消"行政权,以实现简政放权转变政府职能的需要。与政府信息公开不同。不同角度的分类,使权力清单的内涵更清晰，制度化的政府权力清单是行政执法的行为规范，是清单形式的行政职权目录，其性质是行政规范性文件；地方政府权力清单制度是一整套制度体系，制定政府权力清单既是抽象行政行为也是内部行政行为，公开政府权力清单是政府信息的主动公开方式。

四中全会《决定》强调"推进各级政府事权规范化、法律化"，政府权力清单的法律化是指完善相关配套立法。成熟市场经济国家如英美日德等国都用法律的形式对政府间的事权财权关系进行明确规范。❶ 以事权立法为例，我国事权立法有宪法和组织法，以及其他法律、行政法规、地方性法规和规章，但一方面规范过于原则，有待于细化，另一方面关于中央与地方行政权的界限不清，地方各级政府间的行政权界限不清，各级政府与其工作部门的行政权界限不清，地方政府权力划分主体也没有立法明示。加强关于政府组织立法和财政立法，是一项紧迫任务。

■ 参考文献

[1] ［英］洛克. 政府论下篇——论政府的真正起源、范围和目的 [M]. 叶启芳，瞿菊农，译. 北京：商务印书馆，1964.

[2] ［英］威廉·韦德. 行政法 [M]. 北京：中国大百科全书出版社，1997.

[3] 张根大. 法律效力论 [M]. 北京：法律出版社，1999.

[4] 沈亚平. 行政学 [M]. 天津：南开大学出版社，2010.

[5] 沈亚平，王骚. 社会转型与行政发展 [M]. 天津：南开大学出版社，2005.

[6] 沈亚平. 公共行政研究 [M]. 天津：天津人民出版社，1999.

[7] 傅小随. 中国行政体制改革的制度分析 [M]. 北京：国家行政学院出版社，1998.

[8] 阿克顿. 自由与权力 [M]. 北京：商务印书馆，2001.

[9] 程文浩. 国家治理过程的"可视化"如何实现——权力清单制度的内涵、意义和推进策略 [J]. 人民论坛·学术前沿，2014（9）.

[10] 杨伟东. 行政权力清单制度的意义和落实 [J]. 中国法律，2014（1）.

[11] 周庆智. 控制权力：一个功利主义视角——县政"权力清单"辨析 [J]. 哈尔滨工业大学学报（社会科学版），2014（3）.

[12] 何雨. 责任清单：构建基于社会治理背景下的权力清单制度核心 [J]. 上海

---

❶ 寇铁军. 政府间事权财权划分的法律安排 [J]. 法商研究，200（6）.

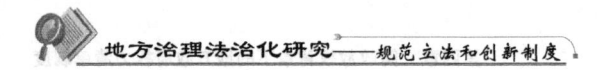

城市管理，2014（4）．
[13] 陈世荣．法律效力论．法学研究，1994（4）．
[14] 程守艳．从"权力清单"到"责任清单"——对政府职能部门权限划分的思考［J］．江苏技术师范学院学报，2011（3）．

第五章 合作治理（PPP）中的政府购买服务的范围与方式、纠纷解决机制和政府担保责任

本章摘要：与西方国家相比，我国的政府购买服务实践是刚刚起步，在社会合作治理背景下，以政府简政放权为目的，党的十八大以后，我国政府出台了一系列文件，本文以法政策学为视角，对中央政府购买服务相关政策的正当性、合法性进行了研究，主要观点包括：政府购买服务是政策术语，其法律性质就是政府采购。我国的公私合作行政包括公用事业的民营化和政府购买服务。关于政府购买服务的范围，目前的政府文件对政府购买服务的范围仅规定了"事务性管理服务"，该规定过于笼统，实践中难以把握，我国《政府采购法》及其《实施条例》也忽视了政府购买服务范围的规定，因此，建议建立购买服务内容的常态化调整机制。关于政府购买服务的基本方式，目前存在着地方政府文件中的购买服务的方式与实践中购买方式的名称不统一、不规范，以及政府文件中的购买方式与《政府采购法》中的方式不一致等问题，因此，借鉴西方国家的经验，我国立法应将购买方式统一为合同外包、公私合作、补助、凭单制等基本方式。关于政府购买服务纠纷解决机制的立法，受德国双阶理论和行政形式选择自由理论的启示，我国政府购买服务相关立法接受了学界分阶段立法的做法。关于责任承担，在消费者权益保护上，借鉴国外私法人承担公法义务的观点，承接者可以直接作为行政主体承担责任，因为承接者是为了实现政府的义务；按照国家担保义务理论，建议政府承担连带责任。

关键词：政府购买服务；政府采购；政府购买服务的范围和方式；政府担保责任

引　言

（一）以合作治理为研究背景

党的十八届三中全会《中共中央关于全面深化改革若干重大问题的决定》（以下简称《决定》）中从"社会管理"到"社会治理"的用语的变化，这种语义变迁是社会治理模式的变迁，并明确提出"创新社会治理体制、提高社会治理水平。"从治理主体多元化的角度，社会治理的实质是基于法治前提下的社会共治。这样的社会共治是国家治理体系和治理能力现代化非常重要的内容，它不仅仅是政府治理，而且要求社会合作治理：第一，政府简政放权、转变职能，社会组织积极参与公共服务。改变政府包办一切的社会管理模式。第二，全面实施政府购买服务。依据相关文件的要求，政府要逐步将事务性服务职能转变给社会。通过政府购买服务的方式实现执法职能。政府主要向社会购买教育、社会保障、医疗卫生、食品安全、扶贫、慈善、社会救助和妇女儿童、老年人、残疾人等方面的服务。第三，重视社会组织和公民的自治，包括发挥社会自治组织的治理能力，如行业协会、基层社会组织自治，以及激发和鼓励公民参与社会治理。由此可见，政府购买服务是社会合作治理的重要一环。党的十八届三中全会《决定》提出，要"推广政府购买服务，凡属事务性管理服务，原则上都要引入竞争机制，通过合同、委托等方式向社会购买"。这说明我国已经将政府购买服务提升到国家改革的层面，政府购买服务的制度化、法制化研究同样需要跟进。

（二）政府购买服务的正当性

政府购买服务是西方政府重要的政策和制度工具。起源于西方，也成熟于西方。自20世纪70年代末，政府购买公共服务形成了一股席卷全球的政府治理与服务的潮流，公共行政管理理论对政府购买服务有决定性的影响。主要包括新公共管理理论、公共产品理论、公共治理理论、公共经济学理论、公民社会理论等。这些理论分别在不同的方面解决了政府购买服务一系列的理论问题，成为政府购买服务背后的理论逻辑。主要表现在：第一，新公共管理理论主张政府失灵，以政府"掌舵而不是划桨"为基本原则重塑政府，1992年，"重塑政府"理论的代表人物戴维·奥斯本和特德·盖布勒提出了

第五章　合作治理（PPP）中的政府购买服务的范围与方式、纠纷解决机制和政府担保责任

新公共管理改革的十大原则，首要原则就是："起催化作用的政府——掌舵而不是划桨。"[1] 政府角色应由"划桨人"转为"掌舵人"，这是对政府职能的重新定位，政府成为政策制定的角色而不是具体执行者，政府负责提供公共服务，但并不一定由政府亲自生产，而是由社会组织与企业来进行公共服务的生产，从而形成竞争机制，以达到克服政府独断的弊端。第二，公共产品理论主张逐步实现公共产品供给的市场化、民营化与社会化，并主张采用合同外包等方式广泛地推进购买公共服务。认为公共产品的分类是政府购买公共产品与服务的前提。依据公共产品的非竞争性与非排他性的特征，可以将公共产品分为纯公共产品与准公共产品两大类。其中纯公共产品称为公共产品，如国防、国家安全、行政管理、司法管理、立法、基础科学研究，等等。而只具备较大的外部收益性的那些产品称为准公共产品。公共产品理论认为，纯公共产品可以直接由政府提供；而准公共产品则可以由市场或社会提供，这就导致了公共产品提供方式的多元化，实质上是社会参与了公共治理。第三，政府与社会合作伙伴关系理论主张"参与式国家"的治理模式，市场经济体制的结果，必然使现代公民社会和社会组织不断壮大，公民自治水平与公共参与治理的水平不断提高，使社会组织成为公共产品的提供者、参与公共管理。在公共服务供给过程中，政府与非营利组织之间形成了一种合作伙伴的关系。美国学者萨拉蒙提出了"第三方治理"的概念。认为应该让第三部门或非营利组织成为公共服务领域合法主体，即为"第三方治理"。第四，公共治理理论主张建立政府与社会合作的公共管理模式。治理理论是20世纪90年代兴起的一种公共管理理论，认为治理是各种公角色界定的基础。[2] 政府本质上是公共服务的安排者，政府规划提供公共服务的范围、提供公共服务的对象，监管提供公共服务的程度与水平，以及解决公共服务的资金问题等。在供给公共服务的过程中，政府的职能主要是政策制定、公共服务优先领域确认、公共服务监督和评估，等等。第五，服务型政府理论主张要建设职能科学、结构优化、廉洁高效、人民满意的服务型政府。这是我国独特的理论，是我国政府购买公共服务的理论基础。党的十八大报告提出，变革公共服务提供方式是解决我国公共服务供给不足、建设服务型政府的有效途径。

---

[1] David Osborne and Ted Gaebler. Reinventing Government: How the Entrepreneurial Spirit is Transforming the Public Sector [M]. Addison-Wesley Publishing Company, Inc. 1992.

[2] [美] E.S.萨瓦斯. 民营化与公私部门的伙伴关系 [M]. 北京：中国人民大学出版社，2002：68.

政府在购买服务中，除了提供自身具有优势的公共服务，还应做好公共服务的政策规划、标准制定、资金预算、绩效管理等方面的工作，提高公共服务的公平性和公正性；同时也可以引入竞争机制，提高公共服务的质量，降低政府行政成本。

(三) 法治化研究的必要

1. 我国政府购买服务的实践进程

我国将较为完善的西方理论和实践经验借鉴到中国，经历了不断尝试并进入逐步全面推广的阶段。中国政府购买服务与中国的改革模式一样，自上而下地推进，政府推进购买服务经过两个阶段：第一阶段，试点阶段，先从地方试点，以 1996 年上海基督教青年会接受政府养老服务委托为标志，北京、南京、无锡、深圳等地陆续在医疗卫生、社会矫正、社区建设等领域打破政府垄断，2005 年国务院扶贫办通过招标程序购买实施"非政府组织与政府合作实施村级扶贫规划试点项目"，中央政府部门也开始了政府购买方式的尝试。第二阶段，中央和地方政府致力于制度构建阶段，2011 年至今，国务院颁布的《国家基本公共服务体系"十二五"规划》首次较为系统地勾勒出了基本公共服务的制度性安排，接着中央政府出台了三个政策，2013 年 9 月国务院办公厅颁布了《关于政府向社会力量购买服务的指导意见》（以下简称《意见》）明确提到，到 2020 年在全国基本建立比较完善的政府向社会力量购买服务制度。各地方纷纷出台执行性意见和政府购买服务目录。由此，我国政府通过政策构建政府购买服务的制度已走在路上。

2. 法政策学角度研究的滞后

对政府购买服务的我国学术研究起步较晚。我国学界对政府购买服务研究始于 20 世纪末，中国知网的学术期刊（网络版）收录最早的一篇论文是 1999 年徐月宾的题为"西方福利国家社会服务发展的趋势——政府购买服务"的文章，随后几年每年有零星的相关论文发表，2002 年的《政府采购法》出台，也没有燃起学界研究的热情，可能是因为《政府采购法》字面上没有明示政府采购包括政府购买服务。但是 2012 年后学界每年发表的论文成倍增长，2012 年 86 篇、2013 年 148 篇、2014 年 398 篇和 2015 年 439 篇，这是由于中央政府从 2012 年至 2015 年出台了 4 个相关文件推进我国政府购买服务，说明学界研究的务实。从学科上统计，学界成果主要集中于行政管理学、经济学、政治学、社会学以及法学（按成果数量由多及少的顺序排列）。单从

第五章 合作治理（PPP）中的政府购买服务的范围与方式、纠纷解决机制和政府担保责任

法学上看，经济法学成果 30 篇，诉讼法学 13 篇，行政法学成果 11 篇。由此看出，法学成果较其他学科较少，在法学内部，行政法学关注政府购买服务的最少，而政府采购行为是行政行为，此为研究的遗憾之一。诚然，政府购买服务是政府公共管理中的事务，因此，公共管理学的成果最多，其主要观点：有的学者认为，政府购买服务就是将公共服务以公开招标、委托、补助补贴等方式交给非营利性/营利性社会组织去生产，以创新政府公共管理，提高政府行政效率、公共服务质量以及资源利用率。❶ 还有的学者明确了政府在购买公共服务时的职责，主要是确定购买公共服务的内容、范围、方式、质量要求以及评估标准、评估效果等，并对公共服务生产方起到监管作用。❷ 还有些学者认为，政府购买服务是政府的一种契约化采购行为，要以服务公众为主要目的，承担筹措资金、监督以及评估的责任。通过对上海市政府购买服务的实践经验进行总结，认为上海市政府购买服务方式主要有合同出租、公私合作、费随事转（补贴制度范畴）和竞争性购买四种，涉及行业性服务与管理类、社区服务与管理类、行政事务与管理类等。❸ 上述研究成果深入我国政府购买服务的制度研究，如政府购买服务的目的、方式以及内容等方面，值得下一步研究借鉴，也是下一步研究的基础。本文拟从法政策学视角，对我国政府购买服务政策、立法以及实践中的具体问题进行研究，拟采用定性研究、分类研究和比较研究等方法，目的是为进一步完善政府采购法服务。

一、政府购买服务的法律定性、内涵与分类

（一）政府购买服务的法律定性

1995 年上海市财政局和卫生局联合下发了《关于市级卫生医疗单位加强财政专项修购经费管理的若干规定》，开始使用"政府采购"一词；而政府购买服务试点的标志是，1996 年，上海市浦东新区社会发展局向民办非企业单位"罗山会馆"购买服务，这被官方称为"政府购买服务"。由此，"政府采购"和"政府购买"在使用上开始造成误区，甚至有人认为二者是两回事。

---

❶ 徐家良，赵挺．政府购买公共服务的现实困境与路径创新：上海的实践 [J]．中国行政管理，2013（8）．

❷ 朱眉华．政府购买服务——项社会福利制度的创新 [J]．社会工作，2004（8）．

❸ 郑卫东．城市社区建设中的政府购买公共服务研究——以上海市为例 [J]．云南财经大学学报（社会科学版），2011（1）．

1. "政府采购"的汉语含义包括"政府购买"

根据《现代汉语词典》的解释，购买就是买的意思；采购是指选择购买（多指为机关或企业）。[1] 显然，比较购买和采购的含义，采购的范围要窄：一是采购强调有选择；二是采购的主体一般是机关和企业，这就与家庭和个人的购买相区别。鉴于以上分析，笔者认为，对于我国时下习惯所说的"政府购买服务"，用"政府采购服务"来表达更贴切。如此，则也就不存在因"政府采购"和"政府购买"文字使用的不同，而产生《政府采购法》不适用政府购买服务的问题。

英语的含义与中国正相反，政府采购中"采购"的英文为"procurement"。在国内，为区别政府采购与政府购买，通常将政府购买中的"购买"翻译为英文"purchase"。根据《牛津高阶英汉双解词典》[2] 的解释，purchase 的中文含义是购买；procurement 则有获得的意思，尤指费心或费力获得。可见，在英语中，purchase 的内涵要大于 procurement。因此，如果将"政府采购"一词用"政府购买"一词来表达，虽然词义表达没有错误（因为"购买"的内涵要包括"采购"），但却不能准确反映政府部门购买货物、工程和服务是在一系列规章制度约束下的审慎决策的结果。"政府购买"早就成为国外新型的公共管理模式之一。由此，我国学界和政府早期引用"政府购买"一词，是受国外影响的结果。

因此，"政府采购"和"政府购买"在中文词义上是不同的，政府采购的汉语含义包括政府购买，为政府购买的定性打下基础。

2. 政府购买服务的法律性质是政府采购

政府购买服务不是法定概念，是政策上的用语即政策术语，我国政策术语是在政府实务中使用，可以与法律术语不同，这就有必要对其法律定性，因为法律定性是解决法律适用的关键，也是理解其法定内涵的依据。

大量的政府文件使用"政府购买"这一术语。从中央层面归纳，政府文件中大量使用"政府购买"一词，主要包括 2012 年 11 月民政部、财政部联合下发的《关于政府购买社会工作服务的指导意见》《国务院办公厅关于政府向社会力量购买服务的指导意见》、2014 年 11 月 25 日财政部、民政部下发《关于支持和规范社会组织承接政府购买服务的通知》，以及 2014 年 12 月 15

---

[1] 章辉. 扩大服务类政府采购路径分析 [J]. 财政研究, 2013 (4).
[2] 牛津高阶英汉双解词典 [M]. 北京：商务印书馆, 1997: 1177, 1204.

第五章　合作治理（PPP）中的政府购买服务的范围与方式、纠纷解决机制和政府担保责任

日财政部、民政部和工商总局联合下发关于印发《政府购买服务管理办法（暂行）的通知》（以下简称《管理办法》）；从地方层面归纳，在10余年的地方政府采购服务实践中，地方政府及其部门出台了大量的文件使用"政府购买"一词，例如北京市的《北京市关于政府向社会力量购买服务的实施意见》《北京市2014—2015年市级政府向社会力量购买服务指导性目录》，天津市的《关于政府向社会力量购买服务管理办法》，等等，"政府购买"一词已成为政策普遍使用的术语。

政府购买服务，是"政府购买基本公共服务"的简称。《管理办法》第2条第一款进行了定义性规定，即政府购买服务是指通过发挥市场机制作用，把政府直接提供的一部分公共服务事项以及政府履职所需服务事项，按照一定的方式和程序，交由具备条件的社会力量和事业单位承担，并由政府根据合同约定向其支付费用。显然，这是官方通过行政规范性文件的形式界定的概念。那么政府购买在法律上如何定性？与政府采购是什么关系？2002年施行的《政府采购法》并没有明确规定政府采购的服务范围，2015年3月1日起施行的《政府采购法实施条例》明确规定了政府采购的服务，"包括政府自身需要的服务和政府向社会公众提供的公共服务。"显然《政府采购法》中的服务范围包括《管理办法》中的"政府购买服务"的范围，因此，《政府采购法实施条例》解决了"政府购买服务"的定性问题，即政府购买服务是政府采购的一部分，其实质是政府采购。《政府采购法》及其《实施条例》应该是政府购买服务仅有的立法依据。

3. 政府购买和民营化都是公私合作行政

购买服务已成为各国政府提供公共服务的一种重要方式，它意味着政府不再通过自己的机构和雇员来生产公共服务，而是把这一职能转交给第三方（如私人企业、非营利组织或半公半私的组织）来承担。由于政府购买公共服务的兴起，很多学者甚至提出，合同国家正逐步取代行政国家。[1] 事实上，政府购买公共服务并不是一个很新的理念，历史上早就存在，只不过到了20世纪末在新公共管理运动的影响下得到了前所未有的关注。[2] 也正因如此，在西方国家，尤其是美国，政府购买公共服务已经是公私合作行政的最常用的

---

[1] Christopher Hood. Which Contract State? Four Per-spectives on Over-outsourcing for Public Services [J]. Australian Journal of Public Administration, 1997 (3).

[2] Jeffrey. Brudneyetal Exploring and Explaining Contracting out: Patterns among the Ameriacan States [J]. Journal of Public Administration Research and Heory, 2005 (3): 339.

手段。

"民营化"不仅是一个法律概念,也是一个政策上的术语。20世纪70年代,民营化大师萨瓦斯认为,民营化是一种政策,即在引进市场激励以取代对经济主体的随意的政治干预,从而改进一个国家的国民经济。从发展历程看,西方国家政府购买公共服务经过了从重视民营化到重视公私合作生产,再到广泛引入社会组织参与公共服务供给的过程,积累了许多经验。❶ 我国政府采取自上而下推行的方式推行民营化,我国实施民营化政策较晚,2002年12月建设部发布了《关于加快市政公用行业市场化进程的意见通知》,明确提出"鼓励社会资金、外国资本采取独资、合资、合作等多种形式参与市政公用设施建设,形成多元化的投资结构"这是中央政府推行民营化的首发文件,接着2005年1月,国务院在《关于鼓励支持和引导个体私营等非公有制经济发展的若干意见》中更加明确地提出"放宽非公有制经济市场准入,允许非公有资本进入法律法规未禁入的行业和领域",等等,目前为止,中央已经出台了一系列的公用事业领域民营化的文件;地方政府也纷纷推行民营化,如2003年1月,江苏省人民政府发布了《关于进一步推进全省城市市政公用事业改革的意见》,2004年11月,浙江温州市人民政府则提出了"非禁即入、有需则让"的口号,我国通过民营化逐渐建立起了多元化的公用事业投资体制。

公私合作行政在我国发展的第二阶段表现为政府购买服务的推进,使公私合作的领域得到了扩展。从理论基础上看,政府购买服务的理论基础与民营化的理论基础相同,都是新公共行政管理理论;从实质上看,政府购买服务与民营化都是社会组织参与社会治理;从目的上看,政府购买服务与民营化,都是为了打破政府"独断",转变政府职能,实现社会自治;从方式上看,政府购买服务和民营化是两种公私合作的方式。因此,政府购买服务是我国政府继民营化后,向社会治理走出的第二步。

(二)《管理办法》中政府购买的内涵

《管理办法》(财综〔2014〕96号)是财政部、民政部和工商总局联合制定的行政规范性文件。是目前为止最新的政府对购买服务的规范性文件,是财政部、民政部和工商总局为了执行《政府采购法》,以及国务院的《关于政

---

❶ 李军鹏. 政府购买公共服务的学理因由、典型模式与推进策略 [J]. 改革, 2013 (12).

第五章 合作治理（PPP）中的政府购买服务的范围与方式、纠纷解决机制和政府担保责任

府向社会力量购买服务的指导意见》（国办发〔2013〕96号）而制定。中央政府的《管理办法》关于政府购买服务的规定应该具有一定的权威性意义。

1. 关于政府购买目的

《管理办法》第1条规定了政府购买服务的目的："为了进一步转变政府职能，推广和规范政府购买服务，更好发挥市场在资源配置中的决定性作用。"这条规定包括几层含义：一是政府购买服务的目的，是把政府的职能进一步转移给社会和市场，以减少政府亲力亲为，以达到转变政府职能的目的；二是要求推广政府购买服务的同时，要加强规范；三是政府购买服务的目的是充分利用市场的竞争机制和社会的自主性能力，以实现社会多元治理的机制。

2. 关于政府购买的当事人

《政府采购法》第14条规定，"政府采购当事人是指在政府采购活动中享有权利和承担义务的各类主体，包括采购人、供应商和采购代理机构等"，而《管理办法》规定的政府购买服务中的当事人是指购买人和承接者。其中，关于政府作为购买人的规定，是《管理办法》第4条和第5条，政府购买服务的购买人是各级行政机关和具有行政管理职能的事业单位，以及纳入行政编制管理且经费由财政保障的群团组织，因此，政府购买服务的购买人就是《政府采购法》中的采购人。

关于购买服务的承接者，也称为购买对象。《管理办法》第6条规定："承接政府购买服务的主体也是承接者，是指在登记管理部门登记或经国务院批准免予登记的社会组织、按事业单位分类改革应划入公益二类或转为企业的事业单位，依法在工商管理或行业主管部门登记成立的企业、机构等社会力量。"特别是《管理办法》第7条分别对不同性质的承接者进行了规定，包括具备条件的社会力量和事业单位。其中对上述社会力量的具体要求："依法设立，具有独立承担民事责任的能力；治理结构健全，内部管理和监督制度完善；具有独立、健全的财务管理、会计核算和资产管理制度；具备提供服务所必需的设施、人员和专业技术能力；具有依法缴纳税收和社会保障资金的良好记录；前三年内无重大违法记录，通过年检或按要求履行年度报告公示义务，信用状况良好，未被列入经营异常名录或者严重违法企业名单"。对事业单位成为承接者的要求是"符合国家有关政事分开……的要求"。由此，《管理办法》中的"承接者"就是《政府采购法》的"供应商"。《管理办法》关于承接者的条件要求比《政府采购法》对供应商的要求更具体和严格。

3. 关于政府购买服务的范围

关于政府购买服务的范围（内容），《管理办法》第14条规定了下列服务应当纳入政府购买服务指导性目录（见表5-1所归纳）。政府购买服务的范围包括基本公共服务、社会管理性服务、行业管理与协调性服务、技术性服务和政府履职所需辅助性事项等，十分广泛；每一类的服务事项繁多且详细，弥补了《政府采购法》及其《实施条例》的缺失。

表5-1 《管理办法》中政府购买服务的分类与服务事项

种类	基本公共服务	社会管理性服务	行业管理与协调性服务	技术性服务	政府履职所需辅助性事项
服务事项	公共教育、劳动就业、人才服务、社会保险、社会救助、养老服务、儿童福利服务、残疾人服务、优抚安置、医疗卫生、人口和计划生育、住房保障、公共文化、公共体育、公共安全、公共交通运输、三农服务、环境治理、城市维护等领域适宜由社会力量承担的服务事项	社区建设、社会组织建设与管理、社会工作服务、法律援助、扶贫济困、防灾救灾、人民调解、社区矫正、流动人口管理、安置帮教、志愿服务运营管理、公共公益宣传等领域适宜由社会力量承担的服务事项	行业职业资格和水平测试管理、行业规范、行业投诉等领域适宜由社会力量承担的服务事项	科研和技术推广、行业规划、行业调查、行业统计分析、检验检疫检测、监测服务、会计审计服务等领域适宜由社会力量承担的服务事项	法律服务、课题研究、政策（立法）调研草拟论证、战略和政策研究、综合性规划编制、标准评价指标制定、社会调查、会议经贸活动和展览服务、监督检查、评估、绩效评价、工程服务、项目评审、财务审计、咨询、技术业务培训、信息化建设与管理、后勤管理等领域中适宜由社会力量承担的服务事项

同时，《管理办法》第12条有例外的规定"不属于政府职能范围，以及应当由政府直接提供、不适合社会力量承担的服务事项，不得向社会力量购买"。一定程度上是借鉴国外的做法。如美国，作为例外的项目主要有所有的运输服务，包括发射服务；政府设施或用于政府目的的私人所有设施，包括联邦资助的研发中心的管理与运营服务、公共设施服务、研究与开发。

第五章 合作治理（PPP）中的政府购买服务的范围与方式、纠纷解决机制和政府担保责任

（三）政府购买服务的分类及其意义

《管理办法》虽然已经对采购内容进行分类：政府购买基本公共服务、政府购买社会管理性服务、政府购买行业管理与协调性服务、政府购买技术性服务和政府购买履职所需辅助性事项的社会服务。但是政府购买服务依不同的标准还可以进行不同的分类。由于每一类的政府购买服务适用不同的运行规则，多角度分类显得十分重要。为了研究采购中不同类型的权力（权利）义务规则，划分政府购买服务的种类十分必要。

①以购买限额为标准分为政府集中购买的服务和分散购买的服务，前者分为集中购买机构购买的项目和部门集中购买的项目。按照《政府采购实施条例》第3条第一款的规定"技术、服务等标准统一，采购人普遍使用的项目，列为集中采购机构采购项目"。

②按照供应商的个体分为独立供应商和联合体供应商，前者独立供应商是指符合《政府采购法》第22条的条件；后者联合体供应商是指《政府采购法》第24条中规定的"两个以上的自然人、法人或者其他组织可以组成一个联合体，以一个供应商的身份共同参加政府采购"的情形，以联合体形式进行政府采购不仅符合独立供应商的条件，并应当向采购人提交联合协议，载明联合体各方承担的工作和义务。联合体各方应当共同与采购人签订采购合同，就采购合同约定的事项对采购人承担连带责任。

③以购买服务的目的分类为标准可以分为，政府部门为履行宏观调控、市场监管等职能需要向社会购买的服务和为增加特定受益对象的福利而向社会购买的公共服务两种。

④按照是否需要进行绩效评价分为，绩效评价类政府购买社会服务和非绩效评价类政府购买社会服务。如《北京市市级政府向社会力量购买服务预算管理暂行办法》（以下简称《预算管理暂行办法》），对200万元以上的政府购买服务重点项目要实行绩效评价，实施政府监督检查、专家评审、群众测评、社会监督等监督考核手段。对于绩效评价不好的项目，将缩减后期资金。

⑤按照集中购买的方式不同进行分类。依据《政府采购法》政府采购：采用以下方式：公开招标、邀请招标、竞争性谈判、单一来源采购、询价以及国务院政府采购监督管理部门认定的其他采购方式。其中公开招标应作为政府采购的主要采购方式，其他为次要的采购方式。

此外，还可以以购买主体的不同分为购买人的购买服务和代理机构的采购服务；按照采购人级别的不同可以分为设区的市、自治州以上人民政府根据本级政府采购服务和县区级政府的采购，购买人的购买服务的采购权限需要批准。

二、政府购买服务的界限

从西方国家的经验看，随着市场化和不断扩大政府购买公共服务的范围，政府购买服务涵盖了大多数公共服务领域。因此，政府购买服务的界限是一个动态的过程，从政策和立法上很难明确列出明细，作为理论研究有必要提供应然性、指导性界限及其依据。

（一）法学界对民营化界限的主要观点

1. 法律保留说

该说从政府购买服务的行政权性质和公民权利保障出发，认为涉及行政权立法上适用法律保留之原则。有学者认为，就适用于干涉行政的几种方式来说，由于行政委托涉及公权力行使主体的转移，对相对人的权益影响较大，因而也需要适用法律保留原则，从保留的密度上来说，不仅包括组织法规范，而且还应当包括行为法规范。相反，就行政助手及专家参与来说，因其在行政事务的履行中所起作用的有限性，不必遵循严格的法律保留原则，行政机关在其法定的职权范围内可以依其自主裁量决定；就合同承包来说，因其同样涉及公共服务的提供，对民众的权益影响较大，因而应当使用相对法律保留原则，即便没有明确的行为法根据，行政机关也可以自主决定推行。[1]

2. 行政给付说

该说认为，给付行政通常不需要强制，公法已经做出了广泛调整，自然有民营化的合理性，选择自由不仅与行政机构的组织形式有关，而且与给付或者使用关系的具体形式有关。同时强调，只有在这种公法规定出现缺位时，行政机关才能根据公法规范或者私法规范推行给付行政。如果不是以国家物质强制力为后盾的国家任务，符合法律保留的规定，公私行政即可以实行民

---

[1] 章志远．公共行政民营化的行政法学思考 [J]．政治与法律，2005 (5)．

营化。❶

3. 三界限说

该说认为，民营化至少应该有三个方面的界限，即法定界限、事项范围上的界限以及实现程度上的界限。在法定界限层面，针对我国目前在立法层面对民营化的可能范围的规定一片空白，较多的指导性的政策规范构成了确定民营化范围的主要依据的现状，该学者认为，目前法律规范中仍未对允许进行民营化的范围做出明确规定，或许也不失为立法者出于谨慎考虑而做出的一种明智选择，因为"即便在民营化的可能范围内，进行民营化也未见得就是一种最佳选择"。❷ 在事项范围上，应该依据经济效益原则，对于垄断高利润行业应该开放民营化，对于微利或者无利的行业应该在政府的扶持下进行民营化，其目标应是以民营化来提升公共服务的质量，从而达到改善民生之最终目的。实现程度上的民营化，是指在政府寻求与民间合作以完成行政任务的过程中，应该在何种程度上推进民营化。该学者认为，民营化的推进程度固然决定于国家的立法，但是应该以最大可能实现行政效率和发展民生为取向，而程度过高或者过低的民营化都无益于效率的提升。只有在对相关的成本效益做出充分评估之后，才能在个案中对于应当在何种程度上推进民营化做出决策。❸

4. 宽容与分别适用说

该说认为，需要把握以下几点：首先，民营化从本质上来说就是更少依赖政府、更多依靠民间力量，因此应当宽容对待公共行政改革实践中出现的各种公私合作形式。其次，注意把握影响民营化界限的不同因素。大体上来说，国家职能是影响民营化界限的核心因素；行政过程是影响民营化界限的技术因素；法律保留是影响民营化界限的基础因素。再次，对于那些只能由国家提供的强公共性的行政，因其与公众利益有直接的利害关系，涉及公众的生存权，故是民营化的禁区，也是法律保留所应当绝对适用的领域。对于那些既可由国家提供也可由民营部门提供的准公共性或弱公共性的行政，政府只是间接地履行职能或是负有不同程度的监管责任，在这些可以进行民营

---

❶ 敖双红．行政法视角下的民营化问题［J］．政治与法律，2008（8）．
❷ 章志远．公共行政民营化的行政法学思考［J］．政治与法律，2005（5）．
❸ 刘飞．试论民营化对中国行政法制之挑战——民营化浪潮下的行政法思考［J］．中国法学，2009（2）．

化的领域内，法律保留原则也只是相对适用。最后，以合同承包为代表的形式民营化举措并未改变政府责任，能够得到广泛运用；以政府撤资为代表的实质民营化举措导致政府责任的移转，仅适用于需要完全市场化的公共行政事务；介于两者之间的政府淡出形式，可以在政府占垄断地位的行政事务范围内广泛采用。❶

由于我国的政府购买服务政策和实践起步较晚，上述学界的观点有的是基于对西方国家政府购买服务理论和实践的研究，比如法律保留说就是对美国政府购买服务范围的理论概括，行政给付说是运用行政法学基本制度的研究成果。三界限说和宽容与分别适用说才是针对我国政府购买服务的实践研究成果。前两个学说侧重研究政府购买服务的合法性，后两个学说侧重研究政府购买服务或者民营化的适当性和可行性。而政府购买服务的范围不仅是原则问题，也是实际操作中的问题，即政府购买什么服务的问题，学界对具体的操作规则关注较少，我国的立法对此操作程序规范几乎是空白。

（二）中央行政规范性文件对政府购买服务范围的规定

从表 5-2 中我国政府购买服务范围（内容）的相关规定，看出我国中央政府文件对政府购买服务的范围规定，处于模糊的现状。

1. "事务性管理服务"等肯定性阐述过于概括，难以理解

党的十八届四中全通过的《中共中央关于全面深化改革若干重大问题的决定》提出，要"推广政府购买服务，凡属事务性管理服务，原则上都要引入竞争机制，通过合同、委托等方式向社会购买"。这是我国第一次将政府购买公共服务提到国家改革的层面，这里的"事务性管理服务"正是政府购买服务的范围。到底哪些是"事务性管理服务"难以把握。即使国务院部委的《管理办法》是作为最近的规范性文件（是表 5-2 中上述三个文件）进一步规定，也是概括性规定，如第 12 条规定对"事务性管理服务"的具体化为"适合采取市场化方式提供、社会力量能够承担的服务事项。政府新增或临时性、阶段性的服务事项，适合社会力量承担的，应当按照政府购买服务的方式进行"。到底哪些政府事务是"适合社会力量承担的"才是对政府购买服务范围的界定，没有相关具体细化的规定。

---

❶ 章志远，杨阳. 行政法视阈中的民营化：现状述评与研究展望[J]. 河南司法警官职业学院学报，2009（3）.

第五章　合作治理（PPP）中的政府购买服务的范围与方式、纠纷解决机制和政府担保责任

2. 否定性阐述过于笼统，难以把握

《管理办法》规定了政府购买服务的否定性原则，如第 12 条："不属于政府职能范围，以及应当由政府直接提供、不适合社会力量承担的服务事项，不得向社会力量购买。"中央政府在《管理办法》之前出台的《国务院办公厅关于政府向社会力量购买服务的指导意见》（国办发〔2013〕96 号）和《关于支持和规范社会组织承接政府购买服务的通知》（财综〔2014〕87 号）中也有同样的规定。其实质内容涉及：一是不属于政府职能范围，是行政权边界问题，我国只有《行政许可法》有关于行政许可权的界限；二是政府直接提供包含"政府固有职能不向市场和社会购买的原则"，其法理依据是法律保留原则，由于我国宪法和行政组织法的不完善，并没有明细规定我国政府的固有职能。由此可见，中央政府文件将政府购买服务规定得过于原则。

我国《政府采购法》及其《实施条例》也忽视了政府购买服务范围的规定，势必造成实践中政府购买服务范围或内容的因无法可依而混乱。

表 5-2　政府购买服务范围（内容）的规定

文件性质	中央政府文件	具体规定
行政规范性文件	《关于政府购买社会工作服务的指导意见》（民发〔2012〕196 号）	购买范围。按照"受益广泛、群众急需、服务专业"原则，重点围绕城市流动人口、农村留守人员、困难群体、特殊人群和受灾群众的个性化、多样化社会服务需求，组织开展政府购买社会工作服务
行政规范性文件	《国务院办公厅关于政府向社会力量购买服务的指导意见》（国办发〔2013〕96 号）	购买内容。政府向社会力量购买服务的内容为适合采取市场化方式提供、社会力量能够承担的公共服务，突出公共性和公益性。对应当由政府直接提供、不适合社会力量承担的公共服务，以及不属于政府职责范围的服务项目，政府不得向社会力量购买
行政规范性文件	《关于支持和规范社会组织承接政府购买服务的通知》（财综〔2014〕87 号）	按照突出公共性和公益性原则，逐步扩大承接政府购买服务的范围和规模。充分发挥社会组织在公共服务供给中的独特功能和作用

续表

文件性质	中央政府文件	具体规定
行政规范性文件	《管理办法》（财综〔2014〕96号）	第12条 政府购买服务的内容为适合采取市场化方式提供、社会力量能够承担的服务事项……不属于政府职能范围，以及应当由政府直接提供、不适合社会力量承担的服务事项，不得向社会力量购买

（三）本文关于确定政府购买服务范围的观点

1. 确定政府购买服务范围的必要因素

从各国的政府购买服务实践看，都很难将政府购买服务的范围用概括或列举的方法进行规定，可见，做出具体规定是很难的，因此，影响政府购买服务范围的必要因素值得关注，具体必要因素应包括：第一，从公共行政的角度看，公共行政的范围是不确定的，只要公共利益的需要就是公共行政的范围，如《关于支持和规范社会组织承接政府购买服务的通知》（财综〔2014〕87号）规定："按照突出公共性和公益性原则，逐步扩大承接政府购买服务的范围和规模。"第二，从市场与社会组织的成熟度考虑，政府购买服务的承接者是否能够提供合格的服务是个问题，如民办养老院、社会慈善机构等社会组织，由于我国一直以来的一元治理结构，社会组织都存在一定的问题，因此，社会组织等社会力量的成熟程度也是必须考虑的要素。第三，从国家安全的角度考虑，危害国家安全的事务，如国防安全等因素。第四，从维护国家命脉的角度考虑，保证政治稳定，保障经济的平稳运行，以及金融秩序安全等事务性服务，应当由政府提供的服务，不得向社会力量购买。

2. 建立政府购买服务内容的常态化调整机制

开展政府购买服务，科学决策应优先于购买次序，购买内容应随市场变化而适时地动态调整。[1] 结合我国的购买实践，借鉴西方国家的成功经验，应建立购买内容的科学决策与动态调整机制：一是要通过行政组织法律规范对政府行政权进行界定，厘清行政权的界限，同时，通过政府职能转变、简政放权的行政管理体制改革实现。二是通过行政组织法规定政府固有职责，有

---

[1] 李新廷. 国家治理体系与政府购买公共服务——理论逻辑与制度现实 [J]. 沈阳工业大学学报（社会科学版），2015（6）.

第五章　合作治理（PPP）中的政府购买服务的范围与方式、纠纷解决机制和政府担保责任

的学者提出涉及政府责任的职能不能委托，这种说法值得借鉴。此外，还应该借鉴美国的经验，美国政府判定一种服务是否可以外包的主要标准是那些与公众利益具有紧密关系，必须由政府雇员来行使的职能，如司法、公共政策、公共财政等方面的职能；政府固有职能一般不外包，但也有部分政府固有职能外包的实例，如警察和监狱管理事务等也有社会机构参与提供。❶ 三是不适合政府进行的商业活动。美国在20世纪50年代就出台政策，规定政府不得进行"商业活动"，只要是市场可以提供的公共服务，政府都必须让市场来提供，而不是同市场进行竞争。❷ 四是借鉴英国政府的市场检验法确定。1979年，时任英国首相撒切尔开始推行公共服务市场化改革，首先对政府承担的职能与服务进行市场检验。市场检验是指公共部门在提供公共服务前要先决定"是自己生产还是向别人购买"，为此要依次回答几个问题：目前所从事的活动是否确有必要，这些活动和任务是否可以通过私有化的方式来提供？只有在明确了这些活动是政府义不容辞的责任且无法实行私有化的前提下，才可以不考虑进行市场检验。市场检验包括确认活动的范围和性质、建立服务水平和质量标准、竞争招标和选择、协商和确定具体细节、监测和评价等步骤。英国各级政府都设有一定的指标，即多大比例的工作任务必须通过市场检验程序。❸

三、政府购买服务的基本方式

（一）我国政府购买服务方式的现状与问题

1. 我国中央文件对政府购买服务方式的规定的有限性

表5-2中的4个中央文件，只有两个文件有关于政府购买服务方式的规定：第一，《国务院办公厅关于政府向社会力量购买服务的指导意见》规定"购买主体要按照合同管理要求，与承接主体签订合同"。第二，《管理办法》第16条规定："应当根据购买内容的供求特点、市场发育程度等因素，按照

---

❶ 李新廷. 国家治理体系与政府购买公共服务——理论逻辑与制度现实 [J]. 沈阳工业大学学报（社会科学版），2015（6）.

❷ 李新廷. 国家治理体系与政府购买公共服务——理论逻辑与制度现实 [J]. 沈阳工业大学学报（社会科学版），2015（6）.

❸ 李新廷. 国家治理体系与政府购买公共服务——理论逻辑与制度现实 [J]. 沈阳工业大学学报（社会科学版），2015（6）.

方式灵活、程序简便、公开透明、竞争有序、结果评价的原则组织实施政府购买服务。"第19条："可根据服务项目的需求特点，采取购买、委托、租赁、特许经营、战略合作等形式。"虽然归纳了具体方式供地方政府参考，但是对每种方式的操作性规范没有做出规定。

2. 地方政府购买服务的方式政策与实践的情况归纳

对于地方政府购买服务的方式的考察，本文考察了四个直辖市地方政府购买服务的政策以及实践情况。（见表5-3）综观四个直辖市的政府文件，北京、天津和重庆三市政府均有政府购买服务方式的规定，只有上海市政府文件没有明确规定政府购买服务的方式；而四个直辖市都有购买实践，其中上海市实践中采用的购买方式最多。

表5-3　四个直辖市政府购买服务在政策与实践中购买方式的比较

文件名称	文件中规定的方式	实践中的主要方式
《北京市关于政府向社会力量购买服务的实施意见》（京政办发〔2014〕34号）	采取合同、委托等方式购买	1. 合同购买；2. 直接补助
《天津市关于政府向社会力量购买服务管理办法》（津政办发〔2014〕19号）	购买主体应与承接主体签订购买服务合同	1. 合同购买；2. 项目补贴；3. 直接补助；4. 政府委托
《上海市人民政府关于进一步建立健全本市政府购买服务制度的实施意见》（沪府发〔2015〕21号）	没有规定	1. 合同购买；2. 定向委托；3. 直接补助；4. 凭单补贴等方式；5. 公私合作
《重庆市政府购买服务暂行办法》（渝府办发〔2014〕159号）	以合作、政府补贴等方式	1. 合同购买；2. 直接补助；3. 凭单补贴；4. 定向委托

但是，有以下问题：第一，无论是上述三个市政府文件中规定的购买方式，还是实践中采用的购买方式，名称不统一、不规范，即同一种购买方式不同地方的文件称谓不同，"公私合作"的方式重庆市的文件简称为"文件"，称谓不同为以后立法带来障碍。第二，文件和实践中的购买方式具体适用购买哪些服务，各地方较为混乱。主要是因为：首先，中央文件没有统一的规定，《政府采购法》和《政府采购法实施条例》更是没有规定。其次，"公开招标、邀请招标、竞争性谈判、单一来源、询价"等方式是确定承接者

第五章 合作治理（PPP）中的政府购买服务的范围与方式、纠纷解决机制和政府担保责任

的方式，不是政府购买服务的方式。四个直辖市政府文件弄混了这一点。第三，《管理办法》提到："采取购买、委托、租赁、特许经营、战略合作等形式"，这些方式实质是某种购买方式中的一个形式，因此，《管理办法》不能为全国的政府购买服务提供统一的购买方式的类型。

（二）统一我国政府购买服务方式

西方国家对政府购买公共服务进行了 30 多年的探索，对政府购买公共服务的适当范围、基本方式进行了摸索，形成了政府购买公共服务的典型模式，为我国推进政府购买服务提供了有益的借鉴。

1. 西方国家政府购买服务方式的借鉴

在新公共管理改革过程中，西方国家的行政改革措施因国情不同而各有不同，从世界范围来看，政府购买公共服务的实践中，美国的合同外包、英国的市场检测和新西兰的激进民营化是较为典型的模式。[1] 这些政府购买服务的方式已被世界各国借鉴。

（1）合同外包

是指在政府付费的情况下，与政府之外的承接者通过合同的形式购买服务的方式。这与表 5-2 中我国的"合同购买"应该相同，但是我国政府文件中把"公私合作"也称为"合同购买"，由于"公私合作"也必须以合同的形式，政府文件中也叫"合同购买"，所以政府文件和实践中"合同购买"的使用十分混乱。西方国家"合同外包"与"公私合作"是两种不同的政府购买服务的方式，公私合作是一种特殊形式的合同外包。它与合同外包的区别是政府最初不必出资，而是以政府特许、招标的方式让私营企业参与基础设施建设或提供某项公共服务，并允许承包商有一定的投资收益权。[2] 因此"合同外包"作为一种独立政府购买服务的方式而存在。

美国是运用合同外包方式购买政府公共服务非常成熟的国家。在美国，合同外包是政府购买公共服务的主要方式。根据萨瓦斯计算，美国至少有 200 种服务是由承包商向政府提供的，大多数的社会服务都是由私人组织或非营利性组织提供的。美国合同外包的范围非常广泛，涵盖公共工程、公共交通、

---

[1] 李新廷. 国家治理体系与政府购买公共服务——理论逻辑与制度现实 [J]. 沈阳工业大学学报（社会科学版），2015（6）.

[2] 李新廷. 国家治理体系与政府购买公共服务——理论逻辑与制度现实 [J]. 沈阳工业大学学报（社会科学版），2015（6）.

公共安全、公用事业、医疗健康、人力资源、公园及绿化、娱乐与文化艺术、社会福利与保障等领域。

根据竞争的程度合同外包可以划分为竞争性购买与非竞争性购买两种。各国的一般要求是，在竞争性购买中，要求合同双方必须是独立的决策主体、有明确的公共服务购买目标，并且以公开的方式竞标；竞争性购买采取"最低价格"或者"最优价值"中标原则，其主要优点是具有成本约束机制，这与我国的《政府采购法》以及《招标法》的要求基本相同。在非竞争性购买中也要求买卖双方都具有决策主体的独立性，两者间实质上是契约关系，但在购买公共服务实践中以委托方式进行。非竞争性购买主要分为协商模式和合作模式两种：协商模式是指由政府部门向有一定声望的民间机构发出邀请，对方需要撰写服务计划书，最后由政府部门根据民间机构的服务计划书做出理性选择，并经过协商谈判程序，共同敲定服务方案；合作模式是指政府部门与民间机构建立合作关系，合作合同的内容和服务方式共同磋商。非竞争性购买与竞争性购买相比，缺少竞争、透明程度，因而，非竞争性购买缺少公开、公平、透明的契约合同机制，各国主张要逐步过渡为竞争性购买。总体来看，合同外包在集中政府购买服务中具有很多优点，使其成为各国普遍采用的方式。例如，新西兰是世界各国中推行公共服务市场化比较激进和彻底的国家，购买公共服务主要以合同外包或契约的方式。新西兰政府在整个公共服务领域全面实行绩效管理，设立公共服务委员会负责管理绩效合同、与供货部门签订绩效框架协议，以特定的价格生产特定数量与质量的公共产品与服务。理查德·诺曼认为，新西兰公共服务供给模式的四个特点是：分享所有权和购买责任，分离政策与执行，分离投资、购买和服务供给，在服务供应商中制造竞争。❶

（2）公私合作

公私合作是指政府利用社会力量优势，与企业、社会力量联合生产公共服务的方式。英国早期主张采用公私合作购买公共服务方式。20世纪末开始，英国政府开始广泛应用公私合作方式，据资料统计，到了21世纪初，2001—2002年，英国地方政府层面的公私合作服务项目达2109个，共投入了约23亿英镑。公私合作的模式主要形式归纳为：BOT模式（建设—经营—转让）、BTO模式（建设—转让—经营）、LBO模式（租赁—建设—经营）、BOO模式

---

❶ 理查德·诺曼. 新西兰行政改革研究［M］. 北京：国家行政学院出版社，2006：56-57.

第五章 合作治理（PPP）中的政府购买服务的范围与方式、纠纷解决机制和政府担保责任

（建设—拥有—经营）、BBO模式（购买—建设—经营）、TOT模式（移交—运营—移交）等。公私合作方式主要运用于具有投入大、公益性高等特点的交通设施建设、自来水供应、污水处理、电力系统等基础设施建设领域。因为公私合作引入社会组织与市场力量参与公共服务，这样政府利用优势的社会资源，不仅能提高公共服务的生产能力，而且又能借助价格机制形成市场化机制。公私合作与合同外包又可以相互转化，通过公私合作使承接者经营稳定，独立经营能独立完成其职能，符合合同外包的要求，政府应该逐步撤出，这时公私合作就转化为合同外包的形式，反之亦然。

（3）政府补助

政府补助是指政府对公共服务的生产者实施补助的购买方式。支付补助的形式有资金、免税或其他的税收优惠、低息贷款、贷款担保等。政府补助有优点也有缺点。在政府补助方式中，政府补助主要分为直接资助制、项目申请制等类型。直接资助就是政府给承担公共服务职能的社会组织支持性的一定的资金补助。政府一般要选择特定的生产者给予补助，消费者在政府选择特定的生产者中进行第二次选择服务。政府补助方式受到社会组织的一致欢迎，但是政府对社会组织的监督和管理会有一定的困难。项目申请制是由政府设计特定的公共服务专项项目，以面向社会实行公开招标的方式，由投标者根据与政府谈定的合作要求提供服务；或者社会组织在政策（如政府购买目录等文件）的引领下，向政府提出立项申请，经过政府批准后获得政府补助的方式。项目申请制适用的领域广泛，涉及许多行业和服务项目，如农产品补贴、住房补贴、医疗设施补贴、文化补助，等等。政府补助极大地调动了社会组织生产公共服务的积极性，有利于提高公共服务的供给效率和质量。

（4）凭单制

又称消费服务券或代用券。凭单是指由政府发给居民公共服务消费凭证，可使居民凭券在市场上自由选择补贴的公共服务或物品。凭单在西方国家适用在很多领域，如教育、住房、运输、食品、医疗服务、家庭护理、幼儿保健、娱乐和文化服务、老年项目等服务，其表现形式如教育券、医疗补助券、食物券、老年券、幼托券等有价券。凭单制不仅鼓励消费者理性该购买更多的服务，而且可以带来服务机构间平等竞争；在一定意义上帮助了那些真正的弱势群体，使纳税人觉得税收发挥了真正的作用。

2. 厘清我国政府购买服务方式

我国《政府采购法》对政府购买服务方式立法的缺失，以及政府文件对购买方式的模糊不清和认识上的混淆，造成实践中地方政府文件及其购买活动中的问题。从四个直辖市的实践看，合同外包是四市共同采用的购买方式，只是被笼统地称为"合同购买"，另外，实践中的"定向委托"也是合同外包的一种形式。适用于政府部门把政府职能转移给社会组织时，把相应财政预算拨付给承接者，比如重庆市江北区政府委托区团委向专业社工组织购买"社工+志愿者"服务。又如成立了上海市自强社会服务总社、上海市新航社区服务总站、上海市阳光社区青少年事务中心等专业社会服务机构，政府以定向委托方式向这些服务机构购买戒毒、行为矫正、青少年教育等专业服务。❶ 合同外包的购买方式适用领域十分广泛：第一，民生方面。包括就业服务、养老服务、社区救助、医疗卫生、环境保护、社区治安、计划生育等。第二，社会公共事务方面。包括公共教育、再就业教育培训、法律援助。第三，社会管理方面。包括社区管理、社区矫正、矛盾调节、流动人口管理等。第四，城市基础服务方面。包括绿化养护、环卫作业、林业养护、污水处理等。第五，咨询决策。业务咨询、项目评估、资质认定、统计分析、行业调查等。❷

公私合作的形式也广泛被运用，我国公用事业的民营化广泛采用公私合作形式。此外，其他领域的公私合作也在进行中，如上海"罗山市民会馆"就是政府和社会组织多方合作，协同经营管理，政府出资金和公共设施建设，社会组织负责管理。

政府补助和凭单制两种购买方式，适用范围比较特定，也是四个直辖市普遍采用的购买方式，其中政府补贴，北京市主要包括有政府资助补贴、以奖代补等方式。例如，"义工在行动""青少年主题教育""公益大讲堂"等采用了政府资助补贴方式。天津市采用项目补贴和直接补助。项目补贴是对于助老、助孤、助残、助困等服务项目实施"以奖代补"方式的财政补贴，并建立相关制度，明确项目补贴范围、标准。"以奖代补"方式给予资金扶持。直接补助是指通过购买公益性就业岗位，例如对单亲母亲、零就业家庭、残疾人等就业困难群体进行直接补助；又如为提高乡村医疗卫生服务，对考

---

❶ 王箭. 政府购买服务机制比较：四直辖市例证 [J]. 重庆社会科学, 2014 (11).
❷ 上海市人民政府法制办公室. 上海：政府购买公共服务的实践探索——中美政府购买公共服务研讨会综述 [J]. 政府法治简报, 2013 (5).

核合格的乡村医生给予工作补贴。上海市政府出台了《关于全面落实2005年市政府养老服务实事项目，进一步推进本市养老服务工作的意见》，向居家养老服务实施了优惠政策扶持，对居家养老服务的补贴范围、对象、评估标准等进行了明确规定。重庆市九龙坡区实施了直接补助，把补助资金定购给医院转化成健康服务卡，免费发放给农民。农民凭借健康服务卡到定点医院享受"服务包"内容，主要有预防接种、计生、儿童及孕产妇保健、健康教育等九项内容。

凭单补贴。也就是"费随事转"。比如政府把市政基础设施养护交由市政公路行业协会，市政公路行业协会可持凭单向政府部门兑现。2010年重庆市黔江区针对儿童、孕产妇发放"公共卫生服务券"，各医疗机构在提供公共卫生服务后，按照一定计算公式获取费用。与直接补助不同，凭单补贴能激发各医疗卫生机构之间的竞争，提高公共卫生服务质量和效率。

综上所述，西方国家成熟的政府购买服务方式在我国适用，具有一定的合理性和可行性，合同外包、公私合作、政府补助和凭单制在我国的政府购买服务实践中都在运用，只是名称与西方的不同，通过上述论述与分析，我国的政府购买服务的主要方式应和西方国家一样统一为合同外包、公私合作、政府补助和凭单制，同时，亟待修改《政府采购法》认可上述几种方式，使之法定化。

四、我国政府购买服务纠纷解决机制和政府担保责任

（一）我国政府购买服务合同纠纷相关立法的解读

1. 德国双阶理论和行政形式选择自由理论的启示

双阶理论因有效解决私法形式的公权力行政受公法约束的问题而得到广泛支持。伊普森于1956年出版《对私人的公共补贴》一书，对双阶理论进行了系统阐述。他将补贴明确区分为两个阶段：第一阶段是决定阶段，即国家决定是否向私人提供补贴的阶段，适用公法；第二阶段是履行阶段，即国家如何向私人提供补贴的阶段，适用私法。第一阶段适用公法的依据是以利益说为标准，将国家在经济活动中的行为区分为公权力行为与国库行政行为，并论证补贴的内在目的是为了实现公益，因而国家决定是否向私人提供补贴的行为应被认定为公权力行为。除补贴之外，双阶理论的适用目前在德国亦扩展至公法组织形式的公用设施利用、市镇优先购买权（Vorkaufsrecht）行

使、国有土地出让等众多领域。随着行政形式选择自由理论在德国被广泛承认，双阶理论的形式已不仅限于"行政处分+民事合同"的模式，而且包含"行政处分+行政合同"的模式。❶

德国双阶理论的意义在于将公私合作行政分阶段，以解决公法和私法适用的选择问题，其实质是将适用不同法律的行为分成不同的阶段；行政形式选择自由理论是在双阶理论的基础上，强调不同阶段选择法律适用的自由，提供了更为灵活地解决法律适用问题的依据。但我国与德国不同，德国是有公私法之分的国家，我国没有公私法的划分，不能照搬照抄德国双阶理论和行政形式选择自由理论，但是，将公私合作行政分阶段定性并给予选择法律适用的自由的做法，值得我国借鉴。

2. 我国政府购买服务相关立法适用了分阶段的做法

我国政府购买服务的相关立法基本采纳了分阶段的做法。特别是在构建纠纷解决机制上，《政府采购法》和新修正的《行政诉讼法》都采用了分阶段进行的立法。《政府采购法》采取了以政府采购合同为界的阶段划分：第一阶段是指政府采购合同之前，即供应商的确定阶段，政府以公开招标或者以国务院政府采购监督管理部门选择供应商的方式（邀请招标方式、竞争性谈判方式、单一来源方式等），虽然公开招标适用《招投标法》等民事法律规范，但是招标行为同其他采购方式的适用都是政府履职行为；第二阶段是指政府采购合同的签订阶段，第43条规定：签订政府采购合同"适用合同法。采购人和供应商之间的权利和义务，应当按照平等、自愿的原则以合同方式约定"；第三阶段是指合同履行阶段。上述将政府采购行为分阶段，主要是以不同定性为划分依据，在政府采购过程中，只有政府采购合同是单纯的民事合意行为，其他阶段是政府履职行为，我国立法采用分阶段制定规范，为纠纷的解决和政府责任的认定奠定了基础。

基于分阶段分别规范的方法，政府购买服务的第二阶段即合同的签订阶段，适用民事合同法律规范，其他采购行为《政府采购法》一并视为行政行为：第一，规定了"质疑与投诉"等非诉的行政纠纷解决机制，例如第六章第52条至第57条详细规定了"质疑与投诉"内容、对象、时间、形式，以及采购人与采购监管部门对供应商投诉的处理程序。第二，第六章第58条又规定了行政复议和行政诉讼的解决机制："投诉人对政府采购监督管理部门的

---

❶ 严益州. 德国行政法上的双阶理论 [J]. 环球法律评论, 2015 (1).

第五章 合作治理（PPP）中的政府购买服务的范围与方式、纠纷解决机制和政府担保责任

投诉处理决定不服或者政府采购监督管理部门逾期未作处理的，可以依法申请行政复议或者向人民法院提起行政诉讼。"

2015年修正后的《行政诉讼法》在行政协议纠纷解决机制上，不仅与《政府采购法》做了衔接的规定，还采用了分阶段立法的方式：行政诉讼法第12条第一款第（八）项将"行政机关滥用行政权排除或限制竞争的"纳入行政诉讼受案范围，这是将第一阶段定性为行政行为，以解决政府购买服务的第一阶段纠纷法律适用问题；第（十一）项将"行政机关不依法履行，或者违法变更、解除""行政协议"，也纳入行政诉讼受案范围，这是解决政府购买服务第三阶段纠纷法律适用的问题。行政诉讼法没有将政府采购的第二阶段，纳入行政诉讼审查的范围，显然的寓意是政府采购合同效力以及合同解除等争议的解决等问题适用民事法律规范，这样《行政诉讼法》与《政府采购法》的规定实现了一致，只是《行政诉讼法》分阶段更明确了。2015年《最高人民法院关于适用〈中华人民共和国行政诉讼法〉若干问题的解释》中，进一步明确了关于行政合同的解除协议和效力，以及行政合同的解除等争议，"根据合同法等相关法律规定做出处理。"第12条规定："公民、法人或者其他组织对行政机关不依法履行、未按照约定履行协议提起诉讼的，参照民事法律规范关于诉讼时效的规定"。第14条规定："人民法院审查行政机关是否依法履行、按照约定履行协议或者单方变更、解除协议是否合法，在适用行政法律规范的同时，可以适用不违反行政法和行政诉讼法强制性规定的民事法律规范。"

（二）政府购买服务纠纷中的政府担保责任

这里的政府责任是指政府在采购服务中应承担的法律后果。《政府采购法》第八章法律责任中规定了政府采购监管措施，以及采购人，或者集中采购机构或者监管机关的工作人员的行政处分或者刑事责任。除了上述法律后果之外，在政府采购的第三阶段，承接者向消费者提供公共服务时，消费者权益被侵害，承接者（供应商）承担什么性质责任？侵犯消费者权益，承接者不能履行赔偿责任时，政府是否应代为赔偿？这是公私合作行政面临的普遍问题。

1. 国外私法人承担公法义务的观点值得借鉴

"从各国的民营化经验来看，私人组织在自利动机的驱使下偏离公共利益

的可能性是不容否认的，对此私法并未提供足够的防范和控制机制。"[1] 政府购买服务是为了公共利益，但是承接者（供应商）完全是为了追求私利，更有甚者，当承接者认为不能获得预期的经济利益，便以契约自由为借口而不履行合同，势必导致消费者正常利益的损害。消费者救济如果适用私法，则承接者以与消费者无合同关系为由将置消费者于不利。恰因如此，美国学者阿尔弗雷德·阿曼提出"通过行政法使市场更负责任"，主张市场主体接受必要的公法约束以确保公共利益。[2] 英国学者道恩·奥利弗早在1987年便主张："如果机构的权力影响到公共利益或个人及组织的权利或实质利益，那么该机构如何行使该权力就应当接受司法审查"。这实质上是将此类纠纷界定为公法纠纷并要求私人承担公法义务。国外有大量先例可循，在美国，朱迪·弗里曼明确地提出"与其将民营化视为政府规模缩减的一种手段，毋宁认为它是将政府的范围扩展至传统上被认为属于私人领域的一种机制。"[3] 联邦最高法院也逐渐发展出"公共职能理论""政府卷入理论"和"对象转换理论"，使私人的公共服务行为遵循公法规则。[4] 例如，在Jackson案中，Douglas大法官和的Marshall大法官分别从爱迪生公司与政府关系的角度和爱迪生公司的垄断地位认定中断电力服务的行为属于国家行为。[5] 再如，在Richardson v. Mcknight案中，大法官Scalia等4位法官的反对意见认为，私人监狱具有公共性，私人监狱执行的是公共职能，私人监狱的警卫与国家监狱的警卫别无二致。[6] 这些是国外关于私法人承担公法义务的观点和案例，我国没有公法和私法划分，也就无法从公法人和私法人的角度去规范和界定公法义务，但是也有值得我们借鉴的地方，即承接者可以直接作为行政主体承担责任，因为

---

[1] 金自宁. 公法/私法二元区分的反思 [M]. 北京：北京大学出版社，2008：92.

[2] Alfred C. Aman Jr.. Privatization and the Democracy Problem in Globalization: Making Markets More Accountable through Administrative Law [J]. Fordham Urban Law Journal, Vol. 28. 2001：1477-1505.

[3] Jody Freeman. Extending Public Law Norms Through Privatization [J]. Harvard Law Review, Vol. 116. 2003：1285：1285.

[4] "公共职能（public function）理论"，即考察该行为本身的性质是否具有政府属性，如果该行为属于履行政府的传统专属权，则该行为就是政府行为；"政府卷入（government entanglement）理论"，即探究私主体、私行为与政府之间的关系，如果政府在相当程度上卷入了私行为，那么该私行为就可以转化为政府行为；"对象转换理论"，其视角更加独特，不再考察私行为是否可以转化为政府行为，而是直接审查相关法律的制定和适用行为. 参见彭亚楠. 谁才有资格违宪——美国宪法的"政府行为理论". 赵晓力. 宪法与公民 [M]. 北京：世纪出版集团、上海人民出版社，2004：242.

[5] Jackson v. Metropolitan Edison Co. 419U. S. 1974：345.

[6] Richardson v. McKnight, 521 U. S. 399. 1997：96.

第五章 合作治理（PPP）中的政府购买服务的范围与方式、纠纷解决机制和政府担保责任

承接者是为了实现政府的义务。

2. 国家担保义务中的政府责任

政府购买服务导致公共服务的主体向私人转移，但是这"并不在于国家从既有任务的全面退却，国家只是不再亲自执行，而是转将执行任务委诸私人，自己则从执行者转换成规制者或担保者的角色。"[1] 这种角色的转变并不意味着"国家通过将职能外包给商业部门而逃避其人权责任"。[2] 对此，我国多数学者按照国家责任层级将担保责任区分为"履行责任""担保责任"和"承接责任"三种基本类型。担保责任是指国家必须"确保"公共部门按照一定的标准向公众提供公共产品和服务；承接责任是指在由私人部门完成履行公共任务的过程中，出现私人部门履行公共任务存在瑕疵或不能履行时，国家都应接手，以保证该任务被无瑕疵地履行完毕。[3] 政府采购合同是行政协议，政府对行政协议违约主要承担国家赔偿和国家补偿责任，如2015年《最高人民法院关于适用〈中华人民共和国行政诉讼法〉若干问题的解释》第15条第一款，针对政府不依法履行、未按照约定履行协议或者单方变更、解除协议的违法行为规定："被告无法继续履行或者继续履行已无实际意义的，判决被告采取相应的补救措施；给原告造成损失的，判决被告予以赔偿。"第二款规定："被告因公共利益需要或者其他法定理由单方变更、解除协议，给原告造成损失的，判决被告予以补偿。"但是，关于承接者（供应商）给消费者造成损害后果，国家是否承担担保责任以及怎样承担责任，立法处于空白状况。在实践中，按照商家和普通消费者的法律关系定性，通过民事救济渠道追究商家责任。

但是，实践中常常出现商家救济不能，这种情况下消费者主张政府连带责任。从政府担保义务的视角，这种主张是合理的，商家通过的商品和服务不是消费者自己选择，是政府强制选择的；商家是代替政府提供商品和服务，消费者对商家付出如同对政府一样的信赖心理，政府在选择商家时应付出足够的注意，以保障给付义务的安全实现；一旦出现商家对消费者权益的侵犯，

---

[1] 许宗力.论行政任务的民营化.翁岳生教授七秩诞辰祝寿论文集编写委员会.当代公法新论（翁岳生教授七秩诞辰祝寿论文集）（中）[M].台北：元照出版公司，2002：610.

[2] [新西兰]迈克尔·塔格特编.行政法的范围[M].金自宁，译.北京：中国人民大学出版社，2006：48.

[3] 詹镇荣.民营化后国家影响与管制义务之理论与实践——以组织私法化与任务私人化之基本型为中心[J].东吴法律学报，2003（1）.

政府有不可推卸的责任，这种责任应属于连带责任。遗憾的是，我国还没有在立法上对政府连带责任予以接受。需要说明的是，这种情况下的政府责任不是国家赔偿，是政府代为承担并追偿商家的责任。法律上连带责任的特征是代为清偿的义务，然后行使追偿权；对于消费者主张权利而言，可以将商家与政府并列为义务主体。

结　语

政府购买服务发源于西方国家，已经有坚实的理论基础，西方国家政府购买服务的成功经验值得借鉴。我国的政府购买服务实践已经积累了一定的经验，但是由于起步较晚，政府的政策措施存在着一定的不足是显而易见的。在制度上，《政府采购法实施条例》的出台解决了政府购买服务的法律定性，使政府购买服务适用《政府采购法》，解决了政府购买服务无法可依的问题。特别是2015年施行的《行政诉讼法》和《最高人民法院关于适用〈中华人民共和国行政诉讼法〉若干问题的解释》使政府购买服务合同纳入行政救济的规范。但是，除了本文中阐述的问题之外：在立法原则上，缺失政府采购的法定原则，政府采购这一公法行为，要求采购人、采购方式、采购程序、采购合同以及监督与救济的法定，因此，法定原则应是政府采购法的首要原则。

■ 参考文献

[1] [美] 全钟燮. 公共行政的社会建构：解释与批判 [M]. 孙柏瑛，等，译. 北京：北京大学出版社，2008.

[2] [法] 皮埃尔·卡蓝默. 破碎的民主——试论治理的革命 [M]. 高凌翰，译. 上海：三联书店，2005.

[3] [美] 罗伯特·达尔，布鲁斯·斯泰恩布里克纳. 现代政治分析 [M]. 吴勇，译. 北京：中国人民大学出版社，2012.

[4] [英] 莱恩. 新公共管理 [M]. 赵成恩，等，译. 北京：中国青年出版社，2004.

[5] [美] 朱迪·弗里曼. 合作治理与新行政法 [M]. 毕洪海，陈标冲，译. 北京：商务印书馆，2010.

[6] [英] 格里·斯托克. 作为理论的治理：五个论点 [J]. 华夏风，译. 国际社会科学杂志（中文版），1999（1）.

[7] 张康之. 合作治理是社会治理变革的归宿 [J]. 社会科学研究, 2013 (3).
[8] 张康之. 论主体多元化条件下的社会治理 [J]. 中国人民大学学报, 2014 (4).
[9] 张康之, 张乾友. 民主的没落与公共性的扩散——走向合作治理的社会治理变革逻辑 [J]. 社会科学研究, 2011 (2).
[10] 王克稳. 政府业务委托外包的行政法认识 [J]. 中国法学, 2011 (4).
[11] 郁建兴. 治理与国家建构的张力 [J]. 马克思主义与现实, 2008 (1).
[12] 郁建兴, 王诗宗. 治理理论的中国适用性 [J]. 哲学研究, 2010 (11).
[13] 陈庆云等. 公共管理理念的跨越: 从政府本位到社会本文 [J]. 中国行政管理, 2005 (4).
[14] 杨欣. 民营化的行政法研究 [M]. 北京: 知识产权出版社, 2008.
[15] 范如国. 复杂网络结构范型下的社会治理协同创新 [J]. 中国社会科学, 2014 (4).
[16] 沈承诚. 地方政府核心行动者的生成逻辑: 制度空间与制度规引 [J]. 社会科学战线, 2012 (6).

第六章 区域"一体化"发展规划的编制与实施中政府合作及其协调机制[1]

> **本章摘要**：区域"一体化"发展是我国区域发展战略的协同阶段。区域的"一体化"发展是可持续发展，可持续发展是区域发展追求的最高、理想的状态，是指区域的整体性、协同性发展。区域规划区域"一体化"的整体布局，是以跨行政区的特定区域国民经济和社会发展为对象编制的规划，是总体规划在特定区域的细化和落实。区域规划编制与实施同样重要。区域政府合作是跨省和跨市（区、县）的合作，与政府间的就某些事项的合作不同，是实现区域"一体化"发展的合作，包括区域规划编制的合作和区域规划实施的合作。但是我国区域规划、政府合作和协调等立法依据不足，主要缘于相关理论的缺失。本文致力于区域"一体化"发展、区域规划及其编制、政府合作及其协调机制等理论的研究，主要将区域"一体化"发展、区域规划、政府合作作为重要的范畴进行内涵与特征研究。区域规划的定性是规划性政策行为，目前只有行政规范性文件为规范依据，亟待行政决策程序立法的支撑。区域发展中政府的协调机制包括：设置区域发展协调委员会，配置必要的权力体系；健全工作推进机制；灵活地运行机制；建立矛盾调处机制。区域行政协议处于无法可依的状态，将行政协议纳入法治化轨道势在必行。区域政府合作中的行政协议是宪法上的行政契约，也是行政法上的行政行为，呼唤宪法和组织法的认可和规制。
>
> **关键词**：区域"一体化"发展；区域规划；区域政府合作；区域政府协调机制

---

[1] 辽宁省财政科研基金项目（12B012）结题成果。

第六章 区域"一体化"发展规划的编制与实施中政府合作及其协调机制

引 言

(一) 区域"一体化"发展的研究背景

新中国成立以来，我国区域发展战略经历了均衡发展、非均衡发展和协调发展三个阶段。具体来说，这三个阶段分别为：1949—1978 年向西推进的均衡发展阶段、1979—1990 年向东倾斜的非均衡发展阶段和 1991 年至今的区域协调发展阶段。[1] 第一阶段，均衡发展阶段。东北地区率先发展，形成了以沈阳、长春、哈尔滨等城市为代表的东北老工业基地。在随后的"三线建设"时期，国家继续大规模投资于三线地区 11 个省，并由此形成了重庆、昆明、成都、西安、贵阳、兰州等十几个新兴工业基地，基本实现了全国生产力均衡布局的政治目标。第二阶段，非均衡发展阶段。在改革开放后确立了非均衡发展的区域战略思想，"大进大出"率先开放沿海地区的国际大循环战略，国家于 1980 年设立了深圳、珠海、汕头和厦门经济特区；于 1985 年将珠江三角洲、长江三角洲、闽南地区和环渤海四个更大范围地区列为开放地区[2]，于 1988 年设立了海南经济特区，于 1990 年开发开放浦东新区。由此东部沿海地区的经济获得了迅猛发展，并逐渐形成了珠江三角洲、长江三角洲等国家核心增长极，国家的整体经济实力及其竞争力得到了极大地提高。第三阶段，协调发展阶段。将区域协调发展确定为国家区域发展战略的主导思想。中央对地方放权的力度更大、范围更广，国家区域发展战略中的地方因素权重逐渐增大。现今地方政策可以通过多种方式参与到国家区域发展战略的制定中，并争取到更多的先行先试自主权。一方面，地方政府可通过国家级试验区获得创新发展的机会。国务院批准上海浦东新区进行综合配套改革试点，浦东成为全国首个由享受政策优势的地区转向享有体制优势的地区，接着批准了天津滨海新区、武汉城市圈、长株潭城市群、成都统筹综合配套改革、重庆统筹城乡改革和发展、深圳综合配套改革以及沈阳经济区等区域，都是综合配套改革试验区性质。另一方面，地方政府可以依据地方区域发展战略对于国家的重大战略意义，申请将地方区域发展战略上升为国家区域发展战略，以对国家的整体发展产生一定的示范、实验、带动和辐射作用。迄今为

---

[1] 魏后凯. 中国国家区域政策的调整与展望 [J]. 西南民族大学学报, 2008 (10).

[2] 孙斌栋. 制度变迁与区域经济增长 [M]. 北京: 科学出版社, 2007: 135-136.

· 151 ·

止，上升为国家级发展战略的地区分两类，第一类是跨省的区域，包括珠江三角洲地区、长江三角洲地区、福建省建设海峡西岸经济区、关中—天水经济区和京津冀；第二类是省内的区域，包括辽宁沿海经济带、江苏沿海地区、中国图们江区域合作开发、甘肃省循环经济区、皖江城市带承接产业转移示范区、上海两个中心建设、广西北部湾经济区、黄河三角洲高效生态经济区、海南国际旅游岛和珠海横琴新区；第三类是综合配套改革实验区，也是省（市）内的，包括上海浦东新区、沈阳经济区、武汉城市圈、天津滨海新区等。

区域协同的目的是寻求共同或一体化发展。多数区域在发展规划中直接强调"一体化"发展。"一体化"成为这些区域发展的目标和手段。如辽宁沿海经济带，一方面通过区域规划确定了经济带"一体化"发展的目标。不仅《辽宁沿海经济带发展规划》确定了"既要突出重点，又要全面推进"原则和目标，而且《辽宁海岸带保护和利用规划》规定了"加快区域一体化进程；加强海岸带陆域部分与海域部分的统筹，实现陆域和海域统一规划、统一功能、统一管理；加强不同功能区内部的统筹，避免国土空间开发失衡；加强不同地区间的统筹，促进区内互利合作与共同繁荣。"另一方面通过地方立法使区域"一体化"发展法定化。《辽宁沿海经济带发展促进条例》（以下简称《条例》）以经济带"一体化"发展为宗旨。《条例》二次提到"一体化"，第一次是第4条第二款要求，加快构建"一体化发展的良好政策环境。"；第二次是第11条规定，省人民政府及沿海经济带的各市人民政府应当"加快形成城乡经济社会一体化发展新格局。"

经过五年多的发展，区域"一体化"取得一定的成就，但是也出现一些困境。目前区域共同面临的问题：第一，区域内发展的差距较大；第二，区域内产业结构趋同现象严重；第三，行政区经济缺乏区际协调机制。从政府责任角度归咎原因，本文认为，在区域规划编制和实施的过程中，地方政府各自为政，缺乏协调机制是主要原因。因此，本文主要研究这些区域"一体化"过程中的政府合作。区域发展规划是区域"一体化"发展的蓝图，也是区域"一体化"研究的蓝本，区域"一体化"蓝图的实现是政府不可推卸的法定职责，是区域政府通力合作目标。

（二）区域"一体化"发展政府合作的法学研究现状

在中国知网学术期刊平台，以"区域政府合作"为主题搜索共65篇论文，包括研究"长三角区域政府合作"的有14篇，其他的还有（以时间为序）"兰白都市经济圈""三峡经济区域""广西北部湾""武汉城市圈""成渝经济区政府合作""泛珠三角区域政府合作""湄公河次区域政府合作""东三省政府合作""环渤海政府合作"等研究成果。区域政府合作是建立在区域合作基础上的，本文主要研究国内区域的政府合作，因此"泛珠三角区域政府合作""湄公河次区域政府合作"不属于本文研究之列。区域合作主要是政府之间的合作，然而相对于实践来说，学界对区域政府合作研究的成果是有限的：第一，从学科角度归纳，政治学、行政管理学的研究成果居多，法学视角研究成果较少。第二，从时间上看，学界最早关注以上海为中心的长三角经济整合，关于长三角区域合作研究成果始于2001年，其中2001年至2005年只有一篇文章是关注"山东半岛城市群"的政府合作；2006年至今，每年均有20左右篇论文发表，但是没有掀起研究的高潮。第三，现有研究成果关注区域政府合作的内容包括环境保护与生态、食品安全问题、旅游业的发展、基础设施共建和合作供水等，这与区域"一体化"范围或协同发展的目标相距甚远。

本文认为，法学对区域政府合作的研究，从内容上不能忽视一般理论，不能仅急功近利地解决问题；从逻辑上不能局限于传统的权利与救济思维。本文选择法治视角，拟研究区域"一体化"发展中政府合作的一般理论，为完善相关制度和立法提供依据。

一、区域"一体化"发展与政府合作的主要范畴

（一）区域"一体化"发展的内涵和特征

1. 区域"一体化"发展的内涵

"一体化"是合成一体，是与"合作"或"协同"等词不可分的。区域"一体化"发展，顾名思义，是指为了区域发展的需要而进行的合作或协同。而这里的区域发展是区域的可持续发展，涉及的合作或协同主要是指区域内政府、立法、社会三者之间的合作或协同。其中，区域"一体化"发展是离不开政府合作和立法协调的。

2. 区域"一体化"发展是区域的可持续发展

通常说的一体化被定义为把各个部分结为一个整体。区域经济学以系统

理论作为一体化的理论基础，一体化就是指一个系统。"区域"作为地理学的核心概念，最早将其定义为地球表面某一特定的且与相邻地域存在差异的物理空间。因此，区域"一体化"发展应该是指把一定物理空间内看出是一个整体或系统，再寻求发展。实质上，区域"一体化"发展是可持续发展。

依据国际法律文件❶的内容，可持续发展应包括以下几个方面的含义：第一，可持续发展是以寻求生存与发展为出发点；第二，可持续发展要协调几个关系，即经济发展与资源开发、环境保护的关系和当代利益与子孙后代长远利益的关系；第三，可持续发展强调资源环境与人类发展的持续性、内在性、互动性和共存性；第四，可持续发展不仅是理念、也是战略，是未来的、长期的共同发展战略；第五，可持续发展的三大支柱是经济增长、社会进步、环境保护，三者相互依存、相互加强。具体地说，可持续发展涉及可持续经济、可持续环境和可持续社会三方面的协调统一，要求人类在发展中讲究经济效率、关注环境和谐和追求社会公平，最终达到人类的全面发展❷。

可持续发展对区域"一体化"发展的要求：一是将区域作为一个复杂的巨系统，巨系统中每个子系统彼此相互依存和制约，组成一个有机整体。该整体的可持续发展是每个子系统的共同发展，不能只是某个或几个子系统的发展；二是要求系统中经济、社会、资源、环境、人口与科教等各个领域之间相互协调发展，不能一味只追求经济增长；三是保证资源的永续利用和生态的良性循环，实现整个系统发展的持续性，不能过度消耗自然资源和破坏环境、生态。

可持续发展在我国的区域发展规划里均有一定程度的体现：第一，跨省的区域规划中蕴含着可持续发展的理念。如《长三角区域规划（草案）》的目标是："到 2020 年，形成以服务业为主的产业结构，三次产业协调发展；

---

❶ 1972 年联合国通过的《人类环境宣言》提出"为了这一代和将来的世世代代的利益"作为人类共同的信念和原则，论述了可持续发展的 26 项原则；1980 年《世界自然保护大纲》提出可持续发展思想；1981 年《非洲人权和民族权宪章》对健康生活环境的权利做出了明确的界定。在发展权的背景下，健康环境权的问题在于其受益人和保护人是谁；1987 年世界环境与发展委员会发布《我们共同的未来》研究报告，正式提出了可持续发展的概念；1992 年联合国环境与发展大会——里约地球高峰会，通过《里约热内卢宣言》对可持续发展概念做出明确界定；1999 年维也纳世界人权大会通过《维也纳宣言和行动纲领》，对发展权做出了具体的界定；其他还包括《奥胡斯公约》《千年宣言》《新德里宣言》《〈非洲人权和民族权宪章〉关于非洲妇女权利的议定书》和联合国可持续发展大会等国际法文件。

❷ 曾贤刚，周海林．全球可持续发展面临的挑战与对策［J］．中国人口·资源与环境，2012（5）．

在重要领域科技创新接近或达到世界先进水平，对经济发展的引领和支撑作用明显增强；区域内部发展更加协调，形成分工合理、各具特色的空间格局；主要污染物排放总量得到有效控制，单位地区生产总值能耗接近或达到世界先进水平，形成人与自然和谐相处的生态环境；社会保障水平进一步提高，实现基本公共服务均等化。再用更长一段时间，率先基本实现现代化。"这其中包含经济、环境与生态、社会（保障）等区域内的协调发展，以达到可持续发展的目的。第二，省内的区域规划强调可持续发展是"一体化"的应有之义。例如《辽宁沿海经济带发展规划》将可持续发展确定为区域发展的原则，根据《辽宁沿海经济带发展规划》确定的发展原则，一是辽宁沿海经济带的整体性发展原则，即"统筹区域重大基础设施建设，提高共建共享、互联互通水平，促进区域一体化发展。"二是辽宁沿海经济带的协调性发展原则，即"坚持统筹兼顾、协调发展"和"努力实现城市农村相互促进、经济社会同步发展"。三是辽宁沿海经济带的持续性发展原则，即"加强生态建设，注重环境保护，提高环境准入标准，开展清洁生产，推进节能减排，加大污染治理力度"。

3. 实现区域"一体化"发展是一个过程

发展是一个过程，不是一个政府举措或政治手段一蹴而就的，区域"一体化"发展也是如此。可持续发展是人类追求的理想发展状态，人类对可持续发展的追求可能永远在路上。《国务院关于加强国民经济和社会发展规划编制工作的若干意见》（国发〔2005〕33号，以下简称《意见》）规定，"区域规划的规划期一般为5年，可以展望到10年以上。"实践中的我国区域规划期都超过10年，并且分阶段。表现在：一是有的规划中就规定了两个发展阶段，如《海峡西岸经济区规划》的"建设目标"中规定两个阶段的分别目标："到2012年……"和"到2020年……❶又如广西北部湾经济区制定了近期目标（2008—2010年目标）和远期目标（2010—2020年目标）。二是区域规划每个时期任务不同，如《长三角区域规划》，明确到2015年，长三角地区率。先实现全面建设小康社会的目标；到2020年，力争率先基本实现现代化。所以2015年前一个规划，2015年之后又经国务院批准了一个规划。由此，区域"一体化"发展正如《京津冀协同发展规划纲要》指出："京津冀

---

❶ 摘自《国务院关于支持福建省加快建设海峡西岸经济区的若干意见》http://www.gov.cn/zwgk/2009-05/14/content_ 1314194.htm，最后访问时间2016年6月16日。

部署协同发展,并非一下子实现一体化,而是首先进行部署的协同和一体化,然后是行动的协同和一体化,最后实现标准的协同乃至一体化,"有部署,有行动,有标准,是相互支持、配合的一体化。"

(二) 区域"一体化"发展政府合作内涵与法律定性

1. 区域政府合作的内涵

区域"一体化"发展中,从编制规划到实施,政府起主导作用。区域发展与行政区划发展所涉及的政府职能不同,"一体化"的区域打破了行政区划,在一定区域内涉及几个政府的横向合作。因为我国政府是依据一定行政区划设置的,政府的法定职责和权能也是在一定的行政区划范围内行使。但是不仅如此,区域"一体化"的政府合作具有以下内涵:一是合作主体,区域内各级政府及其部门的横向联合。二是合作内容,是政府在区域规划方面的合作,包括编制规划,实施规划的协调以及完成行政区划内经济、社会与环境生态目标。三是合作目标,是实现区域"一体化"发展规划的目标。

"一体化"政府合作的特征:第一,阶段性与期间性。阶段性指合作具有一定的时间范围,即为区域规划的时间跨度的前后,如辽宁沿海经济带是从2008—2020年。第二,纵向性和横向性。从府际关系上看,不仅涉及区域内政府及其部门的横向合作,也涉及中央与地方政府、区域内地方政府之间的关系;从地方治理的角度,不仅涉及政府行为,也涉及立法的协调与保障。第三,复杂性。区域政府合作的领域与一般政府间就某一事项的合作不同,合作的事项涉及经济、社会和环境与生态的保护等方面。上述特殊性意味着区域"一体化"政府合作是一个全新的、复杂的课题。

2. 区域"一体化"发展政府职责的合宪性与合法性

区域"一体化"发展涉及国务院和区域内的地方政府,其中国务院对跨省(市、区)的区域"一体化"发展享有法定职责。其宪法依据是《宪法》第89条的国务院职权条款,国务院依据国民经济和社会发展计划(2006年以后我国不再使用"计划"一词,开始使用"规划"一词,但是宪法没有修改跟上),有权批准区域发展规划;国务院"统一领导全国地方各级国家行政机关的工作,规定中央和省、自治区、直辖市的国家行政机关的职权的具体划分",意味着对各类区域的"一体化"发展,国务院可以直接管理,也可以通过领导区域各级政府来实现职责。有法定职责的地方政府对区域发展享有职责,区域地方政府的职权的宪法依据是,我国《宪法》第107条的地方政府职权条款,"县级以上地方各级人民政府依照法律规定的权限,管理本行政区域内的经济、教育、科学、文化、卫生、体育事业、城乡建设事业和财政、民政、公安、民族事务、司法行政、监察、计划生育等行政工作,发布决定和命令,任免、培训、考核和奖惩行政工作人员。"地方政府通过管理本辖区内的事务来完成区域内政府合作的任务,从而实现区域"一体化"发展的职责。

(三) 区域"一体化"发展规划的法律定性

在区域经济学、地理学、管理学等学科领域,区域规划已经是一个比较成熟的概念。一种更为正式的定性认为,区域规划"是为实现一定地区范围的开发和建设目标而进行的总体部署"[1]。不同学科对区域规划概念的界定具有不同学科的特征,反映了不同研究角度的特征。我国没有关于行政规划的中央立法。《意见》是关于区域规划的主要规范性文件,《意见》对区域规划做了其他规定:第一,明确了区域规划是政府宏观调控的手段及政府履行职责的重要依据。区域国民经济和社会发展规划是"国家加强和改善宏观调控的重要手段,也是政府履行经济调节、市场监管、社会管理和公共服务职责的重要依据。"第二,明确了区域规划的定位。区域规划是国民经济和社会发展规划的一种。《意见》确定了"国民经济和社会发展规划按行政层级分为国家级规划、省(区、市)级规划、市县级规划;按对象和功能类别分为总体规划、专项规划、区域规划。"区域规划分为跨省区域规划和跨市(区、县)省内的区域规划。第三,明确了区域规划与总体规划的关系。区域规划是以跨行政区的特定区域国民经济和社会发展为对象编制的规划,是总体规划在特定区域的细化和落实。第四,明确了跨省(区、市)的区域规划的主要内容。包括:对人口、经济增长、资源环境承载能力进行预测和分析,对区域内各类经济社会发展功能区进行划分,提出规划实施的保障措施等。

在法理上,学者们对行政规划的定性争议很大,主要是借鉴德国和日本的研究,存在诸如"政策行为说""立法行为说""具体行政行为说""机能说""分别归类说"等不同观点[2]。本文不赞成上述观点,主张区域规划与国民经济和社会发展规划、专项规划一样属于规划性政策行为的属性。规划性政策行为的定性与我国 2008 年施行的《政府信息公开条例》第 10 条规定是

---

[1] 胡序威. 区域与城市研究 [M]. 北京:科学出版社, 1998:83.
[2] 应松年. 当代中国行政法 [M]. 北京:中国方正出版社, 2006:1039.

一致的。该条将"(一)行政法规、规章和规范性文件"和"(二)国民经济和社会发展规划、专项规划、区域规划及相关政策"并列作为应予公开的政府信息。这说明该条例实质上是将区域规划与行政法规、规章和规范性文件区分开来,作为一种政策性活动类型予以承认。这意味着行政法规将区域规划看成是政策性行为,而非行政行为,不受行政行为法的调整。

二、区域"一体化"发展规划编制的程序与协调机制

从《依法行政纲要》到《法治政府建设实施纲要》都强调"行政决策科学民主合法"。党的十八届四中全会通过的《中共中央关于全面推进依法治国若干重大问题的决定》(以下简称《决定》)强调"健全依法决策机制。把公众参与、专家论证、风险评估、合法性审查、集体讨论决定确定为重大行政决策法定程序",该程序中的重点是"建立行政机关内部重大决策合法性审查机制,未经合法性审查或经审查不合法的,不得提交讨论。"目前我国没有出台关于行政决定程序的全国性立法,只有地方立法如《辽宁省重大行政决策程序规定》等。跨省规划的编制处于没有立法依据的状态。《意见》成为研究政府编制区域规划的主要依据。

(一)区域"一体化"发展规划编制的程序

《意见》特别强调区域规划的程序:第一,细化规划的审批程序。关于审批内容,规划编制部门向规划批准机关提交规划草案时应当报送规划编制说明、论证报告以及法律、行政法规规定需要报送的其他有关材料。其中,规划编制说明要载明规划编制过程,征求意见和规划衔接、专家论证的情况以及未采纳的重要意见和理由;跨省(区、市)的区域规划由国务院批准。编制跨省(区、市)区域规划,由国务院发展改革部门会同有关省(区、市)人民政府提出申请,经国务院批准后实施。"总体规划涉及的特定领域或区域发展方向等内容有重大变化的",区域规划也要相应调整和修订。第二,规划编制的公众参与程序。编制规划要充分发扬民主,广泛听取意见。各级各类规划应视不同情况,征求本级人民政府有关部门和下一级人民政府以及其他有关单位、个人的意见。除涉及国家秘密的外,规划编制部门应当公布规划草案或者举行听证会,听取公众意见。第三,专家论证是编制规划的必经程序。为充分发挥专家的作用,提高规划的科学性,国务院发展改革部门和省

第六章 区域"一体化"发展规划的编制与实施中政府合作及其协调机制

(区、市)人民政府发展改革部门要组建由不同领域专家组成的规划专家委员会,并在规划编制过程中认真听取专家委员会的意见。规划草案形成后要组织专家进行深入论证。对国家级、省(区、市)级专项规划组织专家论证时,专项规划领域以外的相关领域专家应当不少于1/3。规划经专家论证后,应当由专家出具论证报告。未经衔接或专家论证的规划,不得报请批准和公布实施。第四,规划的修订程序。经评估或者因其他原因需要对规划进行修订的,规划编制部门应当提出规划修订方案(需要报批、公布的要履行报批、公布手续)。第五,规划评估制度及其程序。规划编制部门要在规划实施过程中适时组织开展对规划实施情况的评估,及时发现问题,认真分析产生问题的原因,提出有针对性的对策建议。评估工作可以由编制部门自行承担,也可以委托其他机构进行评估。评估结果要形成报告,作为修订规划的重要依据。有关地区和部门也要密切跟踪分析规划实施情况,及时向规划编制部门反馈意见。

(二)区域"一体化"发展规划编制的协调与衔接机制

根据"坚持统筹兼顾,加强各级各类规划之间的衔接和协调"的原则,《意见》规定了区域规划编制的协调与衔接规则:第一,关于合作的主体。《意见》规定:"跨省(区、市)的区域规划,由国务院发展改革部门组织国务院有关部门和区域内省(区、市)人民政府有关部门编制",因此,跨省(区、市)的区域规划的编制必须政府之间的纵向合作和横向合作,纵向合作是指国务院有关部门和区域内省级政府的合作,横向合作是指国务院有关部门之间的合作、省(区、市)政府之间的合作。这其中的纵向合作是中央政府部门与地方政府之间的合作,前者对后者实为领导关系,但是,根据《意见》的规定,主要政府部门参与编制区域规划,是为了实现区域规划与专项规划的衔接,区域的主要规划编制由省(区、市)政府完成;横向合作中的省(区、市)政府之间没有领导关系,其职权所及仅限于本省的行政区划内,他们之间的合作是平等主体之间的合作,是一种政府之间的契约关系,目前我国宪法和法律没有相关规范。"跨省(区、市)的区域规划草案由国务院发展改革部门送国务院其他有关部门与相关专项规划进行衔接。""跨省(区、市)的区域规划草案由国务院发展改革部门送国务院其他有关部门与相关专项规划进行衔接。"第二,关于区域规划与总体规划之间的关系。《意见》明确"总体规划是国民经济和社会发展的战略性、纲领性、综合性规划,"是制定"区域规划的依据""跨省（区、市）的区域规划是编制区域内省（区、市）级总体规划、专项规划的依据"。要求完善规划编制的协调衔接机制。强化规划之间的衔接协调，区域规划服从本级和上级总体规划，下级政府规划服从上级政府规划。编制跨省（区、市）区域规划还要充分考虑土地利用总体规划、城市规划等相关领域规划的要求；同时，《意见》强调"强化规划之间的衔接协调"，要求"区域规划服从本级和上级总体规划"，以及"编制跨省（区、市）区域规划，还要充分考虑土地利用总体规划、城市规划等相关领域规划的要求。""各有关部门要积极配合规划编制部门，认真做好衔接工作，并自收到规划草案之日起30个工作日内，以书面形式向规划编制部门反馈意见。"第三，适时对规划进行调整和修订。总体规划涉及的特定领域或区域发展方向等内容有重大变化的，专项规划或区域规划也要相应调整和修订。

值得指出的是，由于我国没有出台行政政策制定程序和编制区域规划相关立法，区域规划编制权限和程序还没有法定化，这造成区域规划编制中的随意性。由于区域规划是国家级战略，出台区域规划立法十分必要。

三、区域"一体化"发展政府合作的协调机制与政府协议

（一）区域"一体化"发展政府合作中的协调机制

理论上，整体规划是对区域个体规划的克服与超越，一体化是对单独化的克服与超越，动态化是对静止化、绝对化的克服与超越。区域"一体化"的目标意味着不再是几个区域、几个目标、几套规划，而是一个区域、一套规划、一个目标，不但如此，区域内的政府要成为一个合而为一的整体。为此，区域协调是区域"一体化"发展政府合作中的重要问题。实践中，有的区域如辽宁沿海经济带已经实行"统筹协调、运转灵活的管理体制。"依据《条例》第6条规定："省人民政府应当""设立省沿海经济带开发建设领导机构"其职能是"组织指导沿海经济带开发建设工作，协调解决沿海经济带开发建设中的重大问题。省沿海经济带开发建设工作机构负责沿海经济带开发建设的日常工作。"但是，区域协调机制不是建立一个机构就能解决的，区域协调面临协调省（市、区）政府之间在区域规划实施中的问题。为了实现一个区域、一套规划、一个目标，就要"建构了一个组织，并为这个组织配备了一套权力体系，以及一套工作推进机制、项目运行机制和矛盾解决机制"。辽宁沿海经济带的《条例》只设立一个"沿海经济带开发建设领导机

构"，而没有赋予其相应的权责、建立其工作机制、项目运行机制和矛盾协调机制，很难完成"组织指导沿海经济带开发建设工作，协调解决沿海经济带开发建设中的重大问题"的职能。

要实现区域"一体化"发展，就要有一个一体化的思路。正如一个头、一个身体、一个人一样。"一体化"使各个区域构成为一个宏大的、完整的、独立性的新的区域。要求区域内地方政府应当成为"一个"协调一致的权力性组织，并建立与"一体化"相适应的机制。具体做到：

第一，设置区域发展协调委员会。区域发展协调组织采用委员会形式。其中跨省的区域发展协调委员会是国务院独立的、特别的行政部门。该组织是实现一体化调度的最高机构，由省政府人员组成。跨省的区域发展协调委员会设在国务院，委员由国家发展与改革委员会、各省政府方面的人员按照等比的比例组成，每位委员的任期为五年。具体人员由各政府自行决定委派。该委员会实行主任稳定、副主任轮勤制度，跨省的区域发展协调委员会的主任由国家发展与改革委员会方面的人员担任，常任副主任由三个方面的人员轮流担任，主任不轮换，副主任每年轮换一次。省内的跨市（区）发展区域也设置发展协调委员会，性质、法律地位任期、主任轮换，与跨省的区域发展协调委员会相同，其特殊性在于：一是由省（市）政府设置；二是该委员会成员由市（区）政府方面的人员按照等比的比例组成；三是该委员会主任由省长担任。

第二，配置必要的权力体系。区域发展协调委员会具有跨区的发展规划制定权、组织实施权、冲突协调权和项目研究权。区域发展协调委员会专门负责落实国家整体发展规划，协调地方与中央政府及地方政府之间的关系。在这些权力当中，既有软权力也有硬权力，软权力可以在硬权力运用之前使用。

第三，健全工作推进机制。由于区域在发展模式的差异及利益分配的不均衡，一体化进程中急需一个民主的沟通、协调、决策机制。为此具有普遍性、灵活性和包容性的会议工作制度就是必不可少的。区域发展协调委员会主要的工作方式是召开各种类型和具有不同功能的会议，通过会议突出主题、凝聚民智、创新制度、谋求发展。区域发展协调委员会有权视区域发展情形，召开调查会、研讨会、论证会、听证会、学术论坛、发展论坛、高峰论坛等会议。

第四，灵活地运行机制，包括两个层面，一是领域选择机制，选择一体化领域。区域发展协调委员会的性质是一个致力于一体化建设的实务机关，哪些领域适合一体化，哪些领域不适合，首先面临的就是一个领域选择的问题。只有将这个问题摆在桌面上，放在体制里，才能有计划、有步骤地完成。区域发展协调委员会可以在各类经济、社会和文化领域里进行一体化领域选择，在选定后的具体领域里开展工作。二是项目实施机制。以项目制度实施一体化进程。在区域"一体化"发展过程中，将工程划分成一个个可以衔接的单元项目，作为政府采购进行招投标，进行宏观的项目布局，卡住项目设计、项目招标、项目监督三大重点环节，这样不但吸收各方面的资金，而且还可以多个项目同时建设，加快一体化的总体进程。

第五，建立矛盾调处机制。指的是中央和地方之间以及地方之间发生矛盾纠纷，专门进行利益调整、纠纷解决的机制。在区域"一体化"发展过程中，由于各地的不均衡发展，矛盾与冲突是必定存在的，可以说如何协调矛盾是区域否能一体化的关键制度机制。区域发展协调委员会内设协调机构，是专门处理区域发展矛盾与冲突的机关，具有矛盾调处的权力。协调机构有权主动就发现的各种矛盾和争议事项进行协调处理。区域协调发展委员会有权运用协商、斡旋、补偿行政手段，也有权采用司法方式进行公开开庭审理，通过调查、听证、裁决等方式进行审理。区域协调发展委员会所作出的建议书、实施方案、裁决书具有法律效力，各当事方有义务执行。

综上，由一个组织，一套权力体系，以及一套工作推进机制、项目运行机制和矛盾解决机制，构成了一个推动区域"一体化"发展的制度平台。这样的一体化的思路破解各地发展不均衡的难题，进而建构出一片具有整体性、和谐性、平衡性的发展区域。

（二）区域"一体化"发展政府合作中的行政协议

区域"一体化"打破了行政区划边界，涉及多地区之间的沟通合作。政府是区域"一体化"发展的主导，需要各地方政府之间相互配合与协调，拆除各区划间的行政壁垒。为了区域"一体化"发展，地方政府尝试了行政区划调整、双层政府、区域政府联盟、特区政府以及行政协议等多种治理方式。[1]其中行政协议是区域"一体化"发展政府合作的主要方式。因此，区域"一体化"发展是政府合作协议的目的，行政协议是政府合作的手段。

---

[1] 汪建昌．区域行政协议：理性选择、存在问题及其完善[J]．经济体制改革，2012（1）．

第六章 区域"一体化"发展规划的编制与实施中政府合作及其协调机制

本文所研究的区域"一体化"发展行政协议的模式仅限于以下两种，一种是跨省的，长三角、京津冀等地区属于"省际行政协议模式"；另一种是省内的，如辽宁沿海经济带等地区属于"省内行政协议模式"。行政协议作为我国区域政府合作的普遍现象，在我国现行立法体制下还没有一个合法、合适的定位。可能造成行政协议内容违法，侵犯相对人的合法权益，或者行政协议无拘束力。因此，保证区域行政协议在法治的轨道上运行十分必要。

1. 行政协议的概念及其基本含义

归纳学界代表性的观点，有的学者将行政协议定义为"两个或者两个以上的行政主体或行政机关，为了提高行使国家权力的效率，也为了实现行政管理的效果，而互相意思表示一致而达成协议的双方行为，它本质是一种对等性行政契约。"❶ 有的学者认为"这一定义并未能全面揭示行政协议的本质问题，对于合法性似乎较少关注，可能会导致行政机关在制定行政协议的过程中滥用行政权力，许多行政协议本身涉及相对人的权益，由此可能会造成实务影响甚至侵害人民权益的情况发生"。❷ 上述两类概念比较，前者注重行政协议的法律性质；后者强调行政协议的合法性，关注行政协议的效力与法律后果。上述观点都为行政协议的规制研究提供了基础。本文认为对区域一体化行政协议的内涵应从以下几个方面理解：

首先，从目的上看，该行政协议的唯一目的就是区域"一体化"发展，协议是在区域"一体化"发展的背景下的政府合作，从这个意义上说，也可以称为"一体化行政协议"。

其次，从主体上看，它们既是宪法主体，又是行政法主体。无论是"省际行政协议模式"，还是"省内行政协议模式"，行政协议主体包括区域内的政府和政府工作部门。其中省级行政协议的主体主要是省级政府之间及其部门之间，省内行政协议主要是省内各级政府之间及其部门之间；同时行政协议主体基本上都是平级协议，即同级政府与同级政府之间，同级政府的工作部门之间。以辽宁沿海经济带为例，辽宁沿海经济带七市质量技术监督局签署的《辽宁沿海经济带质量技术监督认证工作合作协议》；辽宁沿海六市"抱团"打造滨海黄金旅游带并联合执法的协议。上述两个行政协议主体都是省级政府的工作部门，都是依据《条例》的规定，享有对辽宁沿海经济带管理

---

❶ 高秦伟. 美国法上的行政协议及其启示 [J]. 现代法学，2010 (1).
❷ 何渊. 论行政协议 [J]. 行政法学研究，2006 (3).

职责的政府部门。

再次,从行政协议的内容上看,因为行政协议涉及的事项是区域一体化发展的问题,所以行政协议的内容是区域发展规划的内容。考查长三角、珠三角、京津冀等地区以及辽宁沿海经济带,缔结的以区域"一体化"发展为目标的行政协议,我国区域"一体化"发展的事项具有某种共性,主要表现在:一是都在宪法、组织法规定的行政协议主体的行政管理领域内,都涉及产业合作、基础设施、旅游合作、环境保护、公共卫生、农产品供给以及信息化建设等领域;二是大部分行政协议中都规定了自愿合作的原则,并且都大同小异,主要包括:开放合作、互利共赢、自愿参与。

2. 行政协议的法律定性

学界对区域行政协议的探讨局限于行政法领域,忽视了区域行政协议的宪法领域的研究。学界对行政协议定性的主要观点:

(1) 行政契约说

该说主张行政协议是一种对等性的行政契约,将行政契约和行政合同看成不同层次上的概念[1]。本文赞同行政契约定性,但是不同意把行政契约分为对等性行政契约和不对等性行政契约,因为无论是行政契约还是行政合同,都是基于平等主体的合意。行政协议与行政合同的区别是主体的不同,行政合同是行政主体与行政相对人,而行政协议的主体都是宪法主体,行政协议上的主体关系由宪法调整。这实质上是行政协议置于宪法视域下,符合我国现在法治的特征。事实上,我国行政机关之间的关系一直受宪法的调整,行政组织法的条文就是宪法条文的照抄,行政组织立法的无所作为必将造成行政机关关系的行政法律依据的欠缺,这就是我国行政协议法律依据缺失的根本原因。

(2) 行政行为说

根据我国行政行为的法理分类,学界有三种观点:第一,双方行政行为说,该说认为行政协定(协议)是指行政主体之间为有效地行使国家行政权力,实现国家行政管理职能,明确各自的职责权限而相互意思表示一致达成的双方行政行为。这是将行政行为分为单方行政行为和双方行政行为两种。第二,抽象行政行为说,该说认为行政协议的效力包括对行政主体的约束力和对第三人的约束力,行政主体间签订行政协议的行为是一种抽象行政行为,

---

[1] 于立琛. 区域协调发展的契约治理模式 [J]. 浙江学刊, 2006 (5).

第六章　区域"一体化"发展规划的编制与实施中政府合作及其协调机制

行政协议是行政规范性文件。第三，内部行政行为说，该说把行政行为可分为内部行政行为和外部行政行为。行政协议的各方均是行政主体，行政协议的内容都是行政主体内部自己的法定行政管理事务；并且行政协议产生的法律关系仅仅是内部行政主体之间的法律关系，属于行政内部的法律关系，由此推断，行政协议属于内部行政行为。

本文认为，行政行为说是从行政法视域对区域行政协议的定性，为行政协议的行政法制化奠定理论基础。双方行政行为说，强调行政协议的主体的合意性和对双方的同等效力；抽象行为说，目的是将行政协议定性为规范性文件（因为行政协议不符合行政立法的程序，有些行政协议主体也不是立法主体），其内容上无权创设相对人的权利和义务，但是对行政机关和相对人都有法律效力；内部行政行为说，意寓行政协议的主体及其行为应该由行政组织法来调整。

3. 行政协议的法治化途径

我国区域行政协议处于非法的状态。我国《宪法》没有"行政协议条款"。《地方组织法》也没有"协定条款"只是赋予地方政府一些管理地方事务的职权。随着区域一体化发展，大量的区域行政协议的出现呼唤宪法和组织法的认可和规制。同时要处理好以下几个问题：

首先，理顺行政协议法治化的内在逻辑。

关于区域行政协议的立法，学界有两种观点：一是引入软法理论，承认行政协议的软法性，但是软法的非强制性特征，无法解决实践中行政协议的履行问题；二是采取区域立法协作的模式，即区域政府或人大联合立法。区域立法权可以采取全国人大授权来解决。

在法律效力及其适用上，欧盟国家的联合立法经验值得借鉴。从欧盟联合立法是看欧盟一体化是成员国之间的一体化过程。欧盟及其法律的发展是一个渐进的过程。欧盟法不是成员国法律的总和，成员国法律也不是欧盟法律的组成部分。欧盟法在成员国具有直接适用和优先适用的效力。欧盟法通过其直接适用效力和优先适用效力来达到协调欧盟成员国之间的法律冲突，实现法制统一的目的。另外，修正《立法法》赋予设区的市享有一定的立法权，行政协议中的关于城乡管理、环境保护等方面的内容，有立法权的行政协议主体，可以通过地方性法规和规章的形式予以承认。这样使协议内容具有地方立法的效力。

其次，行政协议的签订和运行符合法治的要求。

对行政协议的定性，无论是单方行政行为、抽象行政行为，还是内部行政行为，都是政府行为，都应符合法治政府的具体要求：一是尊重宪法的契约精神；二是做好事先的风险评估；三是注重公众的参与和行政公开；四是建立行政协议履行和争议解决机制。

结　语

区域"一体化"发展是可持续发展，是将区域看成一个整体，追求区域的整体发展，要求区域内的协同发展；区域"一体化"发展是动态化的发展策略，我国的区域"一体化"发展还在路上，通过编制区域"一体化"发展规划只是完成了区域"一体化"发展的布局，区域"一体化"发展规划的实施还需要一个过程。无论是规划的编制，还是规划的实施，政府起到主导的作用。区域"一体化"发展是一个区域、一个目标、一套规划，需要区域内多个政府形成合力完成区域"一体化"发展的目标。

从我国宪法、组织法及其地方立法看，立法对政府权责及其职能的规定是按照行政区划配置的。区域"一体化"发展的政府职能的实现要求做到：一是区域内省（市、区）政府行使法定职权，各完成规划中的本辖区的任务；二是解决区域"一体化"中不协调的问题，设置区域发展协调委员会，其享有规划制定权、实施权、冲突协调权和研究权；三是为解决利益冲突设计一个特别的协调机制。是一种特别类型的公法人之间的矛盾协调和解决机制，是现在我国制度体系中所不曾有的。

■ 参考文献

[1] 刘亚平. 当代中国地方政府间竞争 [M]. 北京：社会科学文献出版社，2007.

[2] 周黎安. 转型中的地方政府：官员激励与治理 [M]. 上海：上海人民出版社，2000.

[3] 陈瑞莲，等. 区域治理研究：国际比较的视角 [M]. 北京：中央编译出版社，2013.

[4] 张万清. 区域合作与经济网络 [M]. 北京：经济科学出版社，1987.

[5] 彼得·罗布森. 国际一体化经济学 [M]. 戴炳然，等，译. 上海：上海译文出版社，2001.

[6] 林尚立. 国内政府间关系 [M]. 杭州：浙江人民出版社, 1999.

[7] 何渊. 论行政协议 [J]. 行政法学研究, 2006 (3).

[8] 高秦伟. 美国法上的行政协议及其启示 [J]. 现代法学, 2010 (1).

[9] 崔红. 辽宁沿海经济带"一体化"发展与地方政府职能建设研究 [J]. 辽宁经济, 2015 (9).

[10] 金太军. 从行政区行政到区域公共管理——政府治理形态嬗变的博弈分析 [J]. 中国社会科学, 2007 (6).

[11] 陈瑞莲, 刘亚平. 泛珠三角区域政府的合作与创新 [J]. 学术研究, 2007 (1).

[12] 赵峰, 姜德波. 长三角区域合作机制的经验借鉴与进一步发展思路 [J]. 中国行政管理, 2011 (2).

[13] 邹卫星, 周立群. 区域经济一体化进程剖析：长三角、珠三角与环渤海 [J]. 改革, 2010 (10).

第三编

地方社会自治法治化的制度创新研究

第三篇

第七章 城市社区自治的法治化演进逻辑和监督与救济制度的创新

> **本章摘要**：深厚的法理支撑、完善的法律依据以及通畅的监督与救济渠道是城市社区自治法治化的必然要求。行政法上的平衡论、委托—代理理论和终极性理论是城市社区治理的法理基础；我国城市社区建立了以《宪法》为基础，以《居委会组织法》为核心的城市社区自治的法律体系与制度，但是城市社区的法律定性不明确，如果作为民事主体，建立的外部监督和外部救济制度在逻辑上无法成立，也无法解决城市社区冲突和实现居民的权益救济。借鉴大陆法系的公法人制度和理论，将城市社区作为公务法人纳入我国行政主体是城市社区制度创新的逻辑起点。以沈阳市社区为例，尝试论证社区内部管理权的行政权性质，进而主张建立立法、行政和司法的监督制度，以及开通对城市社区居民合法权益的司法救济渠道。
>
> **关键词**：社会自治；城市社区；立法监督；行政监督；司法监督；司法救济

引 言

20多年来，我国城市社区已经发展为"深圳模式""上海模式""青岛模式""沈阳模式""江汉模式"和"杭州模式"等多种模式。随着不同模式的城市社区迅速发展，城市社区冲突和居民维权成为不可忽视的社会问题。社会学界有些学者对城市社区冲突做了归纳，在城市社区"由于城市建设、城市贫困、历史遗留问题、社会保障制度不完善，引起的矛盾以及涉老矛盾等原因"。"既产生了因物质利益引发的城市社区冲突，又有重叠性、交叉性的冲突。这些冲突被学者们划分为"个体间冲突、个体与组织间冲突、不同组织间冲突",或者"物质利益冲突、权利冲突和文化冲突"等类型,"城市社区不断上演着经济权益性维权、自治权利性维权、政治权利性维权"。"城市社区居民通过上访、诉讼和立法等形式进行抗争实践"。❶ 上述城市社区的冲突,有些可以通过民事救济来解决,有的通过民事救济无法解决,如城市社区不作为和滥作为、不给居民发最低生活保障资格或不给居民失业证书等,这些不作为如同政府的不作为和行政权的滥用,由此,有些学者主张行政诉讼是解决上述矛盾和冲突的途径。但是,也有学者持相反态度,借口"纯粹私权""公民自治的排他性"等不接受立法、行政和司法,对城市社区自治的监督或救济。本文以城市社区自治的法治化为主线,以居民合法权益的保障为目的,通过理顺的法治化逻辑,对城市社区的监督与救济展开研究。

一、城市社区自治的法理基础与立法成就

(一) 城市社区自治的理论基础

1. 行政法的平衡论

与行政法上较为绝对的"管理论"和"控权论"不同,现代行政法上所提倡的"平衡论"观点认为:社会不单是政府的,也是公民的,所以应建立精干政府管理与公民自治共生共促的模式。伴随着我国政府精简机构、转变职能,政府发挥管理社会的职能方面必然是有局限的。具体表现在将基层事务放手交给社会组织和城市社区居民,通过居民自治的方式对行政公权力予以制约,提倡公民参与管理社会,真正地从公民自身的权益出发有效地监督和制约公权力的行为,防止其权力的滥用,从而更切实地维护自身的权益。

2. 委托—代理理论

委托—代理理论是由罗斯、詹森与麦克林于 20 世纪 70 年代提出的。委托—代理理论提出委托人向代理人购买代理服务与管理才能,由代理人管理具体事务,因为代理人比委托人掌握着更多的信息,更有条件更有优势获得更多的私人利益,避免给委托人造成更多的损失。其中,对代理人的监督和制约,尽量减少因代理人追求私利等行为对委托人造成的不必要的损失,便

---

❶ 吴晓林,刘泽金,邓聪慧.国内城市社区冲突研究十五年:回顾与反思 [J].天津行政学院学报,2015 (2).

是该理论所需要面对的首要问题。城市社区自治权的运作模式符合委托—代理理论，在城市社区居民自治过程中，城市社区居民是委托人，将自身的自治权利委托给城市社区，由城市社区对居民进行社区管理。城市社区是代理人，城市社区的每一个决定都与城市社区居民的权益息息相关，因此，对城市社区管理权的行使进行必要的监督就显得尤为重要，也是减少城市社区作为代理人损害社区居民权益的关键。从这一方面来看，委托—代理理论成了监督城市社区自治权行使的理论依据。

3. 终极性的权力理论

社会权力在逻辑上是终极性的权力。为了实现社会权力主体利益，社会权力主体可以直接运作权力，也可以让渡或委托运作。直接运作社会权力也就是共同体的所有成员自己决定共同体事务，实现社会公共利益；间接运作社会权力是指共同体中所有成员通过让渡或委托另外一个行为主体代为处理共同体事务，从而实现共同体的公共利益。城市社区自治是直接运作社会权力的逻辑方式。间接运作社会权力的逻辑形式一般指代议制下的政府机关的公共行政。因此，在间接运作社会权力的逻辑形式下，政府的权力来源于社会权力的让渡或委托。我国的城市社区自治就是政府把社会权力还回原本属于社区居民的管理权，即社区居民的自治权，社区自治权是社区居民固有的权力，政府不应该过多干涉社区自治。因此，用终极性的权力理论理解社会自治，能够分析与揭示社区自治权运行的实质。

（二）城市社区的立法形成了以宪法为基础的制度体系

1. 城市社区自治的五个层次规范性文件概况

一是宪法确定了城市社区的宪法地位。我国1982年的《宪法》第111条规定了城市居民委员会和村民委员会的社区性质，即"城市与农村居民居住地区设立的居民委员会或者村民委员会是基层群众性自治组织。"并对社区的内部组织构建做以规定："居民委员会、村民委员会主任、副主任和委员由居民选举"，"居民委员会、村民委员会设人民调解、治安保卫、公共卫生等委员会，办理本居住区的公共事务和公益事业，调解民间纠纷，协助维护社会治安，并且向人民政府反映群众的意见、要求和提出建议。"

二是居民委员会组织法进一步确定了城市社区的自治制度。1989年通过的《居委会组织法》是在1954年通过的《城市居民委员会组织条例》基础上，参照1987年通过的《村民委员会组织法（草案）》制定的。在法律层面,《居委会组织法》在城市社区法律制度中居于核心地位。其立法目的是"为了加强城市居民委员会的建设,由城市居民群众依法办理群众自己的事情,促进城市基层社会主义民主和城市社会主义物质文明、精神文明建设的发展。"该法第4条第一款规定:"居民委员会应当开展便民利民的城市社区服务活动,可以兴办有关的服务事业。"应该说,这是"城市社区"概念第一次在我国法律中出现。城市社区的定位是"居民自我管理、自我教育、自我服务的基层群众性自治组织"。同时,规定了城市社区自治权与政府行政权的界限。城市社区不是政府机关,不受政府的领导,实行自治。"不设区的市、市辖区的人民政府或者它的派出机关对居民委员会的工作给予指导、支持和帮助,居民委员会协助不设区的市、市辖区的人民政府或者它的派出机关开展工作。"《居委会组织法》规定了居委会社区宣传法律、办理公共事务、公益事业和调解民间纠纷等六项任务。此外,还较详细地规定了居委会社区的组成和产生程序,明确规定了社区居民的选举权和被选举权,即"年满十八周岁的本居住地区居民,不分民族、种族、性别、职业、家庭出身、宗教信仰、教育程度、财产状况、居住期限,都有选举权和被选举权"。

三是国务院法规丰富了城市社区内部关系的调整规范。国务院关于城市社区管理的法规包括:1954年已通过、1980年予以重新颁布的《人民调解委员会暂行组织通则》《治安保卫委员会暂行条例》和2003年颁布的《物业管理条例》等。其中《物业管理条例》对解决城市社区中的业主与物业服务公司的冲突,以及城市社区中开发商、物业公司、业委会、业主等各方的责任做了明确的法律规定。

四是地方立法巩固了地方城市社区的改革成果。地方政府为了规范城市社区管理体制和机制改革,出台了一些相关的地方性法规和规章。如上海市1986年的《上海市城市居民委员会工作条例》、1997年的《上海市街道办事处条例》和《上海市街道处罚暂行规定》、2009年的《北京市城市社区管理办法(试行)》、2002年的《沈阳城市社区工作暂行条例》和《北京市城市社区工作者管理办法(试行)》,等等。一系列的地方性法规和政府规章为城市社区管理提供了法律依据和保障。

五是国务院部门的规范性文件,自上而下地推进了城市社区自治。国务院相关部门将城市社区服务作为城市社区管理的"突破口",1993年,民政部等14个部委联合颁布了《关于加快发展城市社区服务业的意见》(以下简称《意见》),该文件成为催生和推动发展城市社区自治服务,推动城市社区发展的决定性文件。《意见》提出了城市社区建设的指导思想、基本原则和主要目标。《意见》明确了城市社区建设的5个基本原则，即以人为本、服务居民；资源共享、共驻共建；责权统一、管理有序；扩大民主、居民自治；因地制宜、循序渐进。《意见》的核心内容是"坚持按地域性、认同感等城市社区构成要素科学合理地划分城市社区组织体系。"《意见》阐释了推进城市社区建设的重大意义，提出要"加强城市社区管理，理顺城市社区关系，完善城市社区功能，改革城市基层管理体制，建立与社会主义市场经济体制相适应的城市社区管理体制和运行机制。""努力建设管理有序、服务完善、环境优美、治安良好、生活便利、人际关系和谐的新型现代化城市社区。"该《意见》成为指导我国城市社区建设的纲领性文件。

2. 我国城市社区立法中的基本自治制度

城市社区是居民自我管理、自我教育、自我服务的基层群众性自治组织。其自治权主要体现在：

第一，财产自治。《居民委员会组织法》第6条规定"居民委员会管理本居民委员会的财产，任何部门和单位不得侵犯居民委员会的财产所有权"。依据《居民委员会组织法》第4条、第16条、第17条规定，居民委员会的财产来源主要有三方面：一是为了行政开支的政府专项拨付；二是为了公益事业，向本居住区居民和单位的筹集,；三是明确居民委员会可以开展便民利民的城市社区服务活动，兴办相关的服务事业。

第二，选举自治。《居民委员会组织法》第8条规定："居民委员会主任、副主任和委员，由本居住地区的有选举权的居民或者由每户派代表选举产生；根据居民的意见，也可以由每个居民小组选举代表2至3人选举产生。"第10条第三款规定："居民会议有权撤换和补选居民委员会成员。"选举自治包括以下内容：首先，由居民或居民代表参加的居民大会是自治机构的最高权力机构，由它产生并有权罢免居民委员会主任、副主任和委员，其他机构没有这个权力。其次，选举是自治机构产生管理人员的法定途径。选举要符合法定的程序。选举人与被选举人的资格是本城市社区的居民（不以户口作为判断的标准）。只要是在本城市社区居住两年以上年龄满18岁即可。同时，对选举出的居民委员会主任、副主任和委员的监督和罢免的权力归居民代表大会，任何组织和个人都无权行使这一权力。居民委员会主任、副主任和委员要定期向其汇报工作。

第三，组织与管理自治。根据《居民委员会》第13条规定："居民委员会根据需要设人民调解、治安保卫、公共卫生等委员会。居民委员会成员可以兼任下属的委员会的成员。居民较少的居民委员会可以不设下属的委员会，由居民委员会的成员分工负责有关工作。"居民委员会的组织机构应当根据居民委员会的职能与任务来确定，如北京市的有些居民委员会的机构设置与街道办事处一一对应：街道办事处设置几个科室，居民委员会也要几个机构。

第四，教育自治。《居民委员会组织法》第3条第一项、第五项、第十二项规定，居民委员会要教育居民遵守宪法、法律、法规和国家各项方针政策；教育居民履行依法应尽义务，爱护公共财产；教育居民互相帮助，互相尊重，倡导良好的道德风貌等。这是居民自我教育的很好途径，如《全民道德公约》的颁布，居民委员会通过宣传与教育活动，有利于良好的道德风尚在城市社区形成，也有利于整个社会良好道德风尚的提高。

第五，服务自治。居民委员会可以根据本城市社区居民的愿望和要求，以及城市社区的实际情况开展各种形式的服务居民的活动。开展服务活动首先要了解居民的需要；举办大型的服务活动要经过居民代表大会与居民代表协商委员会的同意。

二、城市社区公共行政主体地位的确定

（一）城市社区立法中行政主体定位的缺失及后果

1. 不同视角对城市社区的定义与分类

城市社区不是法律术语，也不是法学概念。其他学科对城市社区的不同认识，为法学对城市社区研究提供了思路。不同视角对城市社区的定义，引出了不同的法理意义；不同种类的城市社区也具有不同的法理意义。

"城市社区"一词源于拉丁语，14世纪首次出现在英语中，学界一致认同威廉姆斯的说法，即城市社区最初的定义是指"寻常的人们"（以对应于那些有等级级别的人们）。到16世纪，这个术语被用来指"拥有某种共同性的品质"；从19世纪起，城市社区被广泛用来意指传统的、自然的人们相知相守的"有秩序"的人情社会，以区别于被工业文明侵蚀了的现代社会。城市社区第一次进入社会学，并为人们所广为熟知的历史机缘当属滕尼斯的《城市社区与社会》，"城市社区"被描述成社会学学者耳熟能详的"具有共同价值观念的同质人口组成的关系密切的，守望相助的，存在一种富有人情味的社会关系的社会团体"。值得注意的是，许多人发现"城市社区"这一概念产

生的时间大致上也就是其"实体"开始接近于消亡的阶段，城市社区"逝丧"的观点首先是芝加哥城市社会学家提出来的，Maurice Stein 1960 年首先在他的"城市社区的逝去"学说里创造了这个概念，他认为城市社区的逝去可以在人们的精神异化、疏离和行为的杂乱中找到证据。❶ 显然 Stein 是在价值层面上谈论城市社区的。

长期以来，城市社区的定义在社会学乃至政治学领域始终存在着巨大的争议，在城市社区观上，主要存在着"事实"和"价值"两个层面。我国著名学者费孝通首次翻译"城市社区"这一语词，并认为它是一个专门的社会学概念。伴随着我国城市社区服务、城市社区建设的发展，"城市社区"一词逐步涉及社会生活的各个方面。在政府文件中，2000 年民政部的《意见》中指出："城市社区是指聚居在一定地域范围内的人们所组成的社会生活共同体。"该文件还明确指出了城市社区的范围，"目前城市社区的范围，一般是指经过城市社区改革后做了规模调整的居民委员会的辖区"。由此看来，城市社区在语法上是一个建构型概念，它在学理上不是一个单纯的社会学概念，而是一个政府试图建构的、以一定地域为基础的社会实体或社会单元。总的来说，城市社区一词至少存在三个维度上的含义：一是，城市社区是指"聚居在一定地域范围内的人们所组成的社会生活共同体"；二是，城市社区被认为是居委会或调整后的居委会辖区；三是，将城市社区视为"公民社会"或"市民社会"的组成部分。只有第三个含义具有法学意义，即强调城市社区的法域意义，寓意城市社区是私法主体。

2. 城市社区的分类和立法定域的困境

学界纷纷提出自己对城市社区分类的不同看法。这些看法中最有代表性的是"自然城市社区""分层城市社区""行政城市社区""共同利益城市社区""公民城市社区""法定城市社区"等。

第一，自然城市社区。其论者强调城市社区是一定地域范围内相同或相近的"同质人群"相互关心相互守望的生活共同体特征，其理解侧重于传统城市社区的特定的人际关系和地域的特征，自然城市社区实际上是依据滕尼斯的城市社区版本。

第二，分层城市社区。分层城市社区的论者，不仅受到芝加哥学派理论上的影响，也受到我国在住房市场化改革中已经出现的空间分化和区位分化

---

❶ Lyon, the community in urban society, Lexington Books, Massachusetts, USA・1989: 97.

的现实的影响，[1] 上海、北京等地实际上已经出现了较大规模的城市社区分层现象。在这些论者看来，我国城市社区的未来定位以这种与市场经济发展趋势契合的城市社区类型为主，或者说至少应该充分考虑到这一类型的城市社区。

第三，行政城市社区。符合我国城市社区建设中强烈的政府主导倾向，其论者认为城市社区只不过是政府的一种政策手段，是政府用来制造"不在现场"的工具。虽然行政城市社区的论者往往既是现实城市社区建设的描述者，也是批评者，但他们中的大多数人实际上是极力倡导这种定位的。[2]

第四，共同利益城市社区。该主张侧重于考虑城市社区中的经济因素，注重新兴城市社区中的业主的共同利益，相关学者认为这种利益是城市社区最重要的物质或财产权基础。

第五，公民城市社区的定位倾向于把城市社区视为政府和市场之外的"第三域"。认为城市社区是相对独立于政府、有着自身发展和运行逻辑的市民社会组织体；在城市社区，公民及公民组织横向互动、自律自主自治，这种分类将城市社区和政府的疆界相对清晰。

第六，法定城市社区。其法律依据是我国的《居民委员会组织法》和民政部《意见》，该主张认为，我国的城市社区不是西方社会的那种渐进的自然形成的城市社区，而是政府通过政策、法律设定的，街道、居委会或调整后的居委会辖区即为城市社区。

城市社区立法的法域属性非常重要。正如有的学者总结的，"自然城市社区"论者将城市社区自治法律定位为同质人群相互守望的生活共同体内在规则，这种定位具有"纯粹私法"的特征；"行政城市社区"论者把城市社区治理法律定位为基层行政组织"依法行政"的规则体系；"共同利益城市社区"论者则把城市社区治理法律定位为以财产权和自治权为中心的规则系统；"公民城市社区"论者把城市社区治理法律定位为"市民社会的法律体系"；"法定城市社区"论者则把城市社区法律锁定在城市居委会自治法上，城市社区每一种定位都表现出不同的法域倾向。[3] 综上，学界对城市社区自治的定位

---

[1] 杨上广. 中国大城市社会空间的演进 [M]. 武汉：华东理工大学出版社，2006：133.

[2] 在北京鲁谷社区的建设中，有学者公开声称，我国的社区建设既不是建立在国家与社会关系"良性互动"的基础上，也不是建立在"强国家、强社会"的关系模式上，也不是建立在"第三领域"的划分之上，而是建立在所谓"强政府、大社会"的预设之上，这种预设所导向的社区建设实际上是一种典型的行政社区。

[3] 周少青. 论城市社区治理法律框架的法域定位 [J]. 法学家，2008（5）.

涉及私法主体，也涉及自治法域。但是，将城市社区定性为"纯粹私法"的主体，其后果必然是城市社区的管理权得不到监督，城市社区居民的合法权益得不到国家的救济。本文认为，我国城市社区自治主体的定性，应以建立城市社区自治权的监督，以及社区居民的权益救济制度为目的。

(二) 公务法人和行政公法人主体地位理论与制度的借鉴

1. 法国的公务法人制度借鉴意义

第一，法国公务法人的范围与特征。

法国和德国是大陆法系公法人制度与理论较成熟的国家，法国和德国为我们提供了可以借鉴的理论和制度资源。特别是法国是行政法的母国，法国的公法人制度中的公务法人制度与德国不同。法国的公法人和私法人一样都有法人资格。但是公法人与私法人不同：一是一般性质上根本不同，创立公法人由政府当局主动办理，公法人永远是为了满足公共利益，公法人的法定能力总是在私法规定的活动方式之外，其支配权包括征用财产、强迫服从、擅自行动等公权力特权；公法人不能成为强制执行的对象。二是公法人不受法国1985年1月25日法律所规定的司法矫正和清算。三是对于自己牵连其中的诉讼案件的处理结果不得求助于仲裁程序。但是，公法人与私法人有逐步接近的趋势，都呈现出若干中间地带：政府当局主动创设名为协会、公司、基金会之类的私法人等。四是公立公益机构在相当的范围内服从于私法管辖，不仅工商公立公益机构，甚至遵从2002年1月4日法律创办的文化合作公立公益机构，也是如此。法国公法人的主要类型：第一类，从行政机构看，包括国家、大区的、省的或市镇的，这是一般公法人；第二类公务法人指国家的、大区的、省的或市镇的公立公益机构❶与其他专业公法人。❷

第二，法国公务法人制度的借鉴意义。

制度的借鉴意义取决于制度自身的功能。从理论看，法国的公务法人包含三层含义：一是公务法人是一个公法人，独立地享有权利、承担义务；二

---

❶ 首先，公益公立机构是指负责经营管理社会性或知识性的公用事业，如医院或大学等；随后，也经营工商型公用事业，如法国的电力公司等；其次，管理某些行业和行业代表处，如商会和农业公会等；最后，成立于1982年的各种公益集体各自承担研究、体育和文化等共同任务，1984年承认它为公立公益机构。

❷ [法] 让·里韦罗，让·瓦利纳. 法国行政法 [M]. 北京：商务印书馆，2008：62-66.

是公务法人是承担特定公共事务的组织体，有独立的法律人格；三是公务法人属于行政主体之一种。上述三个方面的内涵孕育着公务法人的如下功能：公务法人以公共利益为目的，即以提供公共服务满足公众需要和改善公共福利为目的而设的法人，公务法人制度的核心是公共服务和公共行政职能的非政府化、社会化和市场化，让尽可能多的公共行政职能由社会承担。公务法人是与国家、地方行政主体并存的承担公共行政职能的其他主体。[1] 法国公务法人的最终功能无非是解决公立公益机构的行政主体地位，客观上增加了行政主体的类型，通过确认新型公共利益服务主体地位，为法律适用以及监督与救济创造了前提。这是最值得借鉴的地方，法学的开放性是在对社会现实的不断适应与回应中表现出来的，通过对传统法理的不断突破实现法学的实用价值。一方面，随着更多的社会组织参与社会治理，社会治理主体的多元化敦促行政主体理论的发展；另一方面，许多社会组织由于没有行政主体地位，以公共利益为幌子侵害相对人，私法救济无法达到目的或者自治主体内部没有救济的能力，因主体的不适格不能得到行政法的救济，这是法理学落后之殇，相反，法理学大方地接纳新的行政主体，上述问题就容易解决了。

从制度上看法国公务法人的特征：第一，传统的公立公益机构，除了其私营行为，均受行政法和行政法官管辖；所有的公益公立机构，原则上都隶属于公法人，这种隶属关系部分地决定了谁对之实施监督（上述规则不适用商业协会，因为其是全国性的）；公立公益机构的建立需宪法准则的制约，而且包括所有公立公益机构的共同准则、立法机关制定建立各类公立公益机构的那些准则；有一定的自主权是公立公益机构内部机构设置的一个特点，其内部管理机构在运行上适用行政法，可以行使公权力做出有执行力的决定；公立机构有可支配的公共财产。[2] 从法国公务法人的制度上看，公务法人不是只承认其行政主体地位那么简单，还涉及内部自主权的行使、内部管理规则以及权力监督等制度。

总之，公法人作为一种特定的法律地位，是国家对公共事务组织进行技术上整合的结果，同时也是一种体系化、系统化的组织体制设计。公法人的制度功能主要体现为以法人格化的方式实现行政分权下的自治。[3] 仅从这个意

---

[1] 姜广俊.公务法人制度探讨［J］.学术交流，2008（2）.
[2] ［法］让·里韦罗，让·瓦利纳.法国行政法［M］.北京：商务印书馆，2008：242.
[3] 李昕.论公法人制度建构的意义和治理功能［J］.甘肃行政学院学报，2009（4）.

第七章　城市社区自治的法治化演进逻辑和监督与救济制度的创新

义上，我国城市社区作为自治主体不能不借鉴公法人制度和理论。

2. 行政法人制度及其借鉴

第一，日本和我国台湾的行政公法人制度。

我国法学中的"行政法人"是舶来物，日本的行政改革会议最终报告首创了"独立行政法人"一词。行政法人亦属公法人，为了提供原本由政府组织负责的公共事务，由于其公共性不适合委托给私法上社团与财团，于是创设"行政法人"制度。借鉴日本行政法人制度，我国台湾地区于2011年4月27日颁布实施了"行政法人法"。行政法人在法律定位上属新型公法人组织。从制度特征上看，20世纪的日本、我国台湾等地积极推出部分政府机关等公法组织"行政法人化"，未采用传统公法人理论中的德式公法社团、公营造物与公法财团之分类，而"统一定性为行政法人，从形式看，借鉴了法国"特别公法人"的形式。

第二，行政公法人主体定性与监督制度的借鉴意义。

行政公法人不仅作为独立的公法主体，参与社会治理，弥补了传统行政主体的不足，为研究城市社区自治组织的主体定性开拓一个思路，行政法人是在理论上创立了一个新的公法主体。另外，我国台湾地区立法建立的对行政法人的监督机制，特别值得借鉴。我国台湾的行政法人监督机制可分为内部监督、准外部监督及外部监督。"行政法人以内部监督为主，即其监督应以自律为主，他律为辅；减少外部监督，加强内部监督及监督机关的准外部监督，减少事前监督，加强事后监督；并导入社会监督机制"[1]。行政法人的具体监督制度包括："在立法监督上，行政法人具有公法上的独立人格，不应该有上级机关，行政机关的外部监督为适法性监督。但因行政法人执行特定公共行政的任务，具有高度的行政性，立法机关在立法方面进行监督是必不可少的；在司法监督上，为了保障行政相对人权益救济和国家赔偿请求权的实现，借助司法权监督行政法人公法行为的合法性；在审计监督上，针对行政法人具有一定的财务自主权，其财务收支由行政法人内部监督通过后，报请法定监督机关备案，其收支预算属于监督机关整体预算之中，不另送审计"[2]。

---

[1] 许宗力. 国家机关的法人化——行政组织再造的另一选择途径 [J]. 月旦法学杂志, 2000 (1).
[2] 许宗力. 国家机关的法人化——行政组织再造的另一选择途径 [J]. 月旦法学杂志, 2000 (1).

(三) 我国借鉴公务法人和行政法人制度的法理和立法基础

无论是法国公务法人制度，还是日本、我国台湾和韩国的行政法人制度，其理论依据是公法人理论。而我国缺乏公私法的理论分界，也没有明确的公法人和私法人的划分，这是确定我国城市社区的行政主体地位的主要障碍。

1. 我国学界早已接受公法与私法之分

随着我国法学的发展，十几年来，学界并没有反对公私法划分的观点，特别是在民法学界，目前几乎所有的有关著述均强调公法私法的区分，❶ 并有学者进而强调私法优位主义。❷ 公法和私法的区分在整个法学界也逐渐成为基本共识。❸ 反对"私法优位论"的公法学者，也基本上对公法私法的区分没有异议。❹ 说明公私法的划分在我国学理上几乎无异议，法理逻辑上也无障碍。

但是，仅仅接受公私法的划分是不够的，还需要开放行政主体理论。我国的行政主体学说是在没有公私法划分的前提下产生的，行政主体背后的法理逻辑是行政法学，似乎与法人理论无关，因为我国法人是民法上的人格，行政机关和授权主体都是民事法人，是民事主体。大陆法上的公法人是公法上的"人"，是公法上的权利主体，从这个意义上说，使行政主体成为公法人，并扩大行政主体的范围，将相当于"公务法人"的主体纳入行政主体，是需要法学界进一步努力的。事实上，法国是个地方自治的国家，自治主体是享有行政特权的公法人，属于第一种类型的公法人，在我国，社区这类自治主体只能纳入"公务法人"的范畴。我国学界有人反对将城市社区纳入行政主体，认为城市社区不拥有独立的财产，不像村民委员会中村民享有一定的财产权和管理权，还符合公法人的基本条件。❺ 反对城市社区纳入行政主体的观点，是有一定险隘性的。将城市社区纳入公务法人，才能理顺其作为公

---

❶ 彭万林.民法学[M].北京：中国政法大学出版社，1994：12-13；江平.民法学[M].北京：中国政法大学出版社，1999：44-48；龙卫球.民法总论（第二版）[M].北京：中国法制出版社，2002：1；张俊浩主编.民法学原理（修订第三版）[M].北京：中国政法大学出版社，2000：7-8.

❷ 梁慧星.民法总论（2001版）[M].北京：法律出版社，2001：32-36.

❸ 在法理学上，过去一般将公法和私法的区分作为大陆法系的资本主义国家的法律分类。不过，现在很多法理学著作已经明确将其作为可以适用于我国的一种法律分类。如，陈金钊.法理学[M].北京：北京大学出版社，2002：96-97.

❹ 汪习根.公法法治论——公、私法定位的反思[J].中国法学，2002（5）.

❺ 王振标.论村民小组法律地位缺失的弊端——基于公法人理论的思考[J].西部学刊，2014（10）.

共利益主体在法学中的逻辑存在，完善行政主体理论；特别是在我国城市社区自治能力和公民自治意识较差的阶段，将城市社区的自治权在自我监督的同时接受公权力监督，对于保障城市社区居民权益十分必要。

2. 我国立法早已承认公私法二元化

我国现有立法也不排斥公私法的划分，这是由于立法背后的法理逻辑决定的。在实体法上，我国民法的"法人"制度与行政法上的"行政主体"没有关系，是两回事，可以说将"公务法人"纳入行政主体的范畴不会影响私法的任何变化。在诉讼法上，行政诉讼法与民事诉讼法二元诉讼制度，行政诉讼从民事诉讼中分离出来，不仅意味行政法的独立，也为公私法划分创造了条件。在国家赔偿法上，我国法律上的国家赔偿责任意味着承认国家的公法人地位，有人主张，我国立法在法人一般理论上，则应当修正法人的一般定义，并且在将来的民法典中以更加合理的方式规定公法人问题。国家机关不应当具有法人和行政主体地位，国家才是法人和行政主体。❶ 这是从立法上理顺公法人的类型。

从法律技术的观点看，区分为双重人格毫无意义，但是在制度体系中，公法人制度对于监督与救济制度的建立有重大的意义。将城市社区作为公务法人，作为行政机关和授权主体之外的行政主体。这是借鉴国外的法律与学说并让其带有更多的"中国特色"以适应中国的具体情况，使其具有一定的可行性，是我国法律制度一般的做法。

三、城市社区自治中的监督
——以沈阳市城市社区为例

孟德斯鸠在其著作《论法的精神》中指出："一切有权力的人都容易滥用权力，这是万古不易的一条经验。有权力的人们使用权力一直到遇有界限的地方才休止。"党的十八届三中全会强调"把权力关进制度笼子"，就是"强化权力运行制约和监督体系"，目的是"维护最广大人民根本利益"，这符合权力法治的一般逻辑。城市社区公共事务管理权理应一样被"关进笼子里"。法治化是将权力"关进笼子里"的唯一途径。大量的政府权力向社会转移，却由于社会化的行政权不在行政法的控制范围，使这些权力失去公法的规制，

---

❶ 葛云松. 法人与行政主体理论的再探讨——以公法人概念为重点 [J]. 中国法学, 2007 (3).

城市社区的内部管理权也是其中的一种。

(一) 城市社区有待监督的自治管理权分类

"有权力就该有监督"。城市社区与行政机关一样享有行政管理权，应该像行政机关一样接受必要的监督，特别是在城市社区自治能力不成熟的时期，城市社区的权限和行使程序不能排斥国家的规制和监督。

1. 城市社区权力来源

从行政权的来源对城市社区行政权分类：

第一，来源于法律授权的自治权。在自治权中，法律授权的部分主要包括两个方面：其一是国家公权力的转让。实质上是国家通过立法授权的方式将部分与城市社区的日常管理有密切联系的权力放开，一是便于城市社区对其内部成员进行管理，二是实现城市社区的自治的应有之意。其二是对城市社区既有自治权的确认和保护。这种确认和保护实际上是通过法律规范性文件的确认来保障城市社区自治权的独立行使，不受政府机构的不正当干预。这种以法律的形式授权和确权，在对城市社区有效进行组织和管理的同时，亦将自治权的内容跃然纸上，增强其公开性，有利于社会公众的广泛监督。一般认为，对成员权益产生重大影响的自治权力，尤其是可能对成员权利义务产生重大影响的处罚权，需要依法定授权而享有。例如《沈阳市城市社区工作暂行办法》第7条规定"城市社区工作的主要任务"有五项，来实现城市社区的自我管理。近年来，沈阳市委、市政府出台的相关文件对城市社区工作进一步规范，据不完全统计沈阳市城市社区享有72项自治权能。[1]

第二，来源于政府委托的自治权。政府委托的权力部分，主要指将一些微观性的管理职权委托于城市社区。城市社区是政府与居民之间的桥梁，是双方的"调解员"，政府通过委托而形成的城市社区自治权能，协助政府对城市社区进行管理。据不完全统计沈阳市城市社区享有64项协助基层政府工作的职责。[2]

上述两种权力具有不同的性质，前者属于授权性权力，后者属于委托性权力；不同性质的权力法律责任主体不同，前者的法律责任主体是城市社区，

---

[1] 沈阳：社区职能"减负"停办十项证明. http://liaoning.nen.com.cn/system/2014/01/08/011712919.shtml 最后查看日期2016年2月22日.

[2] 沈阳：社区职能"减负"停办十项证明. http://liaoning.nen.com.cn/system/2014/01/08/011712919.shtml 最后查看日期2016年2月22日.

第七章　城市社区自治的法治化演进逻辑和监督与救济制度的创新

后者法律责任主体是委托的基层政府。

第三，来源于内部成员私权让渡的自治权。城市社区内部成员私权的让渡部分，卢梭的"社会契约论"可对之做以深入理解。虽然社会契约论是阐述公民与国家关系的理论，但作为居民让渡管理以及惩戒等权力于一身的城市社区，其与居民的契约关系实质上可以看作国家与公民契约关系的一个缩影。居民通过各自权利的让渡而使得城市社区拥有自治性的组织和管理权能，而支撑这项权能的"契约"便是城市社区的章程，城市社区的建立以居民自愿遵守为基础，最终后果便是违反章程的强制执行。这部分自治权能是居民的自愿性与城市社区的强制性的混合体，其中自愿性体现了居民通过正当程序制定城市社区章程并自愿遵守，既然选择自愿遵守就必然承受强制性后果，这是城市社区自治权权威性的体现。然而，既然可能受到潜在的强制性后果，则必然应对这种"绝对权力"进行制约与监督。

2. 以沈阳市为例对城市社区管理权的分类

城市社区行使着对内自治管理权。以沈阳市为例，依据沈阳市人大出台的《沈阳市城市社区工作暂行办法》，以及沈阳市委、市政府出台的《关于加强城市社区建设的若干意见》，沈阳市城市社区内部自治权具有行政权的特征，按我国行政立法对行政权分类方法，可将沈阳市城市社区行使的具有行政权特征的自治权分为（见表7-1）：行政确认权、行政给付权、行政奖励权和其他行政权力（行政许可前置程序、档案管理等权力）。其中，第一，行政确认权包括发放就业失业登记证、失业及应届大学生就业登记、退休人员死亡申报以及初审生育指标（行政确认的前置程序）等；第二，行政给付权包括独生子女费、独生子女父母退休补助费、终生未生（养）育补助费、独生子女伤残死亡家庭（计划生育手术并发症人员）扶助金的兑现发放、受理退休人员采暖费报销、申报高龄老人补贴、老年优惠优待证的办理、办理灵活就业人员养老保险、介绍和受理居民养老和医疗保险、受理农民工医疗工伤综合险及城镇职工医疗保险、新型农村养老保险和城镇居民养老保险等事宜、申报低保、发放低保证、边缘证和特殊困难群体的医保卡，领取特困家庭救助款物、低保和低保边缘户采暖手续审批、申请特殊困难群体的住房补贴、实物配租、租金核减和经济适用房和申请公租房，等等；第三，行政奖励权包括城镇双无业独生子女父母奖励费和现役军人立功受奖奖励金的受理、上报及发放等。

表 7-1　沈阳市城市社区职能统计

	生育	失业、就业	退休、老年	保险	低保、特困	与军人相关事项
事项	初审生育指标；独生子女光荣证；流动人口婚育证明；独生子女费；病残孩鉴定；生育保险证明；病残儿医学鉴定申请；城镇双无业独生子女父母奖励费；独生子女父母退休补助费；终生未生（养）育补助费；独生子女伤残死亡家庭（计划生育手术并发症人员）扶助金的兑现发放	发放就业失业登记证；失业及应届大学生就业登记；外来务工人员就业管理；办理下岗、失业人员病退手续	受理退休人员采暖费报销；退休人员档案卡的接收和转移，参保人员档案、医保等社会保险关系的接收；退休人员死亡申报；申报高龄老人补贴，老年优惠优待证的办理	办理灵活就业人员养老保险；介绍、受理居民养、医疗保险；受理农民工医疗工伤综合险及城镇职工医疗保险；新型农村养老保险和城镇居民养老保险等事宜	申报低保；发放低保证、边缘证和特殊困难群体的医保卡；领取特困家庭救助款物；低保和低保边缘户采暖手续审批；申请特殊困难群体的住房补贴、实物配租、租金核减和经济适用房；申请公租房	年度内新征入伍人员申办；现役军人立功受奖奖励金的受理、上报及发放

资料来源：沈阳市委、市政府出台的《关于加强城市社区建设的若干意见》等文件。

（二）对城市社区国家监督的方式

城市社区行使的自治管理权是由政府还给社会的公权力，依据权力监督理论，"有权力就应该接受监督"。这里的权力监督也应以监督主体与城市社区是否为从属关系为标准，可分为内部监督和外部监督，外部监督是指城市社区以外的组织为主体实施的监督，包括立法监督、行政监督、司法监督和社会监督。内部监督是指以城市社区内部成员的名义的监督。有些地方城市社区相关立法只有内部监督的规定，如《沈阳市城市社区工作暂行办法》第15条规定"城市社区协商议事委员会是城市社区工作的协商议事与监督机构。"没有外部监督的规定，而外部监督是公权力最有力的监督。

立法监督、行政监督、司法监督和社会监督是城市社区的外部监督，其中立法监督、行政监督、司法监督是公权力机关的监督，又称国家监督，它们有权运用国家机器完成监督职责，追究监督对象的法律责任，因此，国家监督被视为最有力的监督方式，本文主要考察国家监督。

1. 对城市社区的立法监督

立法监督，是指立法机关通过行使相应的立法权，制定关于监督的规范性法律文件实施监督，也包括人大代表质询和提案对社会公权力实施监督。确定城市社区自治管理权的公性质，就应该将城市社区纳入人大监督的对象。从立法上看，关于城市社区的权力机关立法较少见，现有的主要是地方性法规如《成都市城市社区建设管理规定》《贵阳市城市社区工作条例》和《沈阳市城市社区工作暂行办法》等，其他的立法就是地方政府规章，属于行政立法范畴，如厦门市政府制定的《厦门市城市社区建设若干规定》等，因而监督的法律规范更为少见。人大应尽快出台对城市社区的监督规范。

2. 对城市社区的行政监督

行政监督是指有权的行政机关对城市社区自治管理权的监督。以沈阳市为例，依据《沈阳市城市社区工作暂行办法》的规定，沈阳市相关政府及其部门对城市社区的行政监督包括：

第一，通过对城市社区的撤销、调整规模和考核等方式实施监督。第6条规定"城市社区的设立、撤销、规模调整由区、县（市）人民政府的派出机关提出，……报市民政部门备案。"区、县（市）人民政府的派出机关（街道办事处）只有实施了监督才能提出申请的撤销和规模调整；"市和区、县（市）民政部门是本行政区域内城市社区工作的协调、指导部门"；第19条规定"达标城市社区，由所在街道办事处进行日常考核……"第18条规定"示范城市社区，由所在区、县（市）城市社区建设指导委员会办公室进行日常考核，报市城市社区建设领导小组办公室验收认定，以市政府名义命名……对未达标的城市社区要限期整改，整改后仍不能达标的城市社区，可建议城市社区成员代表大会对不称职的城市社区干部进行罢免。"街道办事处和市政府通过城市社区考核实施监督。由此，沈阳市城市社区的行政监督主体是区、县（市）人民政府的派出机关（街道办事处）、市民政部门和市政府。

第二，实行巡视监督制度。一是监督的专门机构和人员。第21条规定了"市政府成立城市社区工作巡视监督办公室，负责全市城市社区工作巡视监督制度的组织实施与综合协调工作。由专职巡视员和义务监督员负责。专职巡视员由各区、县（市）政府从熟悉城市社区工作的老干部、老党员、老工人中产生，经市政府统一培训后，持证上岗，享受政府补贴；义务监督员由城市社区协商议事委员会从热爱城市社区工作的城市社区成员中产生，经区、县（市）政府批准上岗，不享受政府补贴。"二是监督的对象、内容和方式。第22条规定"专职巡视员代表市政府对城市社区工作进行定期巡视，对城市社区工作具有知情权、质询权和监督权，对城市社区工作实行监督检查，发现问题及时予以纠正；对有关部门在城市社区的执法工作进行监督，随时向上级机关反映问题，提出意见和建议；与城市社区工作监督员定期进行沟通和联系，向上级主管部门汇报巡视监督工作落实情况；对有关部门的答复和处理意见有疑义的，可直接向市政府反映。""义务监督员代表城市社区成员对所在城市社区的工作进行监督，提出意见、建议和质询；定期向城市社区工作巡视员通报本城市社区工作情况；经常收集城市社区成员意见，向上级有关部门反映城市社区工作存在的问题。"第23条规定"巡视监督的主要内容包括社会保障体系的建立、失业人员的再就业和退休人员的社会化管理，以及城市社区服务、城市社区治安、城市社区环境、城市社区文化、城市社区卫生等方面"第24条对巡视监督的方式做了明确规定，"视监督可采取明察暗访、设立公开电话、群众意见箱、征询意见卡和召开座谈会等多种形式进行。有关部门应定期对巡视监督情况进行通报，并向社会公布，接受市民的监督。""各级政府和有关部门以及区、县（市）政府派出机关应当设立公开监督电话，随时受理城市社区工作巡视员、监督员的咨询与投诉。对城市社区工作巡视员、监督员反映的问题，有关部门应在72小时内予以答复或解决。"

第三，监督的法律后果。"有关部门受理投诉情况及城市社区成员满意程度，应作为上级目标考核、评价其工作的重要依据。"第24条还规定"对巡视监督工作中涌现出的先进单位和个人应予以表彰和奖励。"

3. 对城市社区的司法监督

司法监督，是指司法机关运用法律监督权和司法审查权，通过追求个案的违法与犯罪的法律责任进行的监督。司法监督的主体是人民检察院和人民法院，城市社区委员会以及城市社区工作者就是被监督的对象。虽然缺失立法的依据，但居民委员会主任和村民委员会主任职务犯罪已被列为国家工作人员职务犯罪的范围，由检察院行使立案侦查权，这说明已将自治组织的主要工作人员列入国家工作人员的行列，通过刑事司法监督在一定程度上承认自治组织管理权的公权力性。

在我国立法上，行政司法监督却是空白。"我国行政主体概念一经提出，就与行政诉讼的被告结下了不解之缘。人们要判断某一组织能否成为行政诉讼的被告，首先须确定该组织是否具有行政主体资格，凡不具有行政主体资格的组织，就不能成为行政诉讼的被告"。目前我国的《行政诉讼法》没有将城市社区列入行政诉讼的被告。这就造成了两个尴尬后果：一是法律、法规、规章授权以外的公共行政主体，无法接受司法审查和监督；二是在司法实践中有些城市社区已被列入行政诉讼被告，却依法无据，如村民委员会，根据村民自治章程和村规民约进行管理活动，村委会因执行村规民约与村民之间发生的纠纷，有的地方纳入到行政诉讼中来，可是我国《行政诉讼法》并没有把村委会作为行政诉讼的被告。要走出这种尴尬，就得扩大行政主体范围，不能局限于行政机关和授权主体，否则城市社区游离在行政司法监督之外，居民的合法权益被城市社区的自治管理权侵犯，无法通过行政诉讼和行政复议救济。

四、司法对城市社区自治领域的介入

司法对城市社区自治领域应否介入、如何介入以及介入的边界等一些关键问题一直没有得到切实的解决。以下拟对城市社区涉及的司法问题特别是行政诉讼问题进行研究，以期对行政诉讼法的修改和实践有所裨益。

（一）司法介入的必要性和可行性

在城市社区内部，如果居民不能获得社区的某个盖章，就可能会失去营业的资格、就业的机会和不能结婚登记，且得不到救济。"失业、丧失从事专业工作的权利或再教育的机会，可能比判刑更为痛苦，如果这些权利被专横剥夺而无求助手段时，法律秩序就存在了漏洞。"[1] 因此，对城市社区权力的合理制约和有效监督是必需的。尽管人们认为，居民接受城市社区管理制约是自愿的，但实际情况是，居民对于这一问题并没有或者并没有多大的选择余地。我国城市社区自治的制度是国家自上而下的设计。同样是自治组织的行业协会自治，"在最近30年间，法院做了许多工作去保护个别成员反对团体本身对他的不公正的做法。法院谴责那些对职业进行不适当限制的规章，

---

[1] 沈宗灵. 现代西方法理学 [M]. 北京：北京大学出版社，2012：356.

并认为它们是无效的。法院已经推翻了行业裁判所很多不公正的判决,当委员会所做的裁决不公正时,他们进行了干预。"❶

1. 司法介入的必要性

由此看出,对居民的救济是必需的。目前学界主张对城市社区居民的救济的渠道主要有三种:一是城市社区内部程序的救济。这种观点认为,城市社区内部的权力一直被认为是属于私人自治的范畴,秉承契约自由的原则,立法和司法对这一问题很少涉足。"自治组织拥有解决内部自治法律关系纠纷的排他性权力,即内部自治法律关系争议一般由自治组织系统内部解决而不诉诸国家司法机关。"❷ 如果居民认为城市社区行为侵犯其合法权益,则应循城市社区内部机制寻求救济,向城市社区的内部机构提起申诉,但是我国城市社区基本上内部没有这样的机构。二是通过行政程序的救济。到目前为止,城市社区居民的行政救济制度还是空白。比照行业协会相关行政立法,值得城市社区立法的借鉴,如《注册会计师法》规定,注册会计师协会决定不予注册的,以及撤销注册的,当事人可以向国务院财政部门或者省、自治区、直辖市人民政府财政部门申请复议。《上海市律师管理办法》也规定:"律师或律师事务所对律师协会惩戒委员会的惩戒不服可以向市司法行政机关提出申诉。"❸ 三是通过司法程序的救济。即居民不服城市社区行为时,或者认为合法权益被侵害,向法院提起诉讼寻求救济的一种方式。上述三种救济途径,其中内部救济机制似乎是最符合自治特征,被认为最为合适的,特别是对自治事务的管理,城市社区自身最有发言权。但其中一个最大的缺陷就是违背了"自己不能做自己的法官"这一正当程序要求,城市社区对自己行为的复查缺乏程序上的合法性基础。行政救济渠道作为外部监督的途径之一,自然有别于城市社区内部的自我救济,但城市社区与政府在我国有着千丝万缕的联系,况且行政救济中的程序要求毕竟不如司法程序中那样规范,因而在实践中的公正效果值得怀疑。因此,通过司法途径追究城市社区等社会组织的法律责任已成为必要的选择。

2. 司法介入的可行性

通过司法来解决城市社区与居民之间的纠纷,必须要厘清自治与司法的

---

❶ [英]丹宁勋爵. 法律的训诫[M]. 杨百揆,刘庸安,丁健,译. 北京:法律出版社,2001:19.
❷ 王圣诵. 中国自治法研究[M]. 北京:中国法制出版社,2013:19.
❸ 王圣诵. 中国自治法研究[M]. 北京:中国法制出版社,2013:19.

第七章 城市社区自治的法治化演进逻辑和监督与救济制度的创新

关系。无论在何种情况下，自治都只能是相对的。城市社区要有效行动，拥有自治地位是必要条件。但是独立或自治也有产生危害的机会，组织可能利用这种机会增加不公正，助长狭隘的团体主义或个体主义意识，不关心更广泛的公众利益。❶ 因此，自负其责的独立性和国家合法性监督就成了自治法律的两大支柱。❷ 城市社区作为自治性组织同样要面临两面性的问题：如何保持自治组织的自治地位和自治能力，以及如何进行必要审查和监督以确保其行为合法？

自治与司法的关系历来是法学界争论的焦点。如德国学者弗卢梅就认为，自治组织"为了维护其内部的秩序，只能够做出无损有关成员名誉的罚款，而且这种罚款对该成员而言并不构成重大的财产损害。此类微不足道的罚款既不能诉请，也不能予以司法审查。"而卡尔·拉伦茨则持相反观点，他认为，"社团在'自治'范围内对社员权利行使一定的纪律权力，并不意味着它就可以不受国家司法权的管辖。"❸ 由此，通过司法审查城市社区的自治行为有三个方面的理由：首先，承认司法对自治的必要审查是推进自治法治化的必然需要。作为城市社区内部的自我管理行为，虽然具有独立性、自主性，但并不意味着它可以在法治之外的态意妄为，不论是何种组织的自治都无法离开法治而独立存在。同时法治原则也要求对受侵害的权利提供救济，否则将有悖法治的宗旨。我们承认社会的自治，但绝不是让其任意行使，特别是不能容许其对公民基本权益的侵犯，因为任何基本权益按照法治原则都应纳入国家保护的范畴。正如，法院审查社团行为的目的并不是对社团内部事务的干预，"而是法治国家一种必不可少的，使个人免受团体专制权力损害的保护。"❹ 其次，司法审查介入自治是最为合适并有效的途径。国家权力在介入自治领域时应采用危险性最小的权力，而在国家权力的各个分支中，司法部门是"最不危险的部门。"❺ 因为司法权是消极性的权力，权力启动程序交由利益相关人自治，且司法权运作的程序最为公正和公开。❻ 因此，相比较政府

---

❶ 张静. 法团主义 [M]. 北京：中国社会科学出版社，1998：48-49.

❷ 高家伟，王锡锌. 行会法 [M] //罗豪才. 行政法论丛（第7卷）. 北京：法律出版社，2004：16.

❸ [德] 迪特尔·梅迪库斯. 德国民法总论 [M]. 邵建东，译. 北京：法律出版社，2001：838.

❹ [德] 卡尔·拉伦茨. 德国民法通论 [M]. 王晓晔，等，译. 北京：法律出版社，2003：231.

❺ [德] 卡尔·拉伦茨. 德国民法通论 [M]. 王晓晔，等，译. 北京：法律出版社，2003：231.

❻ 苏西刚. 社团自治权的性质及问题研究 [M] //罗豪才. 行政法论丛（第7卷）. 北京：法律出版社，2004.

行政权力而言，通过司法实现对城市社区自治的法治监督是相对较好选择。再次，法院通过对城市社区案件的审理，也有助于通过审判来影响城市社区，推进良好的城市社区自治的形成。

城市社区章程能否排除司法介入？自治规章作为城市社区行为的依据应当符合法治原则：一方面，应遵循法律优先原则，是依法制定，不得与国家法律相抵触、相违背；另一方面，应遵循法律保留原则，对涉及成员基本权利或重大权利的事项不得加以设定，只能由国家立法机关做出规定。法治国原则和民主原则的要求：一方面，通过清楚的能力制度和作用来确定公共权力的授出，以防止权力的滥用和保护个人的权利；另一方面，生活领域的任何制度所规定的客观权利，必须可以归于由人民选举产生的立法机关的意思决定，立法机关不能将它最重要的任务给予国家机关以内或者国家机关以外的其他单位自由地使用。这一立场特别适用于以下的情形，授予自治团体的行为自治范围，不仅包括了对所授予任务的执行，而且还包括发布组织规范，以至干预基本权利的领域。"❶ 同样，司法上的诉请权毫无疑问也是属于基本权利范畴，根据法律保留原则，城市社区在制定自治规章时不得限制当事人的司法诉请权利而自行排除司法救济。而且，我国行政诉讼法规定，只有法律才能排除司法审查❷，因此，根据法律优先原则，城市社区自治规章都不得做出与法律相悖的规定，以及排除司法机关对自治内部纠纷的管辖，直接影响了其成员通过司法渠道寻求救济的权利。

(二) 行政诉讼介入的理由

城市社区事务的性质、管理权的属性都对该行为的定性以及救济渠道的选择有决定性的影响，特别是在决定司法介入的方式时，"权力属性"应是主要的判断标准：第一，是否属于"独断性权力"，这种"独断性"意味着其城市社区居民没有或者基本没有选择的余地，只能接受城市社区的管理行为；第二，是否具有一定强制性，权力的行使一般都有一定的强制手段为后盾，即使是自治组织的权力也不例外。如果居民不愿意接受城市社区的行为就必然会受到一定的强制性制裁（如罚款、取消资格等），这样会导致居民选择救济的渠道。

---

❶ 于安. 德国行政法 [M]. 北京：清华大学出版社，1999：83-84.

❷ 《行政诉讼法》第12条规定，只有法律规定由行政机关最终裁决的具体行政行为才不属于行政诉讼的受案范围。

第七章　城市社区自治的法治化演进逻辑和监督与救济制度的创新

1. 城市社区自治事务不能排斥行政诉讼审查

城市社区的事务分为授权和委托事务，以及自治事务。"自治事务"是指"自己的事务"。在自治事务上，自治组织一般享有"完全的管辖权"，是否或者以何种方式执行该事务，原则上由自治组织自行决定。委托事务是指自治组织接受国家委托执行国家事务。授权和委托的国家事务也可使用自治权的手段和财力执行。如果城市社区因行使国家授权或委托的管理权力引起的纠纷，则应通过行政诉讼来解决。这一点，在现行行政诉讼制度中并不存在障碍。因为《行政诉讼法》规定，除行政机关以外，法律法规授权或行政机关委托的组织实施行政行为也属于行政诉讼的受案范围。在行政立法中也规定了行使行政委托权也是接受行政诉讼的审查的。

但对于自治事务则有不同观点。一种观点认为，如果是自治事务，应属于自治组织自我管辖范围，司法无权介入，因而不应审查；另一种观点认为，虽然社会自治组织可以自负其责地执行自治事务，但同样必须受到法治的约束。特别是涉及公民重大权利的事项，不能排除司法的审查。本文赞同城市社区的自治事务不是私法事务的观点。原则上讲，城市社区为成员提供服务、福利的行为一般不带有权力色彩，更宜归入私法范畴；而城市社区对居民进行的自律性、管理性行为，带有一定的强制性的权力色彩，则宜纳入公法范畴。并且，如果"在城市社区行为的法律性质发生争议、难以明确时，原则上应认定为公法行为。"❶

2. 城市社区的自治管理权适用行政诉讼审查

如功能主义社会学家所分析的那样，社会主体只要承担一定的社会功能，就必须要拥有某种权力。❷ 这种权力的性质也决定救济渠道的选择。公权力引起的纠纷必然通过行政诉讼解决，而私权利引起的纠纷则应通过民事诉讼来解决。对于城市社区来说，如果行使的是国家授权或委托的权力，则其权力性质仍为国家公权力。至于管理自治事务的权力，已经同前两类权力交融，无法分离，交融之后的权力（如前文所述，城市社区自治管理权具有行政权的特征，按行政权分类）包括：行政确认权、行政给付权、行政奖励权和其他行政权力，等等。

---

❶ 高家伟，王锡锌：行会法 [M] //罗豪才. 行政法论丛（第7卷）. 北京：法律出版社，2004：19.

❷ 康晓光. 权力的转移——转型时期中国权力格局的变迁 [M]. 杭州：浙江人民出版社，1999：51.

3. 适用行政救济优先的原则

对于有争议的案件，原则上可纳入行政诉讼的范围，原因在于：其一，民事诉讼和行政诉讼对当事人的保护程度是不同的，相对来讲，适用行政诉讼规则对被管理方是更为有利的。例如，行政诉讼中关于举证责任的规定不同于民事诉讼，要求行政主体应对该权力性行为的合法性负举证责任。如果城市社区与其居民之间的诉讼案件适用行政诉讼规则，就会要求城市社区对其行为的合法性承担证明责任，这种举证责任的分配方式明显有利于相对处于弱势地位的居民。其二，民事诉讼对案件进行实体性审查，一般不会对城市社区行为的程序予以关注；而行政诉讼则可以通过对城市社区行为的程序合法性及其正当性进行审查。对于城市社区的自治来说，通过对程序的审查正是司法介入的一个理性切口，这样既可保证对社会自治的最低法治要求，同时也避免了对自治的直接干预甚至侵犯。

（三）司法审查权的限制

城市社区作为一个社会自治性组织，享有的这种自治权力是城市社区的立足之本。如果司法过度监控，则会遏制这种社会活力，影响社会自治的能力。而且司法权与行政权一样，作为一种国家公权，在社会自治权力面前应当保持谦恭的克制态度。因此，在承认司法享有对城市社区的监控权的同时，也应为城市社区的自治保留必要空间，以防止国家权力对社会自治的过于干预及侵犯。因此，尽管近年来我国学界"加强对社会自治行为司法审查"的呼声和要求日益高涨，但应以清醒、谨慎地态度，建构和发展对城市社区自治权的司法审查制度，应当从多个方面考虑司法介入城市社区自治的限制。

1. 司法介入的要件

（1）以穷尽了内部救济为前提

城市社区作为自治组织，对其行为提供内部救济途径是一种必要的措施。即城市社区通过章程或其他自治规范阐明，在不依赖公权力介入的情况下自己解决内部纠纷，只有当该冲突超出了城市社区的纠纷解决能力时，公权力才能介入。这样既可以通过社区内部救济先行解决部分纠纷，也可以将司法介入限定在"必要"的范围之内；而居民也只有在穷尽可能的内部救济渠道之后，才能向法院提请司法审查。目前，我国城市社区内部机制的不完善，特别是救济机制缺失，才造成被管理一方的居民权益无法得到有效保障。从一些城市社区章程和地方城市社区立法来看，大多数章程都没有规定居民可以对城市社区管理行为提出申诉，也没有建立法定的、有效的受理申诉机构及申诉机制。可见，我国城市社区的自力救济机制还相当缺乏，正因如此，司法救济之意义就变得不言自明。

(2) 仅限于基本权利的保障

城市社区自治事务涉及无业、退休、最低生活收入等人群的利益，可能侵犯他们的生活保障权。法治要求国家对于公民基本权利的重视，对于涉及基层自治组织侵犯公民基本权利的行为，法院都有权而且有义务进行审查。"近年来，德国和英国的法院判例很明显地表现出一种趋势，即根据司法审查的内容与性质而采取不同的审查强度，越是关系到公民基本权利的案件，司法审查的强度就越大、越严格。"❶ 基于权益保障的需要，法院对于城市社区自治行为的适度审查是必然存在的，这也是法院干预城市社区自治获得正当性的主要理论依据。但司法介入城市社区自治时应"尽量避免干涉社区成员的内部纠纷，除非是真正利害重大的问题。"❷ 只有城市社区做出对其居民权益产生重大影响的行为时，当事人才可提起司法审查。

2. 审查的标准限制

(1) 适用程序性审查标准

对自治行为的实质性审查意味着审查自治行为是否合法，在一定程度上涉及对自治决定内容的"对错"进行评价。而对自治行为的程序性审查则指审查自治行为是否符合正当程序的要求，是否按照程序公正的要求进行自治管理。出于对城市社区自治权的尊重，法院一般不宜对自治行为进行实质性审查，即一般不涉及城市社区自治事务的实体问题。法院可以对城市社区行为的程序性问题进行判断，正当性程序性审查的基本要求：其一，所有行为必须在程序上满足正当程序的最低要求才具有合法性基础；其二，对当事人做出涉及权力义务的决定时，应当给予参与、听取理由并发表意见的机会；其三，通过正当程序实现公正、避免自治组织专断。特别是法院对程序的审查只涉及自治行为的公正性评判，不能涉及对自治行为权利义务内容的实质性评价。其四，对自治行为的是否公开透明进行审查。

---

❶ 余凌云. 行政自由裁量论 [M]. 杭州：中国人民公安大学出版社，2005：44.

❷ [美] 埃里克·A. 波斯纳：法律与社会规范 [M]. 沈明，译. 杭州：中国政法大学出版社，2003：324.

(2) 适用合法性审查标准

《行政诉讼法》将法院对行政行为的干预边界很好地界定在合法性审查范围之内。同样，法院对城市社区行为的审查也应在此基调之下限定司法干预的边界，即法院对自治行为进行合法性审查，而非合理性审查。对事实的裁量、对标准的评判更适合由自治组织做出，因为涉及事实的合理性问题不宜通过司法来裁决；它表明"社会公权力组织内部的活动只要与法律不相违背，就具有自治性，国家公权力不得介入。"❶ 需要注意的是，这里的"合法性"中所指的"法"应当是国家立法，而不是城市社区自治规范。当然，纯粹的或严格形式意义的合法性标准也是值得商榷的，特别是在我国的制定法还相对不完善的情况下，如果严格限制在必须以国家制定法作为审查依据，则可能在制定法缺失的情况下使审查陷入僵局。在司法推理中运用法律原则是合理的、必要的。特别是我国目前关于城市社区的立法还处于相对空白状态，因而法律原则在法律适用中的运用尤其必要。

(3) 适用谦抑的审查标准

相对于对行政机关行为的审查来说，法院对自治组织行为的审查标准相应要宽松一些，因为自治性组织毕竟与政府组织有很大区别，其独立性、自主性不同，故其受监督的程度也不同。在对自治组织行为的审查方面，法官应当采取尊重自治权并自我克制的态度，而不是对自治行为施以严格的审查，即在面对自治问题时，法官应当比较谦抑而非能动。决定是谦抑还是能动的关键在于法官所使用的方法。一种是严格的审查标准；一种是较为宽松的审查标准。❷ 宽松的审查标准作为一种高度谦抑的、尊重自治组织的审查方法，是指除非明显违反国家法律或者确实侵犯成员的基本自由利益，否则被提起诉讼的自治行为一般应能获得赞同，而不致被宣布违法。需要强调的是谦抑不等于对侵权行为的放任，自治涉及居民意识自治与强制改变的问题时，秉承尊重的态度，但是对自治组织以自治名义剥夺法定和自治章程规定的权益时，必须施以救济。

---

❶ 姜明安. 公法学研究的几个问题 [J]. 法商研究, 2005 (3).
❷ 郑贤君. 宪法权利体系是怎样发展的——以美国法为范例的展开：司法创制权利的保护 [J]. 法学家, 2015 (6).

结语和展望

城市社区自治已经成为我国社会治理体系的一部分。城市社区已形成了立法体系和制度体系，但是就立法制度而言，城市社区自治的相关立法没有外部监督制度和外部救济制度，在我国城市社区自治能力和居民法治意识薄弱的情况下，制度的缺失会造成城市社区居民权利难以救济，而制度缺失背后的成因是城市社区行政主体地位的缺位，借鉴国外的公务法人的制度和理论，将城市社区纳入行政主体，是解决城市社区内部问题的逻辑起点。

对城市社区管理权的监督和救济制度是必要的，监督的方式应该包括立法监督、行政监督和司法监督。为了保障社区居民的合法权益，司法的介入是可行的。

特别是对于行政诉讼而言，行政主体的形式并不那么重要，行政诉讼的被告不在于其组织形式是国家机关还是其他非政府组织和自治性组织，重要的在于其是否享有行政管理职权。从社会治理的趋势来看，法律、法规授权的组织、独立管制机构、自愿性组织、自治性组织等非政府组织行使行政管理职权是当今世界潮流或者说行政管理的大趋势，随着时间的推移，将会有越来越多的非政府组织行使国家行政管理职权。"❶ 可见，将城市社区等自治组织的权力性行为纳入行政诉讼在我国已是大势所趋。❷ 建议修改行政诉讼法的受案范围部分，将国家行政权力和社会公权力都作为司法审查的范围，勿将自治组织自治权力排斥在行政诉讼救济之外；行政诉讼法应规定法院对城市社区自治章程的合法性审查权。

■ 参考文献

[1] 托马斯·海贝勒，君特·舒耕德. 从群众到公民中国的政治参与 [M]. 张文红，译. 北京：中央编译出版社，2009：185.

[2] 娄成武，孙萍. 社区管理 [M]. 北京：高等教育出版社，2003.

[3] 刘书祥. 中国城市社区法制建设 [M]. 天津：天津社会科学院出版社，2004.

---

❶ 江必新. 司法解释对行政法学理论的发展 [J]. 中国法学，2001（4）.
❷ 将城市社区居民的自我监督，视为内部监督，人大、政府和司法的监督，视为外部监督。

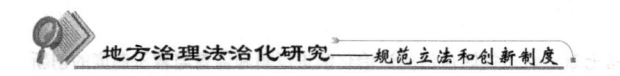

[4] 吴德隆,谷迎春.中国城市社区建设 [M].北京:知识出版社,1996.
[5] 张平,李静.中国城市居民城市社区自治行为影响因素的访谈研究计划行为理论的应用 [J].社会主义研究,2010 (4).
[6] 卜万红.城市社区行政化成因的制度经济学分析 [J].社会主义研究,2011 (2).
[7] 杨爱平,余雁鸿.选择性应付:城市社区居委会行动逻辑的组织分析——以G市L城市社区为例 [J].社会学研究,2012 (4).
[8] 张平,解华.中国城市社区自治的梗阻及其消解——以沈阳市7个城市社区为例 [J].东北大学学报:社会科学版,2011 (3).
[9] 吴素雄,郑卫荣,杨华.城市社区社会组织的培育主体选择:基于公共服务供给二次分工中居委会的局限性视角 [J].管理世界,2012 (6).

第八章 权力和权利视角下的村民自治的困境与法治化出路

> **本章摘要**：村民自治权是村民自治的核心，从权力和权利两个方面对村民自治权定性，是自治理论的逻辑基础。作为村民权利包括民主选举权、民主决策权、民主管理权和民主监督权。作为权力的村民自治权，是指村民自治组织的管理权，法治社会要求自治权的运行符合法治的要求，具体表现为自治权的有限性、自治权的公开行使和村民的参与，符合法治的要求。从权力来源上看，村民自治权是村民权利的集合体，这个集合体是由每个村民让渡一部分权利的结果，如同国家权力是公民权利的让渡。村民自治行为规范是村民自治的内部行为规则，调适村民自治行为规范与法制的关系，既是村民自治法治化的任务，又是村民自治权利救济的基础。目前，村民自治存在一系列问题，面临村民自治的困境，进一步法治化是村民自治走出困境的出路：完善立法，构建村民自治法律规范体系；规范乡镇政府与村民委员会的协助关系；村民自治适度引入司法监督；解决村民自治内部纠纷适用正当程序。
>
> **关键词**：村民自治；自治权；村民权利

引　言

我国的基层自治是社会治理体系的一部分，我国的基层自治制度主要包括：一是村民委员会自治；二是居民委员会自治；三是城市社区自治；四是农村社区自治。30多年的改革探索和实践，我国村民自治制度经历了"形成—确立—深化"三个发展阶段。一般认为，第一阶段，1980—1987年，是村民自治制度的兴起和村民自治制度的初步形成阶段，从1980年广西宜州市合寨村村民率先成立村委会，到《村民委员会组织法》（试行）的出台；第二阶段，1988—1998年，是村民自治制度基本确立阶段，以《村民委员会组织法》的试行到施行为标志；第三阶段，1998年至今，是从1998年村委会组织法正式施行到目前村民自治制度的全面落实。村民自治作为我国一项新的基层民主制度必然引起学术界极大关注。学术界对村民自治问题的关注和研究始于20世纪80年代中期，主要围绕三个方面，一是关注《村民委员会组织法》的制定和修改，诠释立法，提出并论证立法中的问题以期完善；二是关注村民自治实践中的问题，致力于揭示问题背后的内在原因；三是从不同角度论证村民自治的相关理论，如学科角度主要包括政治学、社会学和法学等学科，分别用不同学科理论研究村民自治的一般规律，其中备受各学科青睐并聚焦的内容是村民自治的发展、自治权性质、自治与法治的关系等基本理论。从数量上看，学界成果最多的时候是在2009年《村民委员会组织法》修改的前后；对上述三个关注点的研究程度平行发展。党的十八届三中全会《中共中央关于全面深化改革若干重大问题的决定》明确提出创新社会治理体制、提高社会治理水平。在"创新社会治理体制"的题目下提出"改进社会治理方式。……实现政府治理和社会自我调节、居民自治良性互动。"党的十八届四中全会《中共中央关于全面推进依法治国若干重大问题的决定》，进一步提出了"提高社会治理法治化水平的要求。"在创新社会体制的背景下，创新村民自治就是要提高村民自治的法治化，走法治化道路，解决村民自治中问题，使村民自治走出困境，是当前学术研究的主要课题。

一、村民自治权基本理论

（一）对自治的理解

1. 自治的含义

"自治"的词义。一般认为《布莱克维尔政治学百科全书》是"自治"一词的权威解释，自治（Self-government）指"某个人或集体管理其自身事务，并且单独对其行为和命运负责的一种状态。""是内部政治自主或本土管辖，即由共同体代表们来控制本共同体的经济、社会和政治事务。"❶ 国外的许多思想家也论及自治。在马克斯·韦伯看来，"自治意味着不像他治那样，由外人制订团体的章程，而是由团体的成员按其本质制订章程（而且不管它是如何进行的）"❷。乔·萨托利认为，自治从概念上说是指"我们自己治理自己"。他还从强度和广度上对自治进行考察，并提出如下命题："可以得到的自治强度同所要求的自治广度成反比"；"可能的自治强度同所要求的自治的持续性成反比"❸。按照科恩的看法，"如果一个社会的最重要的决定系通过其成员的普遍参与而后做出，我们就可以把这一社会称之为自治的"❹。戴维·赫尔德将"自治"与"能力"联系在一起，指出："'自治'意味着人类自觉思考、自我反省和自我决定的能力。它包括在私人和公共生活中思考、判断、选择和根据不同可能的行动路线行动的能力"❺。由此得出西方近现代自治寓意包括：第一，无论是一个团体，还是一个社会的自治，就是"自己治理自己"；第二，自治取决于治理能力。在一定意义上，自治的能力决定自治的程度。

"自治"一词在我国古籍中有多处出现。《礼记》有："故百姓则君以自治也，养君以自安也，事君以自显也"。❻《史记》有："民不能自治，故为法以禁之"❼。《三国志》有："太祖叹曰：用人如此，使天下人自治吾复何为哉"❽。马克思经典著作对"自治"一词也有描述，马克思在总结巴黎公社革命经验时曾指出，新政权的实质是"代之以真正的自治"❾。列宁强调："我们主张民主集中制，因此必须弄明白，民主集中制一方面同官僚主义，另一方面同无政府主义有多么大的区别。民主集中制不但丝毫不排斥自治，反而以必须实行自治为前提"❿。邓小平用通俗的语言表达了对村民自治的看法：

---

❶ 戴维·米勒，韦农·波格丹诺. 布莱克维尔政治学百科全书 [M]. 修订版. 邓正来，译. 北京：中国政法大学出版社，2002：745.

❷ 马克斯·韦伯. 经济与社会（上卷）[M]. 林荣远，译. 北京：商务印书馆，1997：78.

❸ 乔·萨托利. 民主新论 [M]. 冯克利，阎克文，译. 北京：东方出版社，1998：73-74.

❹ 科恩. 论民主 [M]. 聂崇信，朱秀贤，译. 北京：商务印书馆，1998：10.

❺ 戴维·赫尔德. 民主的模式 [M]. 北京：中央编译出版社，2004：380.

❻ 子思. 礼记·礼运 [M]. 沈阳：辽宁教育出版社，1997.

❼ 司马迁. 史记·孝文本纪 [M]. 北京：北京出版社，2006.

❽ 陈寿. 三国志·魏书·毛玠传 [M]. 北京：中华书局，1982.

❾ 马克思，恩格斯. 马克思恩格斯选集（第3卷）[M]. 北京：人民出版社，1995：120-121.

❿ 列宁. 列宁全集（第34卷）[M]. 北京：人民出版社，1985：139.

"把权力下放给基层和人民,在农村就是下放给农民,这就是最大的民主"❶,据此,我国的村民委员会自治就是这种民主制度。

2. 自治与他治

自治是相对于他治的一个概念。所谓"自治意味着不像他治那样,由外人制定团体的章程,而是团体的成员按其本质制定章程(而且不管它是如何进行的)"。❷ 从理论上讲,自治至少包括三个层面的含义:一是共同体的全体成员自主治理本共同体内部的公共事务,不受外界干涉;二是共同体内部事务通过民主的方式来解决;三是每个成员参与治理本共同体的公共事务的民主权利不受阻碍。我国的村民自治就是在这个意义上的自治,我国《宪法》和《村民委员会组织法》虽然对"自治"没有法定的定义,但是《宪法》和《村民委员会组织法》规定了村民委员会"由村民依法办理自己的事情","村民自我管理、自我教育、自我服务"。

3. 自治与法治

法治是与人治(专制)相对的概念。法治强调依法之治,关于法治的含义,古希腊思想家亚里士多德强调法治是良法之治,被认为是古老的法治思想。但是现代的法治观更强调法律必须合乎正义,能够保护社会个体的自由和权利,"法治的实现要求法律满足特定的形式要件,比如,法律必须事先公开、具有一般性、不能溯及既往等。"❸ 法治与自治不是相对应的概念,法治是就治理的方式而言的,而自治是就治理的主体而言的。换言之,前者关注的是根据什么来进行治理,而后者关注的是由谁来进行治理。在现代的法治社会,法治与自治并不矛盾,自治与法治在逻辑上表现为一致性。自治之法应当反映共同体成员的意志,保护其自由和权利,而法治之道须仰仗合乎正义的规则,通过规则之治实现自主治理。实现自治与法治的统一是社会治理追求的目标。

(二) 村民自治权的法律定性

1. 学界的争议

村民自治是"权利"抑或是"权力"的性质问题是界定村民自治权以及

---

❶ 邓小平. 邓小平文选(第2卷)[M]. 北京:人民出版社,1994:146.
❷ 马克斯·韦伯. 经济与社会(上卷)[M]. 北京:商务印书馆,1997:78.
❸ Fuller, Lon L. 1969. The Morality of Law. Rev. ed. New Haven: Yale University Press: 46-91.

深入研究村民自治权首要的和关键性问题。学术界关于村民自治权的性质争议也是解决村民自治困境的钥匙。目前学界对村民自治权性质的观点主要包括：

第一，权力说。该说认为，村民自治权是一种公权力。学界分别用管理权和集体权进行阐述。其中管理权的观点，如潘嘉玮、周贤日认为，"村民自治权是通过一定形式组织起来的区域性群众组织依据国家立法对一定范围内的公共事务进行管理的权力。"崔智友认为，"村民自治体在行使村民自治权时，是通过自治机构即村民会议和村民委员会来具体实施的，对构成村民自治体的每个村民而言，又是一种具有内部管理色彩的公共权力，村民自治具有'权力'属性"。❶ 集体权的观点，如王旭宽认为，"村民自治权是村民在国家法律范围内，以社会契约的形式共同行使对村民自治事务的议事权、决策权、管理权、监督权，是村民权利的集合。"❷

第二，权利说。权利说强调与"权力说"的对立性，认为村民自治权是村民的权利。如杨成认为，"就村民自治的本质而言，村民自治权的性质既不是权力，也不兼具权利和权力的双重属性，而是村民所享有的自治权利。"❸ 潘嘉玮、周贤日也同样认为："村民自治权是一种个体性权利。它是每个'村民'都享受的权利，而不是一种集体性、团体性的权利。"❹

第三，权力兼权利双重说。该观点的代表张英洪等认为："自治权既是一种权力，也是一种权利。相对于地方政府等自治体来说，自治权就是一种权力；而相对于公民参与共同体的活动来说则是一种权利。"❺

2. 本文的观点

村民自治依《宪法》产生，村民自治权性质应依法认定。根据《村民委员会组织法》第2条规定："村民委员会是村民自我管理、自我教育、自我服务的基层群众性自治组织，实行民主选举、民主决策、民主管理、民主监督。"该条明确了对于村民委员会组织来说，享有管理权；对于村民来说，在村民委员会组织内部，享有参与选举、决策、管理和监督的权利，这个意义上说，前者是权力，后者是权利，权力的主体是村民委员会，权利的主体是

---

❶ 崔智友. 中国村民自治的法学思考 [J]. 中国社会科学, 2001 (3).
❷ 王旭宽. 村民自治权冲突及其法律救济的不足与完善 [J]. 云南社会科学, 2006 (5).
❸ 杨成. 村民自治权的性质辨析 [J]. 求实, 2010 (5).
❹ 潘嘉玮, 周贤日. 村民自治与行政权的冲突 [M]. 北京：中国人民大学出版社, 2004：11.
❺ 李芳, 张英洪. 地方自治与自治权成长 [J]. 社会科学辑刊, 2007 (1).

村民。由此，村民自治权既是权力又是权利。

从权力来源上看，村民自治权是村民权利的集合体，这个集合体是由每个村民让渡一部分权利的结果，如同国家权力是公民权利的让渡。让渡后的权力是一种管理村民公共事务的权力，具有公权力的特征：第一，村民大会、村民委员会本身是集合性公共权力的行使者。这与公权力服务公众类似。第二，村民委员会办理的主要是内部公共事业。村民委员会的内部管理权具有公共性的特征。第三，村民自治组织行使权力的目的是为了村民的公共利益。第四，村民委员会要对村民公众负责、向其报告和接受监督。"村民委员会向村民会议、村民代表会议负责并报告工作"。第五，村民委员会活动的原则与国家权力的运行原则有共同点。如"村民委员会应当实行少数服从多数的民主决策机制和公开透明的工作原则，建立健全各种工作制度……村民委员会应当及时公布下列事项，接受村民的监督。"

(三) 作为权利的村民自治权的实现

1. 村民自治权的内容与实现

根据《宪法》和《村民委员会组织法》的规定，村民自治权包括4个方面的内容。第一，民主选举权。它是指村民选举村民委员会主任、副主任和委员，即组织村民委员会的权利，包括村民的选举权、被选举权以及对候选人的提名权。"年满18周岁的村民，不分民族、种族、性别、职业、家庭出身、宗教信仰、教育程度、财产状况、居住期限，都有选举权和被选举权（依法被剥夺政治权利的除外）。"第二，民主决策权。它是指通过村民选举设立村民会议或者村民代表会议，共同讨论决定村内大事或者涉及村民利益的大事的权利。"村民会议由年满18周岁以上的村民参加，也可以由每户派代表参加。"村民通过村民会议或者村民代表会议代行自己的决策权。村民会议或者村民代表会议所审议决定的事项一般是：村内经济发展、公共事务和公益事业重大事项、村规划建设，以及涉及村民切身利益的大事。第三，民主管理权。它是指村民参与共同管理村内的各项事务、维护村内的社会秩序的权利。民主管理主要体现在两个方面：一是通过村民会议或者村民代表会议，让每个村民就村内管理的事项发表意见，这是一种直接参与村务管理的方式；二是制定村规民约或者村民自治章程，通过参与制定村规民约或者村民自治章程，间接参与民主管理。从程序上，由县或者乡镇人民政府提出指导性意见，由村民委员会拟订草案，村民会议讨论通过。从效力上，村规民约或者村民自治章程对每个村民都有效，村民必须履行。第四，民主监督权。它是指村民对村内的重大事项、村民委员会的工作、村干部的行为的监督权利。监督的形式有三种：一是召开村民大会或者村民代表会议，将村民委员会和村干部的工作置于村民的监督之下，让村民进行民主评议；二是制订村委会干部任期目标、干部守则、廉政制度等规章，每年年终由村民代表对干部进行评议，并监督村干部是否带头自觉执行村民自治章程，是否违反村民自治章程，是否也同其他村民一样受到了处罚；三是设立村务公开栏，将农民最关心的事务在村务公开栏上公布，并在公开栏旁设立监督箱，监督村内事务的执行情况。

2. 村民自治权利的保护与救济

我国《村民委员会组织法》对村民自治权利的保护与救济关注很少，特别是缺失村民委员会的保护和救济的规定。从理论上看，村民自治中的权利的保护与救济主要包括四种：一是通过村民自治体内部的纠错机制进行救济；二是通过行政机关进行救济；三是通过权力机关进行救济；四是通过司法机关进行救济。但是，我国现有立法在村民自治权受到侵害时只有村民委员会外部的保护与救济规定：

（1）权力机关的保护与救济。《村民委员会组织法法》规定的权力机关救济主要集中在第15条、第28条的规定。第28条规定："地方各级人民代表大会和县级以上地方各级人民代表大会常务委员会在本行政区域内保证本法的实施，保障村民依法行使自治权利。"此外还具体规定，以威胁、贿赂、伪造选票等不正当手段，妨害村民行使选举权、被选举权，破坏村民委员会选举的，村民有权向乡镇的人民代表大会或者县级人民代表大会常务委员会举报，有关机关应当负责调查并依法处理。

（2）行政机关的保护与救济。《村民委员会组织法》第17条规定，以威胁、贿赂、伪造选票等不正当手段，妨害村民行使选举权、被选举权，破坏村民委员会选举的，村民有权向乡镇的人民政府或者县级政府举报，有关机关应当负责调查并依法处理。第31条规定："村民委员会实行村务公开制度。村民委员会不及时公布应当公布的事项或者公布的事项不真实的，村民有权向乡、民族乡、镇人民政府或者县级人民政府及其有关主管部门反映，有关政府机关应当负责调查核实，责令公布；经查证确有违法行为的，有关人员应当依法承担责任。"《村民委员会组织法》第4条规定："乡镇人民政府对村民委员会的工作给予指导、支持和帮助，但是不得干预依法属于村民自治范围内的事项。"这也是对村民自治权法律保障的相关规定。

(3) 司法机关的救济。《村民委员会组织法》并没有规定对侵犯自治权的行为可以提起诉讼，但是，《农村土地承包法》和《最高人民法院关于审理农村土地承包纠纷案件适用法律问题的解释》均规定了侵犯承包经营权纠纷属于人民法院受案范围。

(四) 作为权力的自治权的法治化运行

党的十八届四中全会《中共中央关于全面推进依法治国若干重大问题的决定》，进一步提出了"提高社会治理法治化水平的要求。"落实在村民自治问题上，其实质就是要求作为权力的自治权的运行或行使符合法治的要求，具体表现为自治权的界限、自治权的公开行使和村民的参与。

1. 自治权的界限

既然村民自治权是一种公权力。在处理自治权与国家权力之间的关系、自治权与其村民权利之间的关系上都必须符合宪法、法律规定。作为公权力，它必须遵循法无授权不可为的原则。宪法和《村民委员会组织法》是界限自治权的主要依据。一方面村民委员会是群众性自治组织，这个定性决定了它只能在一定范围内行使权力，且管理的事务限于村民委员会的自治事务，宪法第111条第二款规定，居民委员会设人民调解、治安保卫、公共卫生等委员会，办理本居住地区的公共事务和公益事业，调解民间纠纷，协助维护社会治安，并且向人民政府反映群众的意见、要求和提出建议。村民委员会管理权与乡镇政府的行政权也有界限，《村民委员会组织法》第5条第一款和第二款规定："村民委员会协助乡、民族乡、镇的人民政府开展工作。"法定由政府依法享有的职权委托村民委员会行使的，或者法律、法规、规章明确授权村民委员会所管辖的事项，都不属于自治权。另一方面对于村民个人的权利，村民委员会不得以自治权的名义予以剥夺。

2. 自治权的公开行使和村民的参与

《村民委员会组织法》四次提到"公开"：一是规定选举的公开，第15条在"选举村民委员会"时规定"公开计票的方法"；二是规定公开透明的工作原则，第29条提出"民委员会应当实行少数服从多数的民主决策机制和公开透明的工作原则"；三是规定村务管理的公开，第30条提出"村民委员会实行村务公开制度"；四是规定对村务公开的监督，第32条规定"村应当建立村务监督委员会或者其他形式的村务监督机构，负责村民民主理财，监督村务公开等制度的落实"。

村民委员会作为基层群众性自治组织,实行"民主选举、民主决策、民主管理、民主监督。"村民自治的"自治"和"民主"两大要素之间的关系,自治是手段,民主是目的。法治下的民主首先表现为"公众参与",如果没有村民的参与,很难实现"民主选举、民主决策、民主管理、民主监督"。村民参与包括参与选举、参与制定乡规民约或章程、参与监督等方式。

综上所述,公开透明和公众参与是法治的基本要求,是法治语境下的程序正义的要求。自治权的法治化运行或行使,不仅要求自治权与公权力的界限、与村民权利的界限,而且要求在村民自治范围内的程序正当。

二、村民自治体内的行为规范与立法的冲突与调适

村民自治体的行为规范应该包括村民自治章程、村规民约以及村民会议或者村民代表会议的决定等内部规范。村民自治章程是由全村村民大会制定并通过的村民委员会内部的宪法性行为规范。其内容涉及村民委员会内部权力的行使、机构的地位及其职责,以及村民基本权利的实现等规范。它是村规民约、村民会议或者村民代表会议的决定等内部规范的依据。村规民约的内容主要是关于结婚与计划生育、农村宅基地、其他土地等方面的规范,这些规范与国家立法之间的冲突是村民自治法治化的重要问题。但是,这些效力冲突的解决一直没有受到学界研究足够的重视。

(一) 自治的行为规范与法律的统一

自治体内的行为规范属于民间法的范畴,与国家制定法存在一定的矛盾是不可避免的。社会多元化发展,不同利益群体从自身实际需要出发设定了不同法的价值目标,民间法与国家法共存,在这样的背景下,学界一致认为,强化两者的交流沟通,求同存异,有效结合法律价值目标和民众的现实需求,适时进行理论创新,在两者的冲突中寻求契合点,构建新的价值世界,实现两者的对立统一。法治的价值追求是实现国家法与民间法价值的融合的基础:第一,民间法和国家法在调整对象是重合的和价值追求是一致的,两者都是以公平、正义的法治追求作为永恒的价值目标,这是两者可以实现良性互动的基础。第二,民间法与国家法具有共同的价值。民间法和国家法的共同价值体现在秩序价值和和谐价值。国家法和民间法都应当以秩序、和谐为价值

追求。

消除立法与自治体内部规范之间的冲突，要确定正确的立场：首先，国家立法与法律适用要尊重社会法的发展规律，即国家法律应该注重从村落习惯法等自治体内部规范中吸收合理性规范。"任何一个立法者在考虑措施时不利用这种可供利用的现存的习惯和感情，将是一个重大的错误。"❶ 而且，在人民法院法律适用的过程中，由于村民对村规民约的尊重，适用来自村规民约规范，更容易被接受，这是村规民约的魅力所在。其次，在法治环境中的村民自治体内部规范要实现自我完善。一方面村民自治规范也要随着时代的发展而进步；另一方面村民自治体的内部规范也需要法治化的改造，用国家法引导和制约乡规民约，促进乡规民约的进一步自我完善，实现乡规民约与国家法的合力，是调和这种矛盾的唯一出路。因此，村规民约的多样性、地方性是客观存在的，通过国家法律对于自治体内行为规范的吸收，同时，需要自治规范对于国家法律的适用这两个双向的互动过程，最终消除国家法律与自治规范之间的不协调，从而使立法与村民自治体内行为规范较好地融洽。

自治体内行为规范与法律的统一具体还应考虑以下几个方面：第一，从规范制定权限看，村民自治章程和村规民约实质上就是村民为实现自我管理、自我教育、自我服务的内部行为规范，由村民自治体创设，它应该集中体现全体村民的意志。村民自治章程和村规民约只能由内部产生，不能由政府"代庖"或强行规定。第二，从功能看，根据法律授权而创制的村民自治的内部规范在村民自治组织内部具有同国家法一样的约束力，起到了国家法律法规、国家政策的补充性作用。第三，从规范的具体内容看，自治体内部规范不得与国家法律相抵触，凡国家法律所确定的强制性规范不得由自治规范予以变更；凡国家法律赋予个人的权利不得由自治规范予以剥夺。第四，从规范实施的保证看，自治规范的实施主要是靠自治体内部成员的自觉遵守和自治机关以说服教育为主的方式予以实施。

（二）完善审查村民自治规范的合法性的法律监督机制

村民自治章程和村规民约的内容是村民自治的集中体现，为了保障村民自治在法治下健康运行，对村民自治章程和村规民约的合宪性、合法性进行监督十分必要。《村民委员会组织法》第27条明确规定："村民自治章程、村

---

❶ [英]密尔. 代议制度 [M]. 北京：商务印书馆，1984：11.

规民约以及村民会议或者村民代表讨论决定的事项不得与宪法、法律、法规和国家的政策相抵触，不得有侵犯村民人身权利、民主权利和合法财产权利的内容。"该条还规定："村民会议可以制定和修改村民自治章程、村规民约，并报乡、民族乡、镇的人民政府备案。"上述规定是关于监督的对象、内容以及监督的程序制度，即监督的对象是村民自治章程、村规民约以及村民会议或者村民代表讨论决定；监督内容是合宪性、合法性监督，包括不得与宪法、法律、法规和国家的政策相抵触，不得有侵犯村民人身权利、民主权利和合法财产权利的内容；监督的程序是事后的乡、民族乡、镇的人民政府备案监督。但是，《村民委员会组织法》的上述规定，只有监督制度没有监督机制，更没有对不利法律后果的救济机制，有人认为这种监督形同虚设：第一，乡、民族乡、镇的人民政府与村民委员会仅是监督关系，法律没有授权它撤销违反了宪法、法律和法规的村民自治章程和村规民约；第二，村民的合法权益被村民自治章程和村规民约侵犯，无法获得村民委员会内部救济和外部的诉讼途径的救济，乡、民族乡、镇的人民政府没有救济的职能。

村民自治章程和村规民约的合宪性、合法性的监督与救济制度是分不开的。在我国，现阶段村民委员会自治能力遭到质疑和村民缺乏公民社会的自治意识的情况下，公权力机构的介入能更有力地实现村民自治章程和村规民约的监督和救济。应当由地方权力机构来进行监督。同时，村民应当有权就村民自治章程和村规民约侵犯其合法权益时向人民法院提起侵权诉讼。

三、村民自治的困境

《村民委员会组织法》实施至今，村民自治制度确实取得了辉煌成就，村民自治权在很大程度上得到了切实的落实和实现。按照《村民委员会组织法》的规定，村民自治权的运作模式显然是非常清晰的。但是，也必须清醒地看到村民自治制度是被嵌入到乡村社会中的，由于受到固有的政治、经济和文化等因素的制约和影响，在实践过程中呈现出不同于理想的立法设计预想的情况，村民自治权在现实中确实存在着一系列不容忽视的问题。

(一) 作为权利的村民自治权的不能实现及其原因

1. 村民自治权实现的问题及原因分析

(1) 选举权难以实现的问题及成因

根据《村民委员会组织法》的规定,村民的民主选举权的合宪性、合法性不容置疑。问题的关键在于实践中如何才能使选举制度真正成为村干部更迭的唯一机制,村民怎样才能真正通过选举的方式实现自己的意愿,怎样才能保障村民行使选举权。实践中,选举权形同虚设,真正的村干部很少是民主选举产生的。有学者归纳了村委会选举中主要存在以下问题:一是候选人任职条件和村委会成员职务终止规定不统一;二是选民资格、村委会新老交接规定不全面;三是制止贿选、干扰和破坏选举的处罚法规不健全;四是多次选举不成功、违法纠错程序不完善;五是解决"难点村"问题和保证妇女当选措施不规范。❶

上述总结和概括不无道理,但是,不都是立法上的原因,村民自身在民主选举中也存在着问题:其一是村民事不关己、不重视的心理,不参与或消极参与;其二是村民在选举中接受贿选并不抵制;其三是村民对选举制度失望。这三个方面的原因是村民自治制度问题的内在原因。

(2) 决策权难以实现的问题及成因

村民会议、村民代表会议或村民议事会议是实现村民的民主决策权的主要途径。虽然相关立法赋予村民享有民主决策权,但是,村民会议很少召开、甚至根本不召开,召开了也是走形式(召集人已经决策好了)、不予以重视不在乎等问题。村民的民主决策权行使中的主要问题为:一方面,村民会议、村民代表会议或村民议事会议成员不懂得其民主代表的意义;另一方面,村民普遍表现出不予重视,表现得十分冷漠,认为事不关己,甚至有些村民认为村民代表大会或全体村民大会没有实际意义,或者接受这种民主决策权的形式化。

(3) 管理权的异化及原因

村民行使的自治权力就是管理权,村民是通过直接参与管理和规章制度

---

❶ 李振炎. 试论建立健全村民自治法制体 [EB/OL]. [2008-01-27]. http://www.chinarural.org/newsinfo.asp?Newsid=24799. 最后访问时间 2015 年 7 月 4 日.

管理来实现管理权的。现实中，村民的这种管理权被异化为乡（镇）政府的"权力"，主要是指乡（镇）政府越权干涉村民委员会的内部事务，侵犯村民委员会的自治管理权。追究其主要根源在于：一是乡（镇）政府受传统的"大包大揽"的工作方式的影响，村民委员会自治后没有及时"放手"；二是村民委员会管理制度的设计上过于理想，没有考虑我国农村的自我管理的意识和能力的基本情况。

（4）监督权的空设及成因

村民的民主监督权的前提是村务公开透明。村民对村务一无所知，无法实现村民的监督权。现实中村务不真正公开，或者公开的程度不够等问题是一种普遍现象。村务公开涉及村民的切身利益，所以村民对村务公开的诉求也十分强烈。但是，从实践中看，各地方村务公开是有名无实。公开透明是管理权行使是否符合正当程序的标尺，是村民信服村民委员会内组织的关键。村务难以公开的主要原因仍然有立法的原因，如村务公开的规定缺乏实务操作的实体和程序规范；也有村务公开主体对村务公开的理解偏差或故意不公开等意识问题。

（5）罢免权难于实现及成因

罢免权是选举权的延伸，村民有权选举组织也可以罢免村民会议成员。虽然罢免权在全国各地不同程度地有所实施。但是，实践中，村民实施罢免运作的很少，主要表现在罢免难于实现。在实践层面看，罢免的运作也是困难重重，一方面是"乱罢免"，很多由村民民主选举产生受到村民拥护、但"不大听话"的"村官"未经罢免程序，就被乡（镇）政府"就地免职"。另一方面是"难罢免"，由于各种因素的干扰，罢免程序难以启动，很多失去村民信任的"村官"难以下台。从立法成就上看，尽管各省、直辖市、自治区根据《村委会组织法》对罢免制度进行了创新，但是，各地方由于对制度设计和政策把握不一致，出现了部分地区的制度创新没有上位法依据，甚至违反上位法的规定。

2. 村民自治问题的原因归纳

上述村民自治中的问题有村民个体的原因、自治组织的原因以及外部的原因。具体来看，在现实中出现了如下几种影响村民自治权实现的原因：第一，个体的原因是村民缺乏自治意识。村民的自治意识包括村民对自治的认知和行使自治权的态度。村民意识是公民权利意识的具体表现。本来我国公民对民主参与意识就缺失，村民是我国公民中总体文化素养最低的共同体，在对基层自治组织的民主权行使上，一定存在认识不足甚至是缺乏认识的状态。第二，村民会议、村民代表会议或村民议事会议没有根据《村民委员会组织法》的规定，实行民主决策、实现自治的目的。第三，乡镇政府干预村民选举。乡镇政府干预村民选举权表现在两个方面，一方面，政府在选举过程中干涉村民选举，限制村民参与选举。另一方面，选举后政府随意撤换村委会成员。第四，乡镇政府左右村民（代表）会议。现实中乡镇政府出面控制村民会议，代替村民会议对村内的一些重大事务做决策；本应该由村民制定的村规民约和自治章程却由乡镇政府制定，等等。

（二）村民自治权得不到救济

无救济即无权利，法治下不应该存在无救济的权利。村民自治权的救济途径不畅通和救济方法不完善是导致村民自治权现实问题出现的重要原因之一。

1. 司法救济的困境

最高人民法院《关于审理农业承包合同纠纷案件若干问题的规定（试行）》第36条："本规定所称发包方，是指村内集体经济组织或村民小组，村集体经济组织或者村民委员会，乡（镇）农村集体经济组织等。"既然村民小组和村委会均可成为农业承包合同的发包方，构成农业承包合同法律关系的主体，当该类合同发生纠纷、形成诉讼时，村民小组或村委会作为诉讼当事人参与诉讼是理所当然的；最高人民法院《关于村民因土地补偿费，安置补助费问题与村委会发生纠纷人民法院应否受理问题的答复》也直接表明村委会可成为诉讼当事人。长期以来，许多地区在司法实践中一直也是这么操作的。然而，当我们深究这一问题——村民小组和村委会的法律地位究竟如何时，我们则深感司法实践中的这种认识和做法是于法无据，于理不通的，况且司法实践中具体实施也极不统一和不规范。❶ 基层群众性组织或称自治机关只是村民自治体内部设立的自治机构，不是政府的行政机构，不具有行政主体资格，不属于行政诉讼的主体资格；也不能成为民事诉讼、刑事诉讼的主体，其行为法律后果只能由其代表的自治主体——村民来承担。也正是由于这样的原因，许多有关村民自治方面的纠纷，或者因主体不适格，或者因客体不适格，不能提供司法救济。司法救济只有三种途径即民事、行政和刑

---

❶ 白呈明. 涉农案件问题研究 [J]. 政治与法律，2003（2）.

第八章　权力和权利视角下的村民自治的困境与法治化出路

事三种程序，自治权利被侵害，适用哪种程序进行审理一直存有争议。再有，适用什么举证制度如举证责任分配、证据的采用以及判决的方式及其执行都会遇到一系列的困难。❶

2. 行政救济途径的无力与不畅

权利救济除了司法途径，还有政府的行政救济。村民自治权受到侵害，或者村民因村民自治权而产生诉求时，村民要求由政府出面解决，即通过行政的方式来解决是当下村民自治权救济的主要方式。无论这种途径是村民主动的选择，还是被动的无奈，但这确实是客观现实。❷ 根据《村民委员会组织法》乡镇或县级人民政府和有关部门对村民自治权享有一定的保护职责。如第17条规定："对以暴力、威胁、欺骗、贿赂、伪造选票、虚报选举票数等不正当手段，妨害村民行使选举权、被选举权，破坏村民委员会选举的行为，村民有权向乡、民族乡、镇的人民代表大会和人民政府或者县级人民代表大会常务委员会和人民政府及其有关主管部门举报，由乡级或者县级人民政府负责调查并依法处理。"另外，第31条规定："村民委员会不及时公布应当公布的事项或者公布的事项不真实的，村民有权向乡、民族乡、镇的人民政府或者县级人民政府及其有关主管部门反映，有关人民政府或者主管部门应当负责调查核实，责令依法公布；经查证确有违法行为的，有关人员应当依法承担责任。"

但是，政府对村民自治权的保护仅限于上述两种情形。没有充分开通行政调解、行政复议等多种救济渠道，村民仍然处在为权利而抗争的艰难行程中。正如于建嵘教授所说："维权农民正在与时俱进般地改变他们具体的抗争目标。当然，它们总的方向一直没有改变，就是维护农民的'合法权益'。"❸

四、村民自治的出路：法治化逻辑与制度创新

村民自治的主要问题可以从两个方面归纳：一是从村民缺乏自治的意识，

---

❶ 徐明星. 村民自治权的法律救济研究［D］. 长沙：湖南师范大学法学院，2005：89.

❷ 在当前的情形下，解决村民自治权问题的政府机关主要是乡（镇）、县一级的政府机关。从村民上访的情况看，这类问题也只是层级性的，即乡（镇）政府解决不了的（或没有解决或解决得不满意），上访到县政府，以此类推，层级向上。

❸ 于建嵘. 当代中国农民的维权活动与政治——2003年12月4日在美国哈佛大学的演讲［EB/OL］.［2008-09-05］. http：//www.legaltheory.com.cn/info.asp? id=11713. 最后访问时间2015年7月4日.

不能积极参与行使自治权,有的学者将这种情况归结于农民法治意识和公民意识的缺失[1],这实际上是村民能力的问题,应该培育该村民的公民意识、自治意识,是无法通过法治解决的。二是村民自治的权力或权利受到相关的干预,例如基层政府的干预和村党组织的干预,这些是我国政治制度的原因,不是通过法治能够调整的。三是村民自治权利的法治保障的缺失。以下仅对法治保障进行研究。本文认为,对村民自治的法治保障应该包括:完善的自治立法、正当的程序自治和司法救济的介入。

(一)完善立法,构建村民自治法律规范体系

村民自治法律规范体系应该是一个完整的体系,应该以宪法为基础进一步构建。第一,调整村民自治制度在宪法典中行文的位置和村民自治的立法定位。我国宪法将村民委员会制定放在第三章国家机构中的第五节"地方各级人民代表大会和地方各级人民政府"中十分不合适,很容易使人将村民委员会误解为国家机关,村民委员会自治制度是与国家机关并列的一项制度,村民委员会组织的自治权是宪法赋予给公民的权利,村民自治组织不是国家机关,国家机关是管理国家事务的机关,包括人民代表大会、人民政府和人民检察院及人民法院,不包括自治组织。应把村民自治权确定为公民的一项宪法自治权利,独立于国家机构和第二章"公民的基本权利和义务"之外。第二,还需进一步修正《村民委员会组织法》。尽管《村民委员会组织法》已经修改多次,但在村民自治组织中的法律关系、村民会议和村委会的组成及其职责、村务公开与监督等方面还需要细化规范,在选民资格认定制度及其救济等方面还需补充救济保障条款。第三,尽快出台《村民自治法》。我国《村民委员会组织法》属于组织法性质,组织法局限于保证自治权运行的组织构建,其中有太多的组织规范,而缺少村民权益保障规范,有些学者提出制定《村民自治法》,明确自治组织机构的设置和职权之外的、《村民委员会组织法》无法规定的内容,包括村民自治主体、自治内容、自治权行使、法律监督等事项。第四,完善诉讼法律制度,做到实体权利与救济的立法衔接。

(二)规范乡镇政府的指导、支持、帮助与村民委员会的协助关系

村民自治造就了"乡政村治"的格局,村民自治是通过农村基层治理体

---

[1] 丁德昌. 村民自治与农民法治意识的培育 [J]. 理论观察, 2014 (10).

制的结构与功能分化实现的，从而造成乡镇政府行政管理与基层群众自治两种治理体系分开。如何实现乡镇政府行政管理与村民自治的有效衔接和良性互动，是解决村民自治权异化、乡镇行政权与自治权的界限等问题的关键：

首先，明确乡镇政府指导村民委员会工作和村民委员会协助乡镇政府工作的原则、内容、方式、法律责任和配套机制。我国《村民委员会组织法》第4条规定了乡镇政府与村民委员会之间是"指导与协助"的关系，但是由于缺乏操作性，被视为原则性的规定。具体地说，《村民委员会组织法》既没有明确规定乡镇政府"指导、支持、帮助"的内容、方式和方法，也没有明确规定乡镇政府"协助"的范围和形式。法规和规章方面尚处于"空白"状态。从解决乡镇政府与村民自治组织的关系看，应该通过修改《村民委员会组织法》或者出台专门性法规《乡镇政府指导村民委员会工作条例》和《村民委员会协助乡镇政府工作条例》，明确乡镇政府指导村民委员会工作和村民委员会协助乡镇政府工作的原则、内容、方式、法律责任，建立配套机制。

其次，明确乡镇政府的行政管理权与农村社区的村民自治权各自的权限范围和行使方式。《地方各级人民代表大会和地方各级人民政府组织法》第四章第61条虽然规定了乡镇政府的七项行政职权，但是没有关于乡镇政府对村民自治组织指导职能的规定，也没有对乡镇政府指导村民自治的方法、方式做出明确规定。我国的《村民委员会组织法》主要针对村民委员会组织及其民主制度规范，没有明确规定乡镇政府管理权与村民委员会自治管理权相互衔接和界限。现有的立法对这两种权力的权限范围和行使方式没有做出明确规定，势必造成乡镇"行政权膨胀"和过多干涉村民自治的后果。因此，建议通过修改《宪法》和《地方各级人民代表大会和地方各级人民政府组织法》，以及《村民委员会组织法》，明确规定乡镇政府的行政管理权与村民自治管理权各自的权限范围和行使方式，以保证乡镇政府行政管理与村民自治的有效衔接和良性互动。

（三）村民自治适度引入司法监督

村民自治引入司法监督机制的理由主要包括两个方面：

首先，从自治权的行使角度看，引入司法监督机制可以防止村民委员会自治管理权的滥用。法治之下，任何权力的行使都应当受到监督，即使自治是村民委员会内部的管理行为，具有独立性和自主性，这也并不意味着自治权可以游离于法治之外而恣意行使，只要是一种能影响他人权利义务的权力，就必然有对他人造成不利影响的可能性。自治权作为一种基层社会自治组织享有对自治事务的管理权，它必然具有所有权力的共同之处：存在被滥用的可能。有的学者认为，"团体对其成员甚至成员以外的制约与强制可能比国家的强制更具压迫性"。因此，权力理应受到法治的监督和制约。而最为有力的监督方式便是来源于外部的司法监督机制。

其次，从村民自治权的救济途径角度，司法监督是最为公正的监督机制。因自治权的行使而对其成员造成损害时，对其成员的救济主要有以下三种方式：内部救济，行政救济和司法救济。其中，内部救济是最为方便与合适的救济途径，但这种救济方式最大的弊端在于它违反了"自己不能做自己的法官"这一基本程序要求，村民委员会对自己行为的复议缺乏程序上的合法性基础。而对于行政救济方式，村民委员会与政府存在天然的联系，而且行政救济程序亦不如司法救济程序般严格与正规，因此，就救济途径而言，司法救济是最为公正与严格的。

综上，本文的观点包括以下几个方面：首先，村民委员会的争端解决权应当受到司法权的监督。村民委员会作为一种自治组织享有对自治事务的管理权限，它必然存在被滥用的可能性，"以组织集体名义做出的行为并不一定就能真正代表其成员的真实意图，有时甚至可能对其成员带来不利影响"。当前，我国的村民委员会内部民主制度还不够发达，内部监督体制尚存在缺陷，其内部的争端解决机制和监督机制还没有形成，因此司法救济势在必行。其次，司法权对争端的干预应当适度。这就意味着应遵循穷尽内部救济原则，首先应完善村民委员会内部的争端解决机制，当内部纠纷解决机制无法做出村民所认为的"公平与正义"的结论时，村民才可从司法上寻求解决路径。

（四）解决村民自治内部纠纷适用正当程序

村民委员会内部的纠纷解决机制作为一种内部的争端解决机制，程序性的要求远不及司法救济机制严格，因此，为保证结果的相对公正，应重点从程序方面对村民委员会的内部纠纷解决机制进行建设：

首先，应当注重纠纷解决机制的公开和公正。一方面，村民委员会应当制定相应的纠纷解决机制的程序规范并予以公开，提高村民委员会争端自我解决的透明度；另一方面，应借鉴司法解决纠纷机制中的回避等制度，防止利害关系人介入到纠纷的解决程序当中，影响纠纷解决的公正。

其次，发挥程序的灵活性。与司法的争端解决方式相比，村民委员会的内部争端的方式要设置更具有灵活性和弹性的程序，在一定程度上可以避免出现因过分遵照程序所容易出现的僵化的弊端。毕竟，村民委员会并不是真正的司法机关，其所要追求的并不是实质性的正义，而是在各成员所能够接受的范围内尽量化解成员之间的矛盾与纠纷，不论谁对谁错，促成彼此之间达成一致的解决方案。在这方面，可以在村民委员会内部解决纷争时，注重发挥调解的作用，尽量避免损害村民委员会内部成员间的和谐氛围。

再次，要突出民主性。有关自治权的行使应当让相关利益者充分发表其意见和看法，使决策过程更加民主化。不能单纯地听从村民委员会中势力较大成员的看法，而应注重兼顾弱势村民的利益，真正地将村民的利益置于首位，服务于村民。

结　语

村民自治的基本要求是村民自治体尽可能独立于行政权力和司法权，实施自治而不是"他治"。然而，村民在自治过程中亦存在着诸多冲突，大致可分为：一是自治体内部的自治管理权侵犯村民自治权利的冲突；二是村民委员会自治体内部的行为规范与国家制定法的冲突；三是国家干预村民自治事务引起的行政权与自治权之间的外部权力冲突。上述冲突有的是因为村民缺乏自治能力，有的是因为村民自治缺乏法治化保障。党的十八届四中全会明确提出"推进基层治理法治化"，完善以宪法为核心的中国特色社会主义法律体系，村民委员会自治是中国特色的农村基层民主最基本的形式，村民自治作为宪法规定的一项基本制度，能否真正实现法治之下的村民自治在依法治国建设过程中非常重要。

本文结合村民自治的背景，运用法治思维和法治方式解析村民自治中出现的主要问题和困境。在自治权的定性上赞成权力兼权利说，作为权利的村民自治权，是指村民依法享有的民主选举、民主决策、民主管理、民主监督，上述权利在行使上有的是村民直接行使，有的是委托村民委员会行使，因此，它是村民自治管理权的基础。村民自治的权利实现的主要困境是民主选举、民主决策难以实现，以及民主管理异化和民主监督的虚设。作为权力的村民自治管理权，村民自治的权利就是它的界限，对村民自治体内部的管理就是他的法定权限；要求自治管理权行使过程中要尊重村民自治的权利。自治管理权的困境在于基层政府和乡镇政府以及村内党组织的干涉。

实现自治与法治的统一是社会治理追求的目标。自治和法治不是矛盾的，自治与法治在逻辑上表现为一致性。自治之法不仅应当反映共同体成员的意志，保护其自由和权利，还应合乎正义，依此实现自治行为规范与法律规范的统一。村民自治的出路：法治化逻辑与制度创新，包括完善立法以及构建村民自治法律规范体系、适度引入司法监督，以及解决村民自治内部纠纷适用正当程序。

■ 参考文献

[1] 张静. 基层政权——乡村制度诸问题 [M]. 杭州：浙江人民出版社，2000.

[2] 黄之英. 中国法治之路 [M]. 北京：北京大学出版社，2000.

[3] 韩大元. 东亚法治的历史与理念 [M]. 北京：法律出版社，2000.

[4] 马长山. 市民社会与政治国家：法治的基础与界限 [J]. 法学研究，2001.

[5] 希尔斯. 市民社会的美德 [M]. 李强，译. 国家与市民社会 [M]. 北京：中央编译出版社，1999.

[6] 沈宗灵. 现代西方法理学 [M]. 北京：北京大学出版社，1992.

[7] 谢晖. 价值重建与规范选择 [M]. 济南：山东人民出版社，1998.

[8] 季卫东. 法治与选择 [J]. 中外法学，1993.

[9] 张文中. 试论乡规民约的性质与效力 [J]. 甘肃政法学院学报，1994（3）.

[10] 孙冕. 试论乡规民约在新农村建设中的价值和功能 [J]. 连云港师范高等专科学校学报，2006（2）.

[11] 张显伟. 村民自治制度困境与路径选择 [J]. 湖北民族学院学报，2010（5）.

[12] 张显伟. 村民自治法规则体系之缺陷剖析 [J]. 广西政法管理干部学院学报，2011（1）.

[13] 张显伟. 论民族村落村民自治章程、村规民约创新的基本原则 [C]. 社会科学论丛，2011（1）.

[14] 张显伟. 现行村委会选举中选民资格纠纷解决机制剖析 [J]. 创新，2011（1）.

[15] 刘建荣. 乡规民约的法治功用及其当代价值 [J]. 北京人民警察学院学报，2008（1）.

后　　记

　　德里达曾说，书写是一种奇特的经历，是借助文本来体验生命。本书稿的写作原计划半年完成，因为有一半以上的成果已经有了积累，但是人的思维是一个酝酿的过程，时候未到果实无法成熟，想"拔苗助长"却"事与愿违"，必须经过至少一年的实践；当完成书稿时，有一种破茧而出的喜悦和轻松，由于写作时的煎熬有时抱怨以后再也不写作了，但是如同一个婴儿出世后母亲因为成就感而忘记了孕期的不便和生产时的痛苦，看着自己的书稿，心中是满满的幸福感。写作的这些感受可能是学者才有的体验，是除了留下逻辑思维的印记，思想的火花，以及理论与现实的意义之外的东西。

　　有得必有失，写作的过程一定会失去很多。因为把时间和精力放在书稿上，很少去陪年迈的老父亲，感谢崔秀石老先生的理解；这一年正是儿子去澳洲读书期间，对他的主动关心很少，幸亏他没有抱怨；家务荒废，家里常常是脏乱差，没有尽到妻子或主妇职责……特别是感觉到科研和教学的矛盾，不仅是时间上的，主要是在讲课时的兴奋点少多了，也对不起学生，坚决反对科研和教学两不误的观点。

　　书到用时方恨少，写作的过程让我知道，逻辑思维能力、理论的储存、写作的经验和方法、分析和解决问题的能力，都是不可或缺的。幸运的是，在我成长的求学路上，有那么多严格的恩师，特别是东北大学文法学院的博士生导师李坚教授、清华大学人文学院的博士生导师肖巍教授和清华大学政治经济研究中心的博士生导师蔡继明教授，这几位恩师的教诲和鼓励，以及他们的学术精神对我的影响，是我学术前行的动力。

　　理解和帮助也是写作所不可缺少的支持，感谢家人的理解；感谢沈阳师范大学法学院宪法学行政法学研究生李思雯、李月、石佳宁等同学的校对工作。

崔　红

2016 年 7 月 2 日